全国高职高专汽车类规划教材
国家技能型紧缺人才培养培训系列教材

汽车公估 查勘定损

胡新宇 主编
李远军 主审

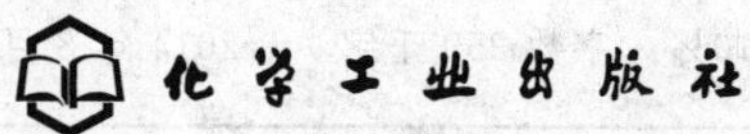

·北京·

本教材共设置有五个学习任务，主要内容包括：保险与公估的基本知识、机动车辆保险、车辆结构及损伤形式、事故现场查勘、机动车辆定损等，是按照工作过程为导向而开发的教学情境，并按照汽车保险职业技能的基本知识和操作能力来设计编写的。

为方便教学，配套电子课件等教学资源。

本教材可作为高职高专院校汽车类相关专业学生的教学用书，同时还可作为从事保险公估职业的从业人员，以及从事汽车维修行业的车损预算人员的自学书籍与参考资料。

图书在版编目（CIP）数据

汽车公估查勘定损/胡新宇主编．—北京：化学工业出版社，2014.6

全国高职高专汽车类规划教材　国家技能型紧缺人才培养培训系列教材

ISBN 978-7-122-20221-5

Ⅰ.①汽…　Ⅱ.①胡…　Ⅲ.①汽车保险-理赔-中国-高等职业教育-教材　Ⅳ.①F842.63

中国版本图书馆CIP数据核字（2014）第064405号

责任编辑：韩庆利　　文字编辑：余纪军
责任校对：李　爽　　装帧设计：史利平

出版发行：化学工业出版社（北京市东城区青年湖南街13号　邮政编码100011）
印　　刷：北京云浩印刷有限责任公司
装　　订：三河市前程装订厂
787mm×1092mm　1/16　印张10½　字数259千字　2014年8月北京第1版第1次印刷

购书咨询：010-64518888（传真：010-64519686）　售后服务：010-64518899
网　　址：http://www.cip.com.cn
凡购买本书，如有缺损质量问题，本社销售中心负责调换。

定　　价：23.00元

前言

本教材是按照“工学结合一体化”新的课程体系要求，以任务驱动的模式进行编写的，在组织题材之时，广泛地征求了保险公司、公估公司以及维修企业富有车损预算经验的从业人员的意见，进行编写格式与内容的设置布局，编写之中在具体情境知识点的度与量上随时与专业人士进行沟通探讨，在初稿完成之后，又将电子版发送给相关人员进行审阅和斧正，教材的知识来源于实践而又高于实践，是实践知识的提升，在教材组织与编写的整个过程中，始终以服务职业教育、服务专业岗位为出发点，突出独特的专业特色。

本教材在编写时，根据第一线专业人士的建议与要求，去除了以往教材之中大量引用法律条款和保险条款的惯例，独立呈现专业知识个性，从保险的起源、车辆保险的来源与操作实施，形成知识连贯。全文编写注重突出体现职业教育特色，讲求实用、够用的编写原则，知识连贯、侧重专业知识层面，运用通俗的语言，将情境细化、层次细化，由浅入深地去帮助学生学习，强化培养学生查勘定损基本技能。

本教材由湖北交通职业技术学院胡新宇主编，由湖北交通职业技术学院李远军担任主审，武汉天平汽车保险股份有限公司金印同志参与了教材的设计并提供图表和技术支持，武汉天安保险股份有限公司方春晓、海南平安保险公司海口分公司戴壮、广物汽贸东莞分公司杜浪等提供了相关资料和技术支持，同时还要感谢河南交通职业技术学院陈建忠、浙江金华技师学院胡建富、天津交通职业技术学院林泉、深圳技师学院王峰等在技术上的鼎力支持。

本教材在编写过程中，编者参阅了多家保险公司网站和一些相关专业教材、资料、书籍文献，在此对这些公司和个人作者表示感谢！

本书配套有电子课件等教学资源，可赠送给用本书作为授课教材的院校和老师，如有需要可发邮件到 hqlbook@126.com 索取。

由于编者水平有限，加上区域差异、不同车型等原因的影响，本教材的内容难以进行细节覆盖，只能起到指导性作用，希望使用单位或读者根据保险公估的基本常识和经验进行灵活运用，至于书中不足之处或有疏漏的地方，敬请多提宝贵意见，以便再版时进一步完善。

编者

目录

◎ 学习任务一　保险与公估的基本知识　1

知识准备 …… 1
一、保险的起源 …… 1
二、保险的概念 …… 4
三、保险的基本原则 …… 4
四、保险与公估的职能作用 …… 9
任务实施 …… 11
项目 1　人身保险的承保与理赔 …… 11
一、项目目的 …… 11
二、项目说明 …… 11
三、技术标准与要求 …… 11
四、设备器材 …… 12
五、作业准备 …… 12
六、操作步骤 …… 12
项目 2　财产保险的承保与理赔 …… 21
一、项目目的 …… 21
二、项目说明 …… 21
三、技术标准与要求 …… 21
四、设备器材 …… 21
五、作业准备 …… 21
六、操作步骤 …… 21
学习评价 …… 32
一、理论考核 …… 32
二、技能考核 …… 32
拓展学习 …… 34
保险展业 …… 34

◎ 学习任务二　机动车辆保险　36

知识准备 …… 36
一、机动车辆保险的职能 …… 36
二、机动车辆保险的险种 …… 38

三、机动车辆保险合同术语 …… 41
四、机动车辆费率使用方法 …… 41
五、机动车辆保险合同的主体及客体 …… 44
任务实施 …… 53
项目　机动车辆保险的承保 …… 53
一、项目目的 …… 53
二、项目说明 …… 53
三、技术标准与要求 …… 54
四、设备器材 …… 54
五、作业准备 …… 54
六、操作步骤 …… 54
学习评价 …… 70
一、理论考核 …… 70
二、技能考核 …… 70
拓展学习 …… 71
汽车 VIN 码 …… 71

◎ 学习任务三　车辆结构及损伤形式 77

知识准备 …… 77
一、汽车的构造 …… 77
二、汽车车身分类 …… 78
三、汽车车身结构 …… 83
任务实施 …… 98
项目　汽车车身及附属设备的拆装 …… 98
一、项目目的 …… 98
二、项目说明 …… 99
三、技术标准与要求 …… 99
四、设备器材 …… 99
五、作业准备 …… 99
六、操作步骤 …… 99
学习评价 …… 105
一、理论考核 …… 105
二、技能考核 …… 106
拓展学习 …… 106
汽车保险杠 …… 106

◎ 学习任务四　事故现场查勘 110

知识准备 …… 110
一、现场查勘的目的 …… 110

二、现场查勘的内容 …… 110
三、查勘人员的素质与要求 …… 112
四、查勘人员的培养 …… 113
五、现场查勘的知识 …… 113
六、现场查勘物证收集与分析 …… 117
任务实施 …… 119
项目　查勘现场 …… 119
一、项目目的 …… 119
二、项目说明 …… 119
三、技术标准与要求 …… 119
四、设备器材 …… 119
五、作业准备 …… 120
六、操作步骤 …… 120
学习评价 …… 126
一、理论考核 …… 126
二、技能考核 …… 126
拓展学习 …… 127
一、水灾现场查勘 …… 127
二、火灾现场查勘 …… 128

◎ **学习任务五　机动车辆定损** 130

知识准备 …… 130
一、机动车辆定损简介 …… 130
二、残值处理 …… 135
任务实施 …… 135
项目　车辆估损 …… 135
一、项目目的 …… 135
二、项目说明 …… 135
三、技术标准与要求 …… 135
四、设备器材 …… 135
五、作业准备 …… 135
六、操作步骤 …… 136
学习评价 …… 156
一、理论考核 …… 156
二、技能考核 …… 157
拓展学习 …… 158
汽车钣金和涂装修复费用估损 …… 158

◎ **参考文献** 162

学习任务一

保险与公估的基本知识

工作情境描述

对准客户进行保险展业或投保人、被保险人遭受了风险事故发生所造成的损害，作为保险业务人员或保险代理人员请按照保险业务流程进行办理。

学习目标

1. 了解保险的起因、特征与职能。
2. 熟悉保险的分类。
3. 了解公估的职能。

一、保险的起源

1. 风险的定义

保险源自于风险，是风险的衍生体，人们是先认识风险、后管理风险，保险是风险管理保障机制里其中关键的一项。

而风险是自然界客观存在的现象，风险一说在定义的表述上有“主观说”与“客观说”两派。

主观派强调的是风险的随机不确定性（风险发生与否、风险的发生时间地点、风险的发生状况及风险的发生结果等不确定性）。

客观派强调的是风险的客观存在性（可以对风险的发生频率、风险的损失程度等客观存在的概率来进行测定）。

综合两派的定义，我们概括为三个方面：一是社会及自然界有风险偶发的客观现象存在；二是风险发生时必然会危及人身生命安全和财产损毁；三是风险发生的时间地点、发生状况、发生结果的随机不确定性。

2. 风险的特征

(1) 风险的客观性

一是不可抗力的自然现象。如：地震、台风、洪水等自然灾害给人类造成生命危害及财产损失，这是人们不可掌控的自然界运动现象造成的风险。

二是不可根除的社会现象。如：战争、失业、意外事故等社会面临的灾害给人类造成生命危害及财产损失，这是可以适度掌控的风险，通过改善风险存在的客观条件，降低风险发生的频率，减少风险造成的损失程度。

（2）风险的偶然性

风险既然客观存在，就会存在风险发生的必然性。但风险发生与否、风险的发生时间地点、风险的发生状况及风险的发生结果都是存在不确定的偶然性。

（3）风险的损失性

风险事故的发生就会导致人身伤害以及财物直接和间接损失，风险的损失是风险事故造成的，风险的事故是风险的潜在因素导致的，这三项是风险的构成要素。

（4）风险的未来性

风险在未来的时间里，会随着客观条件的变化，风险事故发生的概率也会有所变化。影响风险未来性的条件有：高科技产品的应用；风险投资机制的健全；对必然风险的科学管理；改善社会面临的风险现象。

3. 风险的分类

风险来源是多方位的，随着社会保障体制的健全，开始有效地对风险实施管理与分析，把不同性质的风险进行归纳分类。

（1）按风险的性质分类

① 纯粹风险　是指偶然发生类的风险。只有造成人身及财物损害的客观事实性，而无任何获利的可能性。如：不可抗力的自然现象和不可根除的社会现象造成的风险。

② 投机风险　是指并存发生类的风险。既具备从中获利的机会性，又具备发生风险损害的可能性。如股票、博彩、金融投资、房地产开发等。属于风险与利益并存的风险。

（2）按风险的涉及对象分类

① 人身风险　包含有生命风险和健康风险。涉及范围是人的生、老、病、死以及丧失劳动能力等方面，是自然规律、自然灾害、意外伤害等因素给人身带来的或造成的风险。

② 财产风险　包含公有团体、个人及他人的财物发生损失、毁灭和贬值的风险。涉及范围有不可抗力自然现象和不可根除社会现象以及一些意外事故所造成的风险。

③ 责任风险　是指团体、个人的主观行为违背了法律、合同、道义、科学、自然规律、操作规程等所造成的风险。

风险的分类还可以按照发生的因素去划分为：自然风险、政治风险、社会风险、经济风险和技术风险等。

4. 风险的管理

风险存在客观性和不确定性。有效地管理风险，是提高安全防范和降低风险带来损失的重要手段。在风险管理时划分出可控风险和非可控风险，同时按不同的风险主体进行量化管理。

风险管理一般从四个方面去进行：风险识别、风险评估、风险评价以及风险处理。

（1）风险识别

风险识别包括感知风险和分析风险，感知风险是根据客观存在的各种风险进行调查了解，对风险发生的可能性进行论证判断；分析风险是对风险的形成因素、发生条件进行研究分析，确定风险的类型与风险的性质。

（2）风险评估

风险评估是对一些特定风险事故发生的概率及损害程度的数据进行收集，在风险识别的基础上，将风险发生的频率和损害程度进行分析评估，为管理风险提供科学的依据。

（3）风险评价

风险评价是根据风险评估的材料和数据，进行风险处理的一项管理措施。主要是分析测算处理风险所投入的人力、物力和财力，与风险所造成的损害进行成本效果的评价，确定该风险是否需要处理，如何处理得当。

（4）风险处理

风险处理是风险管理时所采取的管控措施，是为了减少风险形成的因素、降低风险发生的概率和风险造成的损害程度。

① 规避风险　规避风险是在风险识别后进行的风险有效管理，主要是对已形成客观存在的风险因素后，为了消除和减少风险发生时给人力、物力、财力所造成的损害而制订的规避性措施。

② 预防风险　预防风险是针对风险发生前所采取的各种预防性措施，通过科学的管理手段和得力的硬性措施去降低风险发生的频率和减少风险发生时所造成的损害。

③ 分散风险　分散风险是指存在共担风险的众多单位所建立的风险联合分摊互助机制，其目的是当风险发生后为了降低风险损害的承受能力。

④ 转移风险　转移风险是在风险不确定时所采取的一种预防性自我保护措施。将风险通过一定的方式和程序转移给另一个主体。以此达到防止或减少因风险发生所带来的损失。

5. 风险与保险

风险有必然风险与偶然风险之分，人们是先认识风险后才管理风险。保险是风险管理过程中建立的保障机制，保险机制非福利机制，见于保险业自身的发展，对于必然性风险不予以承保，偶然性风险才列于可保风险。可保风险必须具备下列相关条件。

（1）具有客观性

保险是风险事故发生后对所造成损害的一种转移补偿机制，可保风险应在客观上存在发生的可能性，无风险发生的可能性不具备保险前提。

（2）具有偶然性

可保风险必须具备偶然性，对风险发生的时间、地点、损害程度有不确定性。对于必然性的风险，保险公司不予以承保。

（3）具有意外性

对于可保风险必须具备意外发生性，并超出被保险人的可控范围。对于可预测的风险发生后，保险公司不予以赔偿。

意外性风险是在客观条件下发生并造成人身损害及财产损失，不是被保险人故意行为或防范处理措施不当造成的。

（4）具有纯粹性

可保风险必须具备不确定的纯粹风险性，对于难以预料的投机性风险保险公司一般不予以承保。

（5）具有同质性

可保风险必须具备同质风险的大量存在性，保险是根据大数法则对风险发生的频率和风险造成的损失来进行概率运算，确定保险基金基数和实际风险标的的赔付率，无同质的风险不具备险种的建立。

按以上原则划分的可保风险与不可保风险，主要是从保险公司自身发展或经营的角度出发。随着社会的发展和保险业对风险管理的技术提高，对于一些不可保风险相信会作出必要的调整。

二、保险的概念

1. 保险定义

根据我国《保险法》第二条规定：本法所称保险，是指投保人根据合同约定，向保险人支付保险费，保险人对于合同约定的可能发生的事故因其发生所造成的财产损失承担赔偿保险金责任，或者当被保险人死亡、伤残、疾病或者达到合同约定的年龄、期限时承担给付保险金责任的商业保险行为。

保险是通过签订保险合同的法律形式确立双方的权利与义务，实现保险商品的经济补偿功能。在保险商品关系中，一方当事人按照合同的规定向另一方缴纳一定数额的费用，另一方当事人按照合同的规定承担经济补偿责任，即当发生保险事故或出现约定事件时，保险人按照合同规定的责任范围，对对方的经济损失进行补偿，以保障对方的生产或生活的正常运行。所以保险既是一种经济关系，又是一种法律关系。

2. 保险分类

(1) 商业保险

是指以盈利为目的所开办的保险险种，所以又叫金融保险，是根据保险合同的约定，向投保人收取一定的保险费，建立保险基金，对于合同约定的标的因风险发生造成的财产损失承担赔偿责任；或当被保险人死亡、伤残、疾病或者达到合同约定的年龄、期限时承担给付保险金责任的一种合同行为。

(2) 政策保险

是指政府由于某项特定政策的目的以商业保险的一般做法而举办的保险，不以盈利为目的，政府提供补贴与免税以及立法保护等特征。例如，为辅助农牧、渔业增产增收的种植业保险；为促进出口贸易的出口信用保险等，通常由国家设立专门机构或委托官方或半官方的保险公司具体承办。

(3) 社会保险

是指国家通过立法强制建立的社会保险基金，对于公民在丧失劳动能力或失业时给予必要的生活物资保障制度，包括养老保险、伤残保险、死亡保险、生育保险。社会保险不以盈利为目的。它是国家为了稳定社会秩序所采取的一项强制措施。

三、保险的基本原则

《保险法》第十二条　投保人对保险标的应当具有保险利益；投保人对保险标的不具有保险利益的，保险合同无效；保险利益是指投保人对保险标的具有的法律上承认的利益；保险标的是指作为保险对象的财产及其有关利益或者人的寿命和身体。

依据《保险法》的规定，如果投保人以不具有保险利益的标的投保，承保人可以单方面宣布合同无效；如果保险标的发生保险责任事故时，投保人或被保险人从中获取超过保险利益的补偿，承保人可以拒绝给付。确定保险利益原则的作用如下。

1. 防止道德风险

道德风险是指投保人在签订合约后采用隐藏事实的不当行为，由于投保人与承保人的信息不对称，降低对所投保标的的预防措施，从而使损失发生的概率上升，给保险公司带来损失的同时降低了保险市场的效率。

2. 避免不当得利

不当得利是指没有合法的根据，取得不当利益，造成他人损失的行为。如投保人将与自己毫无利益关系的人或物品作为保险标的进行投保，想以最小的代价获取最大的利益的行为。

3. 履行诚信原则

《保险法》第五条　保险活动当事人行使权利、履行义务应当遵循诚实信用原则。

《保险法》第十七条　订立保险合同，保险人应当向投保人说明保险合同的条款内容，并可以就保险标的或者被保险人的有关情况提出询问，投保人应当如实告知。

诚信原则，就是要求保险人和被保险人在订立保险合同时和保险合同有效期内的作为应诚实、守信。诚信是保险合同构成的前提。如果合约双方都不履行诚信原则的话，就造成合同风险，同时在一定程度上影响了中国保险业健康发展。

(1) 履行告知义务

告知义务又称据实说明义务。告知有两个方面：一是指投保人在订立保险合同时，对承保人的询问所作的说明或者陈述，包括对事实的说明陈述、对将来事件或者行为的说明陈述以及对他人说明陈述的转述。二是指承保人在订立保险合同时应该主动向投保人说明费率以及赔付率或解释合同条款的含义。告知义务的内容包括如下。

① 合同订立时，保险人应当主动向投保人说明保险合同条款的内容以及费率和其他可能会影响投保人做出投保决定的事实。

② 合同订立时，根据保险人的询问，投保人或被保险人对于已知的与保险标的以及其危险有关的重要事实作如实回答。

③ 保险合同订立后，对于保险标的的危险增加，被保险人应当及时通知保险人。

④ 保险事故发生后，被保险人应及时通知保险人。

⑤ 重复保险的投保人应将重复保险的相关情况通知保险人。

⑥ 保险标的的转让，投保人应及时通知保险人，经保险人同意继续承保后，方可变更合同。

保险人的告知形式有两种：一是明确列明；二是明确说明。明确列明是指保险人只需将保险的主要内容明确列明在保险合同中即视为已告知被保险人；明确说明是指保险人在明确列明的基础上还需要向投保人进行明确的提示与正确的解释。关于告知方式，在国际上通常使用的是明确列明的形式；在我们国家为了保障投保人的利益，要求保险人在明确列明的基础上进行明确说明。

(2) 履行保证义务

保证义务是指投保人或被保险人在保险期内向保险人就合约的作为作出的承诺。如果投保人或被保险人违反了保证条款，无论是否给保险人造成损失，保险人均有权单方解除合约，并且不承担损失赔偿或保证金给付的责任。

(3) 诚信违约处理

诚信是保险合同订立与实施的基础，如果违反诚信原则，就会依据《中华人民共和国保险法》进行相应的处理。

对于违反告知义务的，受害方可以视情况实施如下的权利。

① 废除保险合同。

② 终止原保险合同重新进行核定变更。

③ 如果涉及欺诈行为，除了废除合同外，还可以向对方索赔损失。

④ 可以达成谅解继续维持原合同的条款。

⑤ 有主动放弃追诉的权利。

除主动放弃追诉的权利外，还有不作为或慢作为造成的被动放弃，已经过了追诉的法定时效期。

4. 近因原则

近因原则是指判断风险事故与保险标的的损失直接的因果关系，最直接、最有效的起主导作用或支配性作用的原因。须有直接的后果关系，保险人才会有对风险事故发生所造成损失进行补偿的责任。

(1) 单一原因

单一原因是指保险标的损失由单一原因所致，则该原因即为近因。若该原因属于保险责任事故，则保险人应负赔偿责任。

(2) 多种原因

如果保险标的遭受损失是两个或两个以上的原因，应该加以分析，分清各种原因对损失程度的影响，从中找出造成损失的近因，保险人就可以对相应负担的责任范围进行经济赔偿。

① 如果这些原因中没有除外风险，则这些保险风险即为损失的近因，保险人应负赔付责任。

② 如果这些原因中既有保险风险，又有除外风险，则要看损失的前因是保险风险还是除外风险。如果前因是保险风险，后因是除外风险，且后因是前因的必然结果，则保险人应承担赔付责任；相反，如果前因是除外风险，后因是保险风险，且后因是前因的必然结果，保险人则不承担赔付责任。

③ 造成损失的风险事故先后出现，但前因与后因之间不相关联，即后来发生的风险是另一个新爆发而有完全独立的原因造成的，而不是前因造成的直接或间接的结果。这种情况的处理与单一原因的处理原则相同。

(3) 不明原因

对于不明原因的损失近因判断，首先要广泛地收集造成风险事故损失的各种资料，用丰富专业知识、科学的态度进行客观分析，从中得出正确的近因。

(4) 判定保险事故与近因关系的原则

① 如果事故是由保险责任和其他未指明的原因同时导致的，保险责任视为近因。

② 如果事故是由保险责任与除外责任同时导致的，除外责任视为近因。

③ 如果事故是由多种原因连续发生造成的，最初的原因视为近因。

④ 如果事故导致损失的各因素可以独立分开，保险人只承担保险责任内的损失赔偿，除外责任和保险责任以外的损失不予承担；如果导致损失发生的各种因素难以分开，保险人负责全部损失赔偿。

5. 损害补偿原则

损害补偿原则是指投保人与保险人订立保险合同，将特定的危险转移给保险人承担；当保险事故发生时，对被保险人遭受的标的实际损失保险人给予的经济赔偿，弥补被保险人遭受保险责任事故的经济损失，这条原则体现了保险的经济补偿职能。

（1）损害补偿原则的含义

① 以投保人或被保险人的标的发生的实际损失作为赔偿依据。

② 仅赔偿投保人或被保险人的标的发生的实际损失，保险金额不能超过实际损失。

③ 受保险利益的限制，在保险金额超过保险财产实际价值时，则超出部分无效。

（2）损害补偿的派生原则

① 代位赔偿　代位赔偿原则，根据保险补偿原则产生的派生原则。它是指被保险物品发生保险责任范围内的由第三者责任造成的损失，保险人向被保险人履行损失赔偿责任后，保险人有权在其已经赔付金额的限度内取得被保险人在该项损失中向第三责任方要求赔偿的权利。

② 分摊原则　分摊原则是根据保险补偿原则产生的另一个派生原则，在发生重复保险赔付责任情况下，将保险标的的损失赔偿责任在各保险人之间进行分摊，以避免被保险人获得超过实际损失的赔偿额。

分摊原则是为了防止被保险人的不当得利，适用于被保险人以同一保险标的物向两家或两家以上的保险人投保相同的保险，而且保险金额总额超过该保险标的实际价值。

6. 保险的专业名称

（1）保险标的

保险标的是指保险双方约定的权利和义务所涉及的保险责任目标和实体对象。作为保险对象可以是财产及其有关利益，或者是人的生命和身体。

（2）保险人

保险人又称“承保人”，是指经营保险业务、收取保险费和在保险事故发生后，并承担赔偿或者给付保险金的责任人，保险责任人是法人，公民个人不能作为保险责任人。

（3）投保人

投保人是对可保标的具有可保利益的人，向保险人申请订立保险合同，并按照保险合同负有支付保险费义务的人。投保人可以是自然人也可以是法人。

（4）被保险人

被保险人是指根据保险合同，其财产利益或人身受保险合同保障，在保险事故发生后，享有保险金请求权的人。投保人往往同时就是被保险人。

（5）保险代理人

保险代理人是指根据保险人的委托，在保险人授权的范围内代为办理保险业务，向消费者推销各种保险产品，同时将消费者对保险的需求信息及时反馈给保险公司。

（6）保险经纪人

保险经纪人是基于投保人的利益，为投保人与保险人订立保险合同提供中介服务，并依法收取佣金的保险从业人员。

（7）保险公估人

保险公估人独立于保险人和被保险人之外，在检验、定损过程中始终保持中立、公正的立场。

（8）保险费

保险费是指被保险人参加保险时，根据其投保时所订的保险费率，向保险人交付的费用。

(9) 保险责任

保险责任就是保险人所承担的具体风险项目，也就是保险人承担经济赔偿责任的风险事故范围。

(10) 责任免除

责任免除就是保险人不予承担的风险项目，也就是说责任免除范围的风险是不保风险，责任免除范围的风险事故造成的损失，保险人不予赔偿。

(11) 保险金额或责任限额

保险金额或责任限额是保险条款中确定保险保障的货币额度，是计算保险费的依据，也是保险人履行赔偿责任的最高限额。

(12) 保险期限

保险期限是保险人与投保人所约定的保险合同的有效时间界限。

(13) 赔偿处理

赔偿处理规定了被保险人在索赔时应具备的索赔资格和保险人的赔偿处理方法。

(14) 货币赔偿

货币赔偿通过转账或支付现金的方式赔偿被保险人的经济损失。

(15) 修复赔偿

修复赔偿对保险标的的损失进行修复的方式来赔偿被保险人的损失。

(16) 置换赔偿

置换赔偿通过更换受损标的的方式来赔偿被保险人的损失。

(17) 保险费调整

保险费调整主要是指对保险费适用费率浮动进行合理变动。

(18) 合同变更

合同变更主要是指对在合同里所注明的条款和内容有实际变动或需要变动时，进行合同的书面改动。

(19) 争议处理

争议处理是指保险人与被保险人就保险标的的赔偿处理产生争议时所采取的处理方式(协商、仲裁、诉讼)。

(20) 投保单

投保单也称要保书，是投保人要求获得商业保险保障的申请书，也是保险人审查并决定是否接受投保申请的书面文件。

(21) 保险单

保险单也叫保单，是保险人与投保人之间订立保险合同的正式法律文件，也是正式的保险合同文书。

(22) 批单

批单是保险合同双方当事人对于保险合同内容进行变更的证明文件。

(23) 特别约定

特别约定是投保人和保险人在保险条款规定的保险合同事项外，就与保险合同有关的其他事项做出的附加约定。

(24) 射幸合同

是指合同当事人一方支付的代价所获得的只是一个机会。

对投保人而言，他有可能获得远远大于所支付的保险费的效益，但也可能没有利益可获得。

对保险人而言，他所赔付的保险金可能远远大于其所收取的保险费，但也可能只收取保险费而不承担支付保险金的责任。

(25) 合同中止与合同终止

合同中止又叫合同效力中止，是指投保人在实施分期交付保险费的过程中，因投保人超过宽限期仍未交费且无保费垫交的约定，导致保险合同暂时失去效力，或者保单借款、自垫超值停效。还有保险人发现被保险人的标的风险在增大时，提出整改期限，在整改期内合同自动中止，投保人在履行保险合同义务后，可在条款约定的时间内申请复效。

合同终止又叫合同失效，其一：是合同有效期满的自动终止，双方当事人的权利义务关系自行结束；其二：是因合同的一方当事人有违法违约的现象发生，导致保险合同的效力终结；或者合同一方当事人的不当行为造成或可能给对方造成损失时，另一方当事人为了保护自己的合法权益所行使权利的终止，如果已经给另一方当事人造成损失的，同时还可以行使追究赔偿的权利。

(26) 保单保全

保单保全又称契约保全，是保险公司为维持保单持续有效，在保险单生效后所提供的一系列售后服务。

四、保险与公估的职能作用

1. 保险的职能作用

(1) 保险的原始固有职能

其一：经济补偿职能是在发生保险事故、造成损失后根据保险合同按所保标的的实际损失数额给予赔偿，这是财产保险的基本职能；

其二：保险金给付职能是在保险事故发生时保险双方当事人根据保险合同约定的保险金额进行给付，这是人身保险的职能。

(2) 保险的经营投资职能

由于保险的补偿和给付与风险发生具有一定的时差性、非同步性，这就为保险人进行投资活动提供了可能性。同时保险人为了使保险经营稳定，必须保证保险基金保值增值，这就派生了保险投资的职能，保险投资是保险公司受益的重要来源。

(3) 保险的防灾防损职能

防灾防损是风险管理的重要内容，保险本身就是风险管理的一项重要措施。保险企业为了稳定经营，要对风险进行分析、预测和评估，通过人为的事前预防，可以减少损失的发生。防灾防损是保险经营和业务操作中的重要环节。

(4) 保险的社会保障管理职能

保险作为社会保障体系的有效组成部分，在完善社会保障体系方面发挥着重要作用。一方面，保险通过为没有参与社会保险的人群提供保险保障，扩大社会保障的覆盖面；另一方面，保险通过灵活多样的产品，为社会提供多层次的保障服务。

(5) 保险的社会风险管理职能

保险公司具有风险管理的专业知识、大量的风险损失资料，为社会风险管理提供了有力的数据支持。同时，保险公司大力宣传培养投保人的风险防范意识；帮助投保人识别和控制风险，指导其加强风险管理；进行安全检查，督促投保人及时采取措施消除隐患；提取防灾资金，资助防灾设施的添置和灾害防治的研究。

(6) 保险的社会关系管理职能

通过保险应对灾害损失，不仅可以根据保险合同约定对损失进行合理赔偿与给付，而且还可以提高事故处理效率，减少当事人可能出现的事故纠纷。由于保险介入灾害处理的全过程，参与到社会关系的管理中，改变了社会主体的行为模式，为维护良好的社会关系创造了有利条件。

(7) 保险的社会信用管理职能

保险以最大诚信原则为其经营的基本原则之一，而保险产品实质上是一种以信用为基础的承诺，对保险双方当事人而言，信用至关重要。保险合同履行的过程实际上就为社会信用体系的建立和管理提供了大量重要的信息来源，实现社会信息资源的共享。

2. 公估的职能作用

(1) 理赔公估职能

理赔公估是保险公估人的主要职能。受保险公司的委托参与保险标的损害的理赔工作。由于保险公估人是由各行各业的专家或专业人士组成，他们不仅具备资深的专业知识，而且同时具备金融、保险、财务、经济、法律管理等多方面的知识，对一些重大的理赔，特别是一些高新技术方面的理赔有很好的把握。保险公估人的理赔公估一般包括风险事故现场查勘、标的损失理算和出具公估报告等程序。理赔公估的职责主要表现在对遭受损害的标的进行检验、鉴定、定责、定损等方面。

(2) 承保公估职能

传统的保险公估人一般只作标的损害的理赔公估。但随着经济和科学技术的发展，保险公估人逐渐参与到承保中来。承保公估主要体现在两个方面。

① 对保险财产的现金价值作出评估。即是对保险标的进行查勘、检验、鉴定，经过科学的分析、研究、计算，对其财产的现时价值作出评估，以确定合理的保险价值和保险金额。

② 对承保风险进行评估。保险公司一般都要对保险标的进行风险评估，对一些超出保险公司评估能力之外的特殊标的的风险评估可以委托保险公估人去做。保险公估人对保险标的客观存在的风险在承保前进行查勘、鉴定、分析、预测，以对承保标的的性质、条件及风险程度、责任范围作出科学的判断。

(3) 承保对货物装卸进行监视和鉴证

在海上货物运输保险中，船东或其代理人为了日后追偿的方便，往往委托一家保险公估人代表在现场对标的货物进行监装、监卸，记录其装载、下卸的过程。在同次运输中，保险公估人可能同时接受同船不同发货人或收货人的委托，对其货物装卸过程进行监视和记录，还可能同时接受几家保险公司的委托，对保险货物进行监装、监卸。因而保险公估人可以同时代表具有利益冲突的发货人、收货人、运输公司和保险公司，有利于减少他们的工作，符合经济效益的原则。

(4) 参与防灾防损

防灾防损是保险业务发展的重要环节。保险公估人及其聘请的专家都是在相应领域内具有一定成就和技术权威的专业人士，而且具备良好的保险知识。他们能够从保险角度对多个环节的安全设施提出中肯的意见，尤其能够对其参与承保公估和理赔公估的保险标的的防灾防损，提出合理的建议和方案，因而保险公估人在保险的防灾防损中发挥着重要的作用。

（5）协调职能

保险公估人作为保险中介人之一，既不代表保险人，也不代表被保险人，处于相对独立和超然的地位，因而能够很好地协调和调解保险人、被保险人及其代理人之间对遭损财产处理和理赔出现的争议，缓解他们之间的矛盾，加强他们之间的合作关系。

（6）信息咨询

保险公估人凭借其资深专家、信息网络和专业技术人员的优势，依靠其长期专门从事公估工作所积累的经验和数据，能够提供保险检验、鉴定、评估等有关信息的咨询服务，包括风险咨询、防灾防损咨询、检验及定损咨询等。

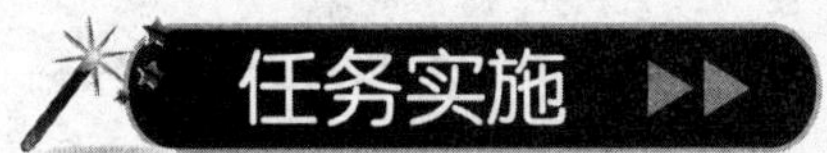

项目1　人身保险的承保与理赔

一、项目目的

通过本项目的实施学习，使学员能够运用人身保险产品的特点及条款的相关内容，进行人身保险的展业，根据人身保险投保单、保险单内容的具体要求进行缮制投保单和保险单；并能够根据案件的实际情况，进行综合查勘、判断责任、理赔计算、理赔审核和缮制相关单证。

二、项目说明

人身保险是保险业务中主要的业务之一，该业务有两大主要流程：即人身保险的承保和人身保险的理赔与给付。

人身保险是指对人的身体本身、人的健康、人的生命为标的的保险业务。人身保险包括人寿保险、健康保险和人身意外伤害保险。

人寿保险，简称寿险，是一种以人的生死为保险对象的保险，是被保险人在保险责任期内生存或死亡，由保险人根据保险合同规定给付保险金的一种保险；

健康保险，也叫疾病保险，是以非意外伤害而由被保险人本身疾病导致的伤残、死亡为保险条件的保险；

人身意外伤害保险，简称人身意外险，是以人的身体遭受意外伤害为保险条件的保险。

三、技术标准与要求

（1）每个学员独立完成此项目。

（2）项目标准：在进行此项目的操作时，应按照人身保险承保的相关规定对保险对象严格考察审核，确定是否属于可保风险对象。

四、设备器材

(1) 办公电脑。

(2) 打印机。

(3) 办公场地。

(4) 日常办公用品。

五、作业准备

(1) 投保申请书。

(2) 投保单。

(3) 保险单。

(4) 理赔单。

六、操作步骤

1. 投保

人身保险流程见图 1-1。

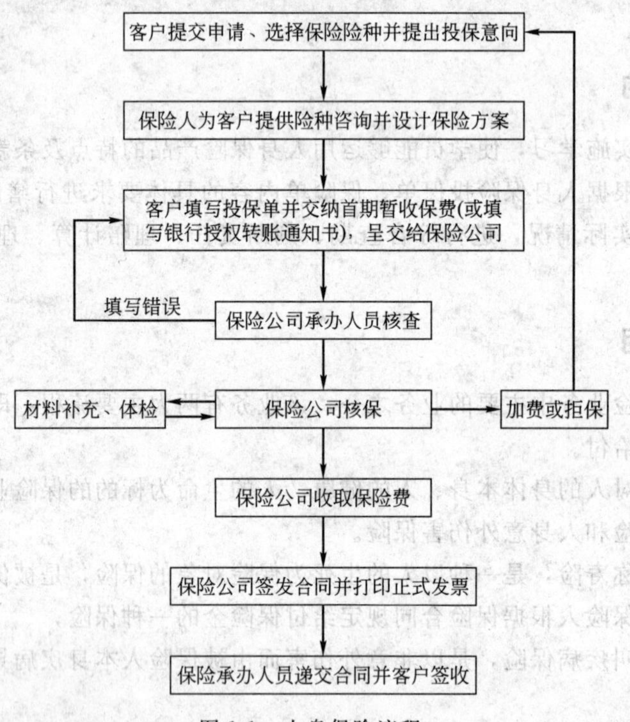

图 1-1 人身保险流程

(1) 接触客户

① 收集有需求的展业客户资料　如：客户的工作情况、客户的家庭成员情况、客户财务状况、客户是否有缴费能力、客户是否有保险需求、客户现有哪些保险或客户还需求哪些保险等，并制订保险计划（并假设情景与说辞），与客户接触最好通过第三方介绍或以第三方朋友的身份出现为好。

② 与客户沟通交流　与客户交流有三种方式：即电话交流、登门服务和约客户上门面谈。

其一、电话交流。它是保险营销人员进行展业时的常用方法，先要向客户致歉打扰，随后应注意说话的语调及语速，要有一种亲和力。

其二、登门服务。它是保险营销的一种模式，这种模式对营销人员与人沟通能力要求较高，要建立一个好的开场白，创造谈话的空间，因为客户对登门人员有一种警惕感，往往要应付客户的质问：你是谁？你要跟我谈什么？你说的对我有什么好处？如何证明你说的是真的？你为什么要我买？我为什么要在你手上购买等话题。

其三、与上门客户面谈。对于约谈或主动上门洽谈保险业务的客户，要热情接待，然后询问客户有什么需要帮忙的。在与客户交流的时候要用心倾听，在明白客户的意思后，再把相关的险种介绍，征求客户的意见，确定适合客户险种。在交流期间还可以顺便询问客户认识的朋友是否有保险需求，顺便进行业务拓展。

三种谈话方式中保险业务人员一定要向客户强调，这些谈话的个人信息我们会绝对保密的。

(2) 达成销售意向　保险销售员（或其他保险工作人员）与客户达成销售意向后，为了对客户负责，应对客户所需求的险种进行详细的明确说明，包括险种的覆盖范围、需要交纳的保险费率、保险费交纳的方式、理赔所需要的相关材料、理赔的具体流程以及给付金额的到账时间等，并及时告知双方应享有的权利和义务。

(3) 投保人或被保险人应该准备的资料

① 投保人或被保险人的身份证复印件；

② 投保人被保险人身体检查表和健康证明（二级以上医院）；

③ 投保人或被保险人银行缴费账号复印件；

④ 其他保险人章程所规定需要提供的资料。

(4) 填写投保申请书　投保人在投保前一般要口头或书面进行投保申请书，口头申请一般是投保人与保险人面谈时由投保人自己自愿提出；书面申请是由投保人按照程序呈递。投保申请内容一般简单明了，记录有投保人的一些个人基本情况和详细地址。申请注明投保人自己所需求的投保险种等内容。写投保申请书是投保人的自愿行为，写投保申请书的目的，是防止保险人采取不正当的手段进行保险展业活动而引起保险纠纷。

投保申请书格式如下：

投保申请书

××保险公司：

申请人姓名:陈××　性别:男　年龄:××　民族:汉族

籍贯湖北,现在住址:湖北省武汉市××区××街道××号,工作单位:××××有限公司。

本人因为目前在单位上班,每个月有固定的工资收入,家庭的生活状况暂时还比较好,所以没有购买任何保障产品。但“天有不测风云”,为了防止意外情况发生和老来有充足的可支配资金,现准备提前做一些保障计划安排,近日查阅了贵公司的相关资料及险种的保障和福利的基本情况,计划购买贵公司的人身保险一份,今特提出申请,望公司及早进行办理!

此致

敬礼!

申请人:陈××(盖章)

××××年××月××日

（5）填写投保单　在填写投保单时，保险人与投保人必须现场认真填写投保单里列明的如下条款内容：

① 真实填写投保单上被保险人的个人信息；

② 真实填写被保险人的住址和联系方式；

③ 真实填写被保险人的健康情况；

④ 约定投保人的保险责任区域；

⑤ 确定保险受益人及保险份数；

⑥ 确定缴费年限及缴费形式；

⑦ 确定缴费率和给付率；

⑧ 确定双方的权利与违约责任。

人身保险个人投保单，见表1-1。

表1-1　人身保险个人投保单

投保单编号：××××××

兹拟向××××保险股份有限公司投保人身保险，内容如下：

保险种类	意外伤残								
投保人情况	姓名	李×	身份证号码	42××××××××××××1234		与被保险人关系		父子	
	地址	×××	邮编	×××　×××	电话	139　××××××××			
被保险人情况	姓名	李××	年龄	17	性别	男	身份证号码	42××××××××××××4567	
	地址	××省××市××区××街道××号			邮编	××××××	电话	138××××××××	
保险年期	20	保险份数	1	受益人	李××	领取日期			
领取年龄		领取方式		领取金额					
保险期限	自____年____月____日中午12时起至____年____月____日中午12时止								
基本保险金额	10000.00元		附加保险金额						
意外伤残保额 意外身故保额 疾病伤残保额 疾病身故保额 满期保险金额 生存给付金费率			附加险别 保额 费率 附加险别 保额 费率						
保险费		保险本金							
缴费形式	一次性缴费√　年缴□　半年缴□　季缴□　月缴□　其他：								
付款方式	转账	币种	人民币						
开户银行	×××××××××	账号	123456789						
特别约定：									
被保险人健康状况： 1. 目前尚在病假中？□有√无 2. 因病休或因病减轻劳动量？□有√无 3. 因患有其他慢性病而不能全勤工作或经常缺勤？□有√无 4. 有无严重病史？□有√无 5. 癌症、肝硬化、癫痫病、脑震荡、精神病、心脏病、高血压病、血管硬化、性病等？□有√无 投保人是否健康？√是□否									
投保声明： 1)本投保单所填写的各项内容，均属真实，可作为你公司签发保单的根据，并成为双方合约的组成部分，如日后发现与事实不符，即使保单签发，你公司仍可不负任何责任。 2)本投保单方格内填列者，即作为本投保人"同意"或"是"的答复。 3)保户在投保时应填具确实年龄，保户年龄计算以身份证为根据，计算办法以保户在起保日最后一个生日时的足岁年龄计算，如误将年龄报小，应随时申请更正，并补缴保费及其利息，否则在发生给付时，其应得利益当按保户所付保费与实际年龄应付保费之比例计算。 投保人(签章)____年____月____日									
审核意见：同意承保			审核人(签章)-×××　公司章________						
保险单号码：1234123456		签单人代码：7896		签单日期：××××年××月××日					

在填好投保单后，保险人与投保人双方签字确认，并连同投保人书写的投保申请书和提供的各种复印件和证明移交给保险人，经过复保后即签发保险单并同时产生法律效力。

人身保险合同保险单，见表 1-2。

表 1-2　人身保险合同保险单

本公司根据投保人申请，同意按下列条件承保。　　　　　　　　　　No：××××

保险单号码	××××××			投保单号码	××××××			
被投保人	姓名	陈××	性别	男	出生日期	1968.8	身份证号码	4211××××× ×××××4567
	住所	××省××市××区××街道××号				邮编	430000	
投保人	姓名	陈×	性别	男	出生日期	1988.10	身份证号码	42×××××××××××××1234
	住所	××省××市××区××街道×号			邮编	430000	与被保险人关系	父子
受益人	姓名	性别	身份证号码		住所		受益份额	
	陈××	男	42×××××××××××××1234		湖北省武汉市××区××路		1	
* 如无指定受益人，则以法定继承人为受益人。								
* 受益人为数人且未确定受益份额的，受益人按照相等份额享有受益权。								
保险名称：富贵幸福终身寿险（分红型）				保险金额　150000.00 元				
保险项目（给付责任）富贵幸福终身寿险				保险金额　150000.00 元				
保险期间	终身	保险责任起止时间		2012 年 5 月 1 日至 2013 年 5 月 1 日				
交费期	年期		交费方式	转账	份数	1		
保险费	5010 元	加费	1350 元	保险费合计	6360 元			
生存给付领取年龄	63 岁		领取方式	转账				
特别约定：								

公司提示：

保险合同由保险单、保险条款、声明、批注以及与合同有关的投保单、更改保单申请书、体检报告书及其他的约定书共同构成。在保险有效期内如发生保险事故，请按条款规定及时与我公司签单机构联系。

签单机构：××××保险公司　　　　　　授权签字业务员：王××（签字）
邮政编码：430000　　　　　　　　　　出　单　员：李××（签字）
电　话：88123456　　　　　　　　　　复　核　员：陈××（签字）
公司地址：湖北省武汉市××区××路　　公司签章：
　　　　　　　　　　　　　　　　　　签单日期：2012 年 5 月 1 日

在保险单生效之后，保险人就会从投保人提供的银行账户按照保险单上的约定付款方式和付款额度进行划款。

对于大病风险保障一般有180天观察期（观察期内生病不予赔付，但是退还所有保费），对于意外事故在投保核保后即刻生效。

每年按照缴费期缴纳保险费，投保人一般应该在所提交的银行账户上预存有足额资金，保险人会按照付款方式按时划账。缴费有2个月宽限责任期。逾期2个月需申请复效，并缴纳利息。

在保险单生效之后，至保险单时效结束，保险公司都必须为投保人或被保险人提供优质服务，客户是保险公司立足之本。

(6) 履行保险服务

① 投保服务　投保服务是保险业务人员寻找目标客户进行业务拓展，完成第一次风险选择，履行保险人如实告知义务，协助客户履行如实告知义务并完整填写投保资料，送达保险合同的服务过程。

第一次风险选择。保险业务人员应在详细了解险种责任、投保规则及公司核保政策的前提下进行业务拓展，对客户的生活环境、工作情况、业余爱好应做综合的了解，初步掌握客户的健康状况、财务状况，并据此为客户设计合理的投保方案。对存在逆选择倾向或道德风险的投保申请应婉言谢绝。

履行如实告知义务。保险业务人员在业务拓展时应为客户提供相关保险条款并如实讲解保险条款内容，特别是保险责任、除外责任及投保注意事项，履行保险人对客户的如实告知义务，不得夸大、歪曲保险责任，不可做保险责任以外的承诺，不得误导客户。同时要求客户按照公司提问，实事求是地回答并予以亲笔签字，提醒客户履行如实告知义务。业务员不得帮助客户避重就轻或进行隐瞒，更不得阻碍客户如实告知。

② 协助客户办理投保　投保书填写。保险业务员应协助客户填写投保书，并对客户签字确认后的投保书逐项认真审核，保证投保书上的保费金额与委托银行代扣保险费协议书上的金额一致，投保人及被保险人投保年龄、身份证号码准确无误，被保险人年龄、险种名称、保额、保费等各项内容符合条款与投保规则的要求。

收取首期保费。首期保费的交费方式应符合保险公司财务部门的要求。当被保险人累计危险保额超过50万元时，业务员在填妥投保文件后暂不得预收保险费，待核保部门同意承保并由系统下发交费通知后，方可收取保费。

保险业务人员必须根据自己所掌握的真实情况对《业务员告知书》中所涉及的客户信息及相关提问如实填写，并签字认可，不得故意隐瞒或缺项漏项。

③ 承保服务　承保服务是保险承办人员按公司要求在保单承保过程中协助客户完成错误更正、体检、生调（健康/财务等情况调查）、沟通咨询、补充资料、补退费等承保手续的服务过程。

a. 体检服务。业务人员在收到核保部门下发的体检通知书后，应及时通知客户，说明公司要求体检的原因、体检注意事项、定点体检机构等相关信息，协助客户及时完成体检。业务员须确保是客户本人参加体检，不得协助客户找他人代为体检，更不得顶替客户体检。

b. 生调服务。业务人员在收到核保部门下发的生调通知后，应及时与生调人员进行联系，按生调人员的要求与客户约定会晤时间和地点，并告知客户按公司要求准备相关资料。

c. 通知书送达与回收。业务人员在收到公司发放的契约变更通知书，并指导客户认真填写。将客户填写完毕并签字确认后的契约变更通知书或核保通知书在一个工作日内交给公司内勤人员进行扫描回收。

d. 承保通知书应及时送达客户，并及时提醒投保人在签收的同时，应注意以下事项。

仔细审核保险公司提供的整套保单材料。一般保险产品的保单材料都包含有保险单、保险条款、投保单（副本）、送达回执、客户服务指南、首期保险费发票等。应逐条核对保险单及首期保险费发票上的所有项目。

认真阅读保险条款和有关说明。注意了解保险合同的生效时间、保险期间、每年（次）的交费时间，并认真阅读保险责任、责任免除及约定等内容。

④ 后续服务　在保险单的有效时间内，业务员应经常与投保人进行联系，如果客户有相关信息和内容有所变动，应提醒客户及时进行保单保全或保单变更手续，避免给客户造成不必要的损失。

2. 理赔

投保人购买人身保险的最终目的是希望在风险事故发生时或达到领取保险金年龄时，能够得到保险公司的赔偿或给付。人身保险的理赔程序，见图 1-2。

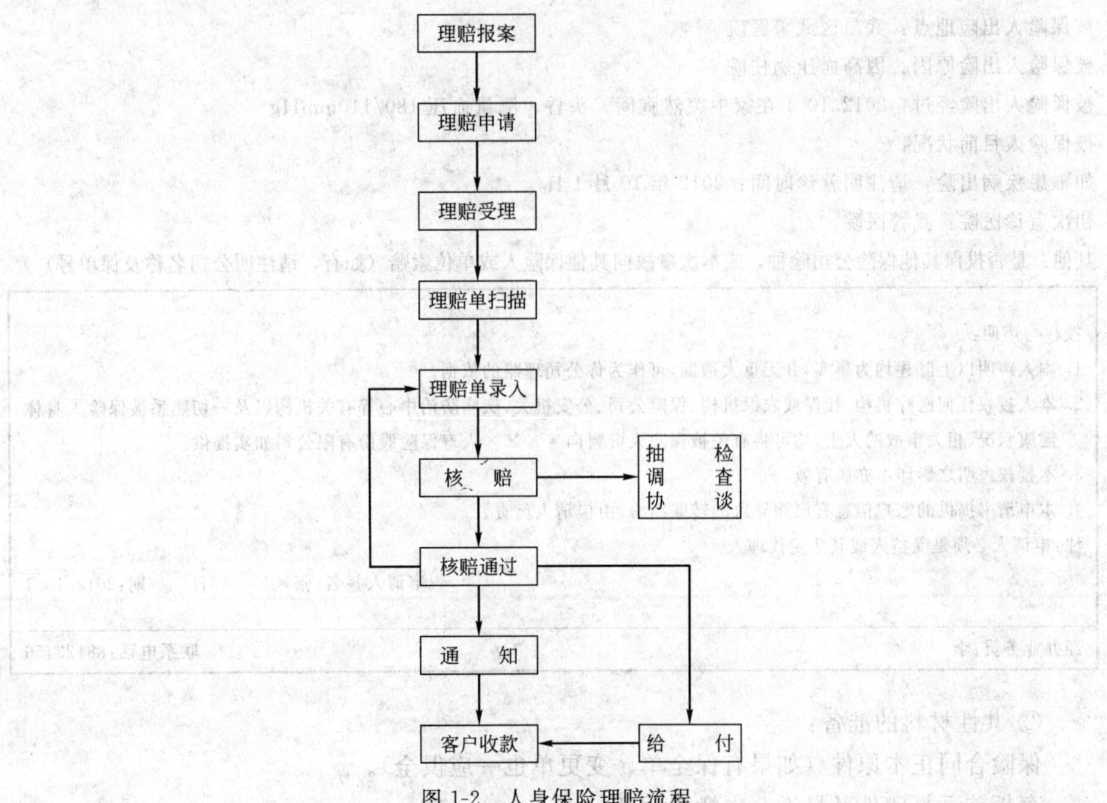

图 1-2　人身保险理赔流程

（1）及时联系或以书面形式通知承保公司　当被保险人发生疾病、伤亡等责任保险事故时，应立即通知保险公司。否则被保险人有可能要承担因迟缓通知而致使保险公司增加的调查费用。当投保人或被保险人达到领取保险金的年龄时，同样应及时向保险公司提出给付保险金申请。

（2）准备好所需的申请文件、单据及其资料

通常包括：

① 递交保险标的给付申请书。

人身保险理赔申请书，见表1-3。

表1-3 人身保险理赔申请书

报案号：××××

申请人：张×× 申请人身份证号：42123456789000 与被保险人关系：本人

联系地址：湖北省武汉市××区××路 联系电话：123456 短信通知移动电话：13812345678

被保险人：张×× 被保险人身份证号：42123456789000

保单号：00459930215118 投保险种：富贵幸福终身寿险（分红型）

申请给付事项： ′身故给付 ′残疾给付 ′重大疾病 ′伤害医疗

′住院医疗 ′返还保费 ′豁免保费 ′其他

保险金领取方式： ′现金 ′转账

户名：工商银行 张×× 开户行全称（具体到分理处）：工商银行武昌支行

账号：6222 1234 5678 1234567

（注：如果转入多个受益人账户，选“转账”后，请填《保险金转账授权委托书》，此处无需填写账户信息）

被保险人出险日期：2012年10月1日

被保险人出险地点：武昌区武警医院

被保险人出险原因：因高血压病住院

被保险人出险经过：2012.10.1在家中突然胸闷、头昏、测量血压180/110mmHg

被保险人目前状况：

如罹患疾病出险，请注明就诊时间：2012年10月1日

初次就诊医院：武警医院

其他：是否投保其他保险公司险种，或本次事故向其他保险人或单位索赔（如有，请注明公司名称及保单号）

授权与声明： 1. 本人声明以上陈述均为事实，并无重大遗漏，可作为你公司理赔的依据。 2. 本人授权任何医疗机构、社保或农保机构、保险公司、公安机关、疾病防治中心等有关机构以及一切熟悉被保险人身体健康状况、相关事故的人士，均可将有关被保险人资料向××××人寿保险股份有限公司如实提供。 3. 本授权声明之影印本亦属有效。 4. 本申请书提供的账户信息有误而导致的转账纠纷，由申请人负责。 注：申请人必须是受益人或其法定代理人。 申请人签名：张×× 日 期：2012.10.1
经办业务员：李 ×× 联系电话：88123456

② 共性材料的准备：

保险合同正本原件（如果有保全单、变更单也一应俱全）。

存折首页复印件及最近一次缴费凭证。

被保险人及被委托人的身份证明（原件）。

③ 医疗费用（除共性资料外）还需准备：

医院门诊、急诊病历（病历本）。

诊断证明、住院病历复印件。

医疗费用结算收据原件（附医疗费用清单）。

意外事故需要意外事故证明（交通事故、治安事件、工伤事故证明）。

④ 重大疾病（除共性资料外）还需准备：

医院门诊、急诊病历。

住院诊断书、住院病历复印件。

病理、血液及其需要的其他检验报告。

⑤ 因伤残疾（除共性资料外）还需准备：

治疗记录（门诊、住院诊断及病历）。

相关检查报告单。

残疾鉴定报告。

⑥ 身故保险金的申请（除共性资料外）还需准备：

事故者的医疗诊治记录。

交通意外事故——交通意外事故证明。

事故者的死亡证明（医院、公安）、户口注销证明、丧葬火化证明。

(3) 填写报案登记表　见表 1-4。

表 1-4　人身保险报案登记表

<table>
<tr><td>报案人</td><td>张××</td><td>报案时间</td><td>2012.10.1</td><td colspan="2">与被保险人关系</td><td colspan="2">本人</td></tr>
<tr><td>通信地址</td><td colspan="5">湖北省武汉市××区××路</td><td>电话</td><td>12345678</td></tr>
<tr><td>出险人</td><td>张××</td><td>性别</td><td>男</td><td>地　址</td><td colspan="3">湖北省武汉市××区××路</td></tr>
<tr><td>证件名称</td><td>身份证</td><td colspan="2">证件号码</td><td colspan="4">421234000012345678</td></tr>
<tr><td>出险时间</td><td>2012.10.1</td><td colspan="2">出险地点</td><td colspan="4">武警医院</td></tr>
<tr><td>出险原因</td><td colspan="7">高血压</td></tr>
<tr><td>保单号</td><td colspan="3">00459930215118</td><td colspan="2">保单号</td><td colspan="2">00459930215118</td></tr>
<tr><td colspan="4">险种名称</td><td colspan="4">出险人身份(可复选)</td></tr>
<tr><td colspan="4">主:富贵幸福终身寿险(分红型)</td><td colspan="4">√被保险人□连带被保险人□附属保险人</td></tr>
<tr><td colspan="4"></td><td colspan="4"></td></tr>
<tr><td colspan="4"></td><td colspan="4"></td></tr>
<tr><td colspan="4"></td><td colspan="4"></td></tr>
<tr><td colspan="4">附:富贵幸福提前给付重大疾病保险</td><td colspan="4">√被保险人□连带被保险人□附属保险人</td></tr>
<tr><td colspan="4"></td><td colspan="4"></td></tr>
<tr><td colspan="4"></td><td colspan="4"></td></tr>
<tr><td colspan="4"></td><td colspan="4"></td></tr>
<tr><td colspan="8">出险简单经过及后果:2012 年 10 月 1 日,因高血压疾病住院治疗</td></tr>
<tr><td colspan="8">备注:</td></tr>
<tr><td colspan="8">本人申明:本人郑重申明,以上述出险原因、经过及后果均为真实情形,没有任何虚假和隐瞒,否则愿意承担相应的法律责任。

报案人签名:张××　　日期:2012 年 10 月 1 日</td></tr>
</table>

(4) 理赔受理

① 一般人身赔偿给付案在报案后 3 日内作出核实，7 日内作出理赔答复，10 日内作出

赔偿给付决定，履行赔偿给付义务。否则将赔偿投保人、被保险人或权益人因此受到的损失。

② 对于给付保险金数额难以确定的，保险公司应自收到索赔申请和有关证明、资料之日起六十日内，应当根据已有证明和资料可以确定的最低数额先予支付，在最终确定数额后，再支付相应的差额。

③ 对于人身保险合同无效的或有隐瞒欺诈行为或发生的保险事故非保险责任，保险公司应该及时下达拒赔通知书。

④ 投保人、被保险人或权益人如果对赔偿、给付结果不服或有异议，可通过协商、仲裁或诉讼方式解决。

⑤ 申请理赔时效：保险事故的责任赔偿时效一般为五年，超过时效则视为自动放弃。

(5) 领款手续

① 保险公司在查勘验证与审查复核完投保人、被保险人或权益人提供的理赔申请资料后，应迅速做出给付决定时，并及时通知或寄发《理赔领款通知书》。保险单上注明的相关权益人便可凭本人身份证件及其他有效证件到保险公司办理领款手续。

如确有特殊原因，领款人本人无法亲自前来领款的，可委托他人代领。但必须向公司提交《理赔领款通知书》、领款人授权明确的《授权委托书》及双方的身份证明。对现金领取额大于一万元（包括一万元）的需提前两天通知公司并约定领款时间。

理赔领款通知书见下面样本：

赔款通知书

赔案号：××××　　保单号：00459930215118

张××您投保的富贵幸福终身寿险(分红型)险的疾病损害案，确定赔款(大写)：伍仟捌佰元整　　(小写)￥：5800 元

上款请在所附赔款收据盖章后前来领收。

此致

××××　保险公司

××××年××月××日

授权委托书见下面样本：

授权委托书

××××　保险公司

本人已收到所投保的富贵幸福终身寿险(分红型)险(保单号：00459930215118)的疾病损害案的赔款通知书，由于本人被要事缠身不能前往，今特委托我妻子李××代为领取，随身携带有《赔款通知书》请予以查验。

此致

被保险人：张××

××××年××月××日

② 当有多个权益人时，每一个权益人只能领取自己的一份受益金；在没有权益人委托书的情况下，是不能代为办理领款手续或领取赔偿金；给付金一般通过银行转账领取赔偿金的，只能将受益金转入对应的权益人本人账户中。

(6) 整理归档　理赔给付完毕后，及时填写案件注销表，并将于案件相关的所有资料一并整理归档。

项目 2 财产保险的承保与理赔

一、项目目的

通过本项目的实施学习，使学员能够运用财产保险产品的特点及条款的相关内容，进行财产保险的展业，根据财产保险投保单、保险单内容的具体要求进行缮制投保单和保险单；并能够根据案件的实际情况，进行综合查勘、判断责任、理赔计算、理赔审核和缮制相关单证。

二、项目说明

财产保险从狭义上讲有：企业财产保险与家庭财产保险两种。财产保险是为了防止自然灾害或意外事故所造成的经济损失，从经济上解决人们对财产在遭受意外损失后的补偿问题，从而起到保障生产和安定生活的作用。

三、技术标准与要求

（1）每个学员独立完成此项目。

（2）项目标准：在进行此项目的操作时，应按照财产保险的相关规定对保险对象严格考察，确定是否属于可保风险对象。

四、设备器材

（1）办公电脑。

（2）办公场地。

（3）照相机。

（4）日常办公用品。

五、作业准备

（1）投保申请书。

（2）投保单。

（3）保险单。

（4）理赔单。

六、操作步骤

1. 投保

财产保险流程见图 1-3。

（1）接待客户 接受客户咨询并告诉客户需要提供的资料。

① 投保申请书。

② 家庭财产保险根据承保范围

a. 选择提供房产证、土地使用证。

b. 家庭财产清单及发票复印件。

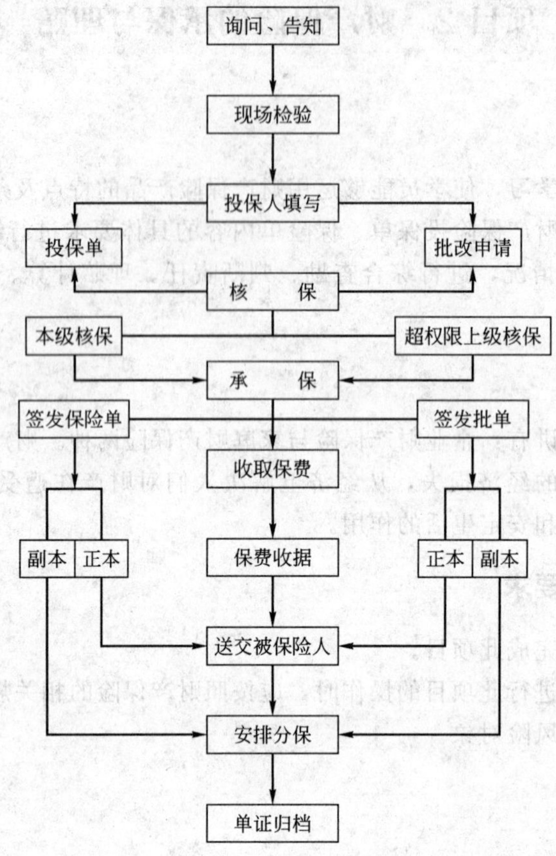

图 1-3　财产保险流程

③ 企业财产保险需提供

a. 企业营业执照复印件。

b. 组织机构代码证复印件。

c. 根据所承保险种所需要的其他资料。

(2) 介绍财产保险的种类

① 企业财产保险适用于各种企业、社团、机关和事业单位的一种财产保险。主要承保因火灾或其他自然灾害及意外事故造成被保险人的财产损失。目前我国企业财产保险产品有企业财产保险基本险、企业财产保险综合险、财产险和财产一切险。

② 家庭财产保险适用于我国城乡居民家庭的一种财产保险。其承保责任范围与企业财产保险综合险的承保责任范围基本相同。目前我国家庭财产保险产品主要有：普通型家庭财产保险、家庭财产两全保险、投资保障型家庭财产保险和个人贷款抵押房屋保险。

(3) 呈交投保申请书　投保申请书必须是投保人在自愿的情况下书写的，不能受其他人的意愿所左右。财产保险投保申请书具体填写要求：见表 1-5。

(4) 告知保险范围和责任范围

① 可保财产。被保险人所有或与他人共有而由被保险人负责的财产由被保险人经营管理或替他人保管的财产，在法律上承认的与被保险人有经济利害关系的财产都可作为保险标的。如：

表 1-5　财产保险投保申请书

投保单号：24201×××××1234

本申请书由投保人如实地，尽可能详尽地填写并签章后作为向本公司投保财产险的依据。本申请书为该财产险保险单的组成部分。

被保险人：××××有限公司		
保险财产地址：武汉市××路××号		
保险期限：12 个月　自 2012 年 04 月 20 日　中午 12 时正至 2013 年 04 月 20 日中午 12 时正		
建筑情形及周围情况：		
保险财产使用性质：综合商业、商贸、写字楼		
是否有警报系统或安全保卫系统：是		
以往损失情况：无		
保险财产名称	投保金额	每次事故免赔额
房屋建筑	19000000.00	1000 元
装置及家具		
机器设备		
仓储物		
其他物品		
总保险金额：9500.00 元		
费率：　　　　　　保险费：		
备注：		

投保人（签名盖章）××××有限公司　　　电话 1365678××××

地址：武汉市××区××路××号　　　　日期 2012 年××月××日

房屋、建筑物及附属设备。

机器及附属设备。

工具、仪器和生产用具。

管理用具和低值易耗品。

原材料、半成品、在制品、产成品或库存商品、特种储备商品。账外财产或已摊销的财产。

代保管财产。

② 特约可保财产：

金银、珠宝、钻石、玉器、首饰、古币、古玩、古书、古画、邮票、艺术品、稀有金属等珍贵财物。

堤堰、水闸、铁路、道路、涵洞、桥梁、码头。

矿井、矿坑内的设备和物资。

③ 不可保财产：

不属于一般意义上的生产资料或商品。

不是实际的物资、缺乏价值依据或很难鉴定其价值的财产。

不合法或必定会发生危险的财产。

应该投保其他险种的财产。

(5) 保险责任和责任免除

① 保险责任：火灾、雷击、爆炸、意外损害。

② 除外责任：

不可抗力的自然灾害。

战争、动乱造成的损害。

资产被盗抢损失。

保险标的本身缺陷。

保管不善导致的损毁（变质、霉烂、受潮、虫咬）。

保险标的的自然磨损、自然损耗、自燃、烘焙所造成的损失。

不属于保险责任范围的财产损失。

(6) 告知不要超额投保　保险金额不要超过财产的价值，由于财产保险遵循补偿性原则，对于超额投保的部分，保险公司不负责赔偿。

(7) 告知不要重复投保　同一财产选择多家保险公司投保，也不会得到多倍的赔偿，赔偿给付的责任只是多家保险公司分摊。

(8) 填写投保单并附上财产清单　在指导客户填写投保单时，须注意以下问题。

① 投保人名称和地址：必须是全称。如果是企业必须以公章上的名称为准，不得简写。

② 被保险人名称和地址：如果和投保人一致，应该重复书写，不得写“同上”等字样。

③ 保险财产地址：如不够，可以附投保财产明细表。

④ 以往出险损失情况：如实、准确填写近三年实际情况。

⑤ 要素填写完整、清晰、无遗漏项目、不产生歧义。

⑥ 保险标的：清楚反映标的情况。

⑦ 清单或明细表：一式两份，均需投保人签章。

⑧ 核实投保标的的保险金额、费率：计算准确无误。

⑨ 保险期限：严禁“倒签单”。

⑩ 附加险：填写清楚、名称准确。

财产保险投保单：见表 1-6。

对于所投保财产标的项目太多，在投保单里不能表达的，可以使用财产保险标的项目投保清单进行一一列明，见表 1-7。

(9) 保险公司受理　经收集资料、实地查勘、资产价值确认、保险费率计算与确定、保单核保后及时缮制保险单并下达。

财产保险基本险保险单：见表 1-8。

表 1-6 财产保险投保单 No. ××××

欢迎您到××××财产保险股份有限公司投保！请您在投保前务必详细阅读相关保险条款，特别注意责任免除、投保人及被保险人义务、赔偿处理等内容，据实回答保险人就投保事项提出的相关询问，并用蓝色或黑色墨水笔如实填写投保单。投保后相关内容若发生变动，请及时通知保险人。

1. 投保人信息 名称：××××有限公司　组织机构代码：×××××××× 联系地址：武汉市××区××路××号　邮政编码：430000 联系电话：1365678××××　传真：027—87××123　E-mail：
2. 被保险人基本信息 名称：××××有限公司　网址： 联系地址：武汉市××路××号　邮政编码：430000 联系电话：87××234　传真：027—87××345　E-mail： 组织机构代码：××××××××　占用性质：综合商业、商贸、写字楼
3. 被保险人资产及营业额状况 注册资本：　总资产：　上一年度实际营业额：
4. 投保主险险种：　√基本险　□综合险　□一切险
5. 有关保险标的投保信息，请见《财产保险标的项目投保清单》；有关附加条款投保信息，请见《财产保险附加条款投保清单》。
6. 免赔额：1000 元
7. 其他保险说明 是否有其他有关保险合同？　√无　□有 如有，请说明标的项目、保险金额、免赔额、保险公司名称以及其他相关信息：
8. 总保险金额（大写）：玖仟伍佰元整　（小写）9500.00 元
9. 总保险费（大写）：玖仟伍佰元整　（小写）9500.00 元
10. 保险期间：12 个月，自 2012 年 04 月 20 日零时起，至 2013 年 04 月 20 日二十四时止。
11. 保险费交付时间：2012 年 04 月 05 日前
12. 保险合同争议解决方式选择：□提交　√________仲裁委员会仲裁；　□诉讼
13. 特别约定：

表 1-7 财产保险标的项目投保清单

序号	保险标的名称	单位	数量	保险金额	保险价值	费率	保险费
(1)							
(2)							
(3)							
(4)							
(5)							
(6)							
(7)							
(8)							
(9)							

注：1. 保险价值指：(A) 出险时的重置价值　(B) 出险时的账面余额　(C) 出险时的市场价值　(D) 评估价值（请在对应空格处填写具体金额）　(E) 其他价值（请在对应空格处填写具体确定方式）；

2. 保险标的为特约标的时，请在备注栏中注明“特约”字样。

表 1-8　财产保险基本险保险单（正本）

保险单号码：24201005010001130001234

鉴于××××有限公司（以下称被保险人）已向本公司投保财产保险基本险以及附加________/________险，并按本保险条款约定交纳保险费，本公司特签发本保险单并同意依照财产保险基本险条款和附加险条款及其特别约定条件，承担被保险人下列财产的保险责任。

<table>
<tr><td></td><td>投保标的项目</td><td>以何种价值投保</td><td>保险金额(元)</td><td>费率(‰)</td><td>保险费(元)</td></tr>
<tr><td rowspan="8">基本险</td><td>商业楼宇</td><td>重置价格</td><td>19000000.00</td><td>0.5000</td><td>9500.00</td></tr>
<tr><td></td><td></td><td></td><td></td><td></td></tr>
<tr><td></td><td></td><td></td><td></td><td></td></tr>
<tr><td></td><td></td><td></td><td></td><td></td></tr>
<tr><td rowspan="4">特约保险标的</td><td></td><td></td><td></td><td></td></tr>
<tr><td></td><td></td><td></td><td></td></tr>
<tr><td></td><td></td><td></td><td></td></tr>
<tr><td></td><td></td><td></td><td></td></tr>
<tr><td colspan="6">总保险金额(大写)玖仟伍佰元整　　　(小写)9500.00</td></tr>
<tr><td rowspan="4">附加险</td><td colspan="5"></td></tr>
<tr><td colspan="5"></td></tr>
<tr><td colspan="5"></td></tr>
<tr><td colspan="5"></td></tr>
<tr><td colspan="6">总保险费(大写)　　　　　　　　(小写)
特别声明:发生保险事故时,被保险人未按约定交付保险费,本公司不负赔偿责任。</td></tr>
<tr><td colspan="6">保险责任期限自 2012 年 04 月 20 日零时起至 2013 年 04 月 20 日二十四时止</td></tr>
<tr><td>特别约定</td><td colspan="3">被保险人地址:武汉市××区××路××号
电话:1365678××××
邮政编码:430000
行业:
所有制:
占用性质:综合商业、商贸、写字楼
财产座落地址:武汉市××路××号
共个地址:</td><td colspan="2">保险人:××保险公司
保险有限公司(盖章)
地址:武汉市××区××路××号
邮编:430000
电话:88888888
传真:027—8888××××
2012 年××月××日</td></tr>
</table>

经（副）理：陈××　会计：李××　复核：张××　制单：王××

(10) 财产保险的期限　家庭财产保险的保险期限可以是 1 年、3 年或者 5 年。

企业财产综合保险的保险期限通常为 1 年。在保险单到期前，保险人应通知被保险人办理续保手续。一般根据保险登记簿填制“到期通知单”送交被保险人，以便到期办理续保手段，避免保险中断。

(11) 送达保险单签收　经过查勘核保、签发保险单后，送达保险单及签收以后的服务工作参考人身保险流程。

(12) 告知被保险人

① 被保险人应当在签订保险合同之日起十五天内按照保险费率规章的规定一次交清保险费。

② 被保险人应当遵守国家有关部门制定的保护财产安全的各项规定，对安全检查中发

现的各种灾害事故隐患，在接到防灾主管部门或本公司提出的整改通知书后，必须认真付诸实施。

③ 在保险合同有效期内，被保险人名称、保险财产占用性质、保险财产所在地址、保险财产增加危险程度等事项如有变更，被保险人应当及时书面向本公司申请办理保单保全或保单变更等批改手续。

④ 保险财产发生保险事故时，被保险人应当积极抢救，使损失减少至最低限度，并立即通知本公司查勘现场。

⑤ 被保险人如果不履行以上的各项义务，公司有权拒绝赔偿，或者从书面通知之日起终止保险合同。

2. 理赔

财产保险理赔是指保险人在保险的财产标的发生风险责任事故后，对被保险人或受益人提出的索赔要求进行处理的行为，应主动、迅速、准确、合理地进行理赔。

财产保险的理赔是财产保险的一个重要程序，不仅关系到投保人或被保险人的切身利益，还关系到保险公司自身的风险利益，同时还关系到保险展业的继续。

财产保险的理赔程序，见图 1-4。

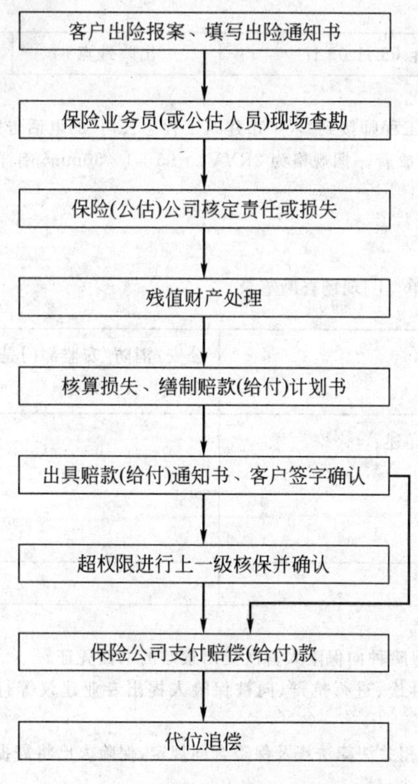

图 1-4　财产保险的理赔程序

（1）受理案件

① 接到投保人或被保险人的报案后，应与投保人或被保险人取得联系，了解案情的基本情况，迅速查阅有关资料，掌握出险单位的保险情况和财产情况，拟定查勘计划或方案，准备好查勘工具或用具，尽量做到双人同时查勘，争取第一时间到达现场，如有需要应向被保险人或其代表提供现场施救。

② 到达现场后，首先向被保险人致以慰问和关切之意并交换（或呈递）名片；接着询问现场报案人与被保险人的关系，及姓名、职务等；请介绍出险时的经过、损失情况、现场证人等，并做好记录。

③ 填写出险通知书。填写出险通知书根据实际情况，可以采用现场填写或上门填写方式。

填写的具体内容：见表 1-9。

表 1-9 保险出险通知书

<table>
<tr><td colspan="4">被保险人资料</td></tr>
<tr><td>名　　称</td><td>××××房地产开发有限公司</td><td>险　种</td><td>企业财险</td></tr>
<tr><td>保单号码</td><td>3620100501000113004567</td><td>联系人</td><td>陈××</td></tr>
<tr><td>联系电话</td><td>86310000</td><td>传　真</td><td>027—89320000</td></tr>
<tr><td>通讯地址/邮编</td><td>430000</td><td>电子邮箱</td><td></td></tr>
<tr><td colspan="4">与本次事故标的有关的其他保险情况：(保险公司名称及投保险种)</td></tr>
<tr><td colspan="4">事故详情：</td></tr>
<tr><td>出险时间</td><td>2013 年 03 月 06 日</td><td>出险地点</td><td>××××六区工地 B1-B3 栋</td></tr>
<tr><td colspan="4">出险原因和经过：
2013 年 03 月 06 日晚上，我公司工程师接到“××市建筑工程总公司”的电话告知，××××六区工地 B1-B3 栋的临时仓库，仓库防护网被人撬开，里面存放着一捆规格为 2RVV4 * 95＋1 * 50mm² 南洋牌电缆被盗。

损失详情：见□受损财产报损清单　□现场查勘笔录</td></tr>
<tr><td colspan="2">本次事故是何人、何时最先发现？
保安李××在今天早晨巡视时发现的</td><td colspan="2">公安/消防/安监部门是否到事故现场调查？
有□　　无√</td></tr>
<tr><td colspan="2">如果事故为其他单位人员造成的，请详述：</td><td colspan="2"></td></tr>
<tr><td colspan="2">特别告知：</td><td colspan="2"></td></tr>
<tr><td colspan="4">1. 本索赔申请书是被保险人就所投保险种向保险人首次提出索赔的书面凭证。
2. 保险人受理报案、现场查勘、参与诉讼、进行抗辩、向被保险人提出专业建议等行为，均不构成保险人对赔偿责任的承诺。
3. 为充分保障被保险人的权益，根据相关法律法规及保险合同规定，保险人已将需提供的与赔偿有关的证明和材料以清单形式向被保险人提供。
4. 以上内容被保险人无异议，如有特殊情况或其他说明，将在备注中说明。
5. 备注：</td></tr>
<tr><td colspan="4">兹声明本人报案时所陈述及补充填写的资料均为事实情形，没有任何虚假和隐瞒。否则，愿放弃本保单一切权利并承担相应法律责任。
被保险人签章：陈××　　经办人签字：李××　　2013 年 03 月 06 日</td></tr>
</table>

(2) 要求被保险人提供必需的资料　提交索赔申请书、投保单、财产清单及保险单。

损失清单所列物品的原始发票或其复印件（加盖财务章）。

修理预（决）算书、重置或修理受损财产的原始发票或复印件。

施救费用发票（加盖财务章）。

固定资产明细账、入账凭证。

流动资产或递延资产的，应提供有关月份资产负债表、明细账复印件、仓库保管账、盘点表、出入库单、明细账、入账凭证。

第三方提出的索赔函、与第三方签署的索赔协议（适用于责任险）。

相关部门出具的医疗费发票和清单、伤残证明（发生伤残）、死亡证明（发生死亡时）。

权益转让书。

如有诉讼发生时还应提供诉讼材料。

法院裁决的受益人证明（造成第三者伤亡时）。

现场照片（在未进行现场查勘时）。

根据不同的保险事故提供相关部门（如公安、消防、气象、检验、海关、港务等）的技术鉴定证明、事故报告书。

公估公司出具的损失理算报告（聘请公估公司时）。

权益转让书及相关追偿文件（损失涉及其他责任方时）。

开户银行及账号。

其他相关与特约材料。

(3) 现场查勘　现场查勘是确定是否发生保险事故，查验受损标的是否为保险标的，确定保险标的损失情况以及与事故相关的其他内容。具体操作方法如下。

① 对照保单。核对出险位置，是否为保险单项下的承保处所；核对出险时间是否在保险期限内。

② 查勘损失标的，必须先全面后具体地巡视查勘，先全景后标的的拍照取证；并绘制现场平面图，标明事故源头与各关系位置。

③ 与被保险人或被保险人代表进行交谈，采用闲聊与正式交谈、顺向发问、重复发问的方法；查勘、交谈、走（采）访相结合的方式。

④ 根据事故现象正反向查原因，根据出险标的相关逻辑关系查核第一手资料。

⑤ 要求被保险人安排专人配合保险人员或公估人员的现场清点工作。同时提供受损标的的相关对应资料。

⑥ 将现场缮制的一式两份保险标的《财产险索赔资料清单》请被保险人签字。

(4) 现场清点

① 对于暴雨、台风、洪水责任事故，先清点受损标的，再根据情况选择是否需要清点全厂未损部分的标的。

② 对于火灾责任事故，先清点火灾现场未损害标的，对未损害的标的进行保护处理。对于火灾现场，只有在现场开放后才能对受损标的进行现场清点、检验工作。

③ 按照建筑物、机器设备、仓储物等进行分类。确定未损数量和受损数量，按照损害程度进行分类登记，同时记录损害情形。

(5) 现场查勘记录

① 包括从被保险人或其他当事人处了解到的事故经过，包括经查勘人或公估人现场丈

量、清点、勘验等确定的损害数量、损害情形。现场查勘记录与损害清点表是一个整体。

② 现场查勘记录和损害清点表上应填写案件名称、标的地址、现场查勘时间等，并标明“共×页，第×页”，逐页由查勘人员和被保险人代表共同签名或盖章，若受损项目和受损数量现场全部清点完毕，在清点表最后一页注明“以上为本次事故全部损失”。

(6) 询问笔录

① 涉及火灾、盗窃等意外事故的案件需要对被保险人或与案件相关的证明人做询问笔录。询问笔录的内容可根据案情需要自行确定，一般包括两个方面：一方面是事故的详细经过；另一方面是被保险人的生产管理，包括生产工艺流程、生产管理、仓库管理等情况。

② 询问笔录格式：询问时间、询问人、被询问人、问题、回答，标明“共×页，第×页”，并由被询问人审阅后逐页签字，最后一页下面要求被询问人在确认后并签上“以上所述内容属实”的字样。

(7) 资料处理　现场查勘记录、财产损害清点表、询问笔录等现场获取的资料，让被保险人签名盖（公）章。一式两份的给一份被保险人，否则把资料进行复印将复印件留给被保险人，清单上留下被保险人及查勘人员的联系人姓名及联系方式。

(8) 审定保险责任　根据查勘记录、事故证明及有关材料，遵照保险合同条款及条款解释中保险责任和免除责任的规定，综合分析主观和客观原因，明确事故是否属于保险责任范围。重大案件和有争议的疑难案件处理之前，应及时上报上级主管。

分析保险责任时应本着实事求是的原则，具体情况具体分析。确定保险责任时应注意以下几点。

① 必须根据近因原则，有关部门的技术鉴定和事故证明，按照保险责任中列明的灾害事故来确定。

② 发生保险责任中列明的灾害事故，但引起灾害事故的近因属除外责任时不应负责。

③ 发生保险责任范围内的灾害事故，根据法律法规的规定或有关约定，应由第三者负责的，保险人收集相关证据进行代追赔偿。

(9) 确定保险标的赔偿范围　保险责任审定后，根据查勘记录详细审核被保险人提供的损失清单和费用清单，审核受损财产是否属于保险财产。

保险事故发生时，被保险人有责任和义务尽力采取必要的措施，防止或减少损失，施救费用是否必要、合理，其判断原则如下。

① 以发生保险责任范围内的灾害事故为前提。

② 以减少保险的标的损失为目的。

③ 以保险事故发生时支出的费用为界限。

④ 以费用支出是必要、合理为标准。

(10) 标的损失鉴定

① 估损法　估损法把受损的标的重置价值与损失程度相乘，作为估损金额。确定损失程度时，可以参照相关国家部门的规定。

保险人或公估人还可将估损金额与被保险人提交的修复报价相比较，判断修复方案及报价的合理性。

② 审核预算　公估人审核标的全损赔偿时，可以通过内部报价系统或权威部门报价来确定赔偿金额。

对标的修复报价时，可以通过协商谈判或指定修复单位或通过招标等形式来确定修复费用。

（11）残值确定

① 估价。按照受损标的的现存量、损害程度、可使用率以及可使用等级等进行科学的客观的估价，与被保险人进行协商谈判，确定一个比较科学而双方都能够接受的残值，并在赔款中扣除残值部分。

② 拍卖。当对标的残值确定具有争议时，可以交由有关单位定价、销售，也可以通过公开拍卖的方式来处理，由保险人和被保险人双方共同举行竞价拍卖残值标的，拍卖所得为标的残值。并冲减赔款。

（12）免赔额的处理　按照保险单约定，在赔付金额中扣除免赔额。

（13）仲裁、诉讼费用的赔偿处理　保险人和被保险人对事故损失赔偿存在争议时，双方本着实事求是、公平合理的原则，协商解决。协商不成，可提请仲裁或提起诉讼，由此产生的仲裁、诉讼费用由过错方或败诉方承担。

（14）下达赔款通知书　保险人在赔款计算完成后，应及时向被保险人下达赔款通知书，被保险人在赔款通知书（含收据及权益转让书）上盖章后，即可付款。权益转让书样本和赔款通知书样本如下。

权益转让书样本

权益转让书

××××保险公司

你公司签发的　车辆基本　险×××号保险单，承保我单位的鄂×12345车，于2013年01月08日因　碰撞　出险受损，根据现场查勘　应由第三者　鄂×34567车　负责赔偿损失。请你公司按照保险条款第××　　之规定，将出险受损金额（大写）壹万叁仟肆佰伍拾元整，（小写）￥13450元。先予以赔付，现将追偿权转移给你公司，并协助你公司共同向第三者追偿损失。

特立此据。

保险权益人：孙××

2013年01月10日

赔款通知书样本

赔款通知书

赔案号：××××　　　　保单号：×××

张××

您鄂×45678车投保的车辆基本险的碰撞损害案，确定责任损失赔款（大写）：壹万伍仟捌佰捌拾元整　（小写）￥：15880元

上款请在所附赔款收据盖章后前来领收。

此致

××××　保险公司

2013年02月12日

（15）其他事项

① 保险公司在审定、核实保险赔款金额，经双方确认后，应当在十日内一次支付赔款结案。

② 发生保险责任范围内的损失，应当由第三方负责赔偿的，被保险人应当向第三方索赔。如果被保险人向保险人提出赔偿请求时，保险人可以按照保险条款的有关规定先予赔

偿，但被保险人必须将追偿权转让给保险人，并协助保险人向第三方追偿。

③ 被保险人所保财产遭受部分损失时，在保险人赔偿以后，保险单继续有效，但保险金额应相应减少，由公司出具批单批注。

④ 被保险人从向保险人提交《保险出险通知书》之日起，三个月内不向保险人提交条款中规定的各种必要单证；或者从保险人书面通知之日起一年内不领取应得的赔款，即视为自愿放弃权益。

⑤ 被保险人向保险人提供的各种单证、证明必须真实、可靠，如有涂改账册、伪造单证、制造假案等欺骗行为，保险人有权拒绝赔偿或追回已付的保险赔款。

一、理论考核

1. 分析题

(1) 可保风险应该具备的条件。

(2) 我国保险的主要职能作用。

(3) 保险合同凭证的种类及其在订立保险合同过程中的用途。

(4) 要恢复失效保单的效力必须符合哪些条件?

2. 判断题

(1) 批单是用来增添、取消或修改原保险单中的条款，也可用来扩大保险责任范围。 (　　)

(2) 免赔额是常见的保险条款经常在人寿保险、责任保险中使用。 (　　)

(3) 风险是损失的不确定性，所以不确定损失风险是可保风险。 (　　)

(4) 大多数风险管理计划是自担风险与商业保险相结合。 (　　)

3. 选择题

(1) 下列不属于保单内容变更的有 (　　)

A. 展期保单　B. 领取年龄　C. 增加或取消附加险　D. 交费期间

(2) 下列不属于保险人应提供的客户服务的是 (　　)

A. 提供咨询服务　B. 风险规划与管理服务

C. 接报案、查勘与定损服务　D. 承担保险保障范围以外的责任

(3) 被保险人在保险标的遭受保险责任范围内的损失后，应当在(　　)小时内通知保险人，否则保险人有权不予赔偿。

A. 30　B. 18　C. 12　D. 24

(4) 保险人在保险标的发生风险事故后，对被保险人或受益人提出的索赔要求进行处理的行为是指 (　　)

A. 保险索赔　B. 保险理赔　C. 保险申请　D. 保险查勘

二、技能考核

项目1　人身保险作业（见表1-10）。

表 1-10　人身保险作业项目评分表

<table>
<tr><td rowspan="2">基本信息</td><td>姓名</td><td></td><td>学号</td><td></td><td>班级</td><td></td><td>组别</td><td></td></tr>
<tr><td>规定时间</td><td></td><td>完成时间</td><td></td><td>考核时间</td><td></td><td>总评成绩</td><td></td></tr>
<tr><td rowspan="12">情景操作</td><td rowspan="2">序号</td><td colspan="2" rowspan="2">步　骤</td><td colspan="2">完成情况</td><td rowspan="2">标准分</td><td rowspan="2" colspan="2">评分</td></tr>
<tr><td>完成</td><td>未完成</td></tr>
<tr><td>1</td><td colspan="2">考核准备
设备与工具
相关表格</td><td></td><td></td><td>10</td><td colspan="2"></td></tr>
<tr><td>2</td><td colspan="2">操作流程</td><td></td><td></td><td>10</td><td colspan="2"></td></tr>
<tr><td>3</td><td colspan="2">操作规范</td><td></td><td></td><td>5</td><td colspan="2"></td></tr>
<tr><td>4</td><td colspan="2">操作技巧</td><td></td><td></td><td>5</td><td colspan="2"></td></tr>
<tr><td>5</td><td colspan="2">保险展业</td><td></td><td></td><td>5</td><td colspan="2"></td></tr>
<tr><td>6</td><td colspan="2">承保服务</td><td></td><td></td><td>5</td><td colspan="2"></td></tr>
<tr><td>7</td><td colspan="2">理赔服务</td><td></td><td></td><td>5</td><td colspan="2"></td></tr>
<tr><td>8</td><td colspan="2">现场查勘</td><td></td><td></td><td>5</td><td colspan="2"></td></tr>
<tr><td>9</td><td colspan="2">相关单据填写</td><td></td><td></td><td>5</td><td colspan="2"></td></tr>
<tr><td>10</td><td colspan="2">综合素质</td><td></td><td></td><td>5</td><td colspan="2"></td></tr>
<tr><td colspan="2">沟通能力</td><td colspan="2"></td><td></td><td></td><td>10</td><td colspan="2"></td></tr>
<tr><td colspan="2">掌控能力</td><td colspan="2"></td><td></td><td></td><td>10</td><td colspan="2"></td></tr>
<tr><td colspan="2">技术能力</td><td colspan="2"></td><td></td><td></td><td>10</td><td colspan="2"></td></tr>
<tr><td colspan="2">熟练程度</td><td colspan="2"></td><td></td><td></td><td>10</td><td colspan="2"></td></tr>
</table>

项目 2　财产保险作业（见表 1-11）。

表 1-11　财产保险作业项目评分表

<table>
<tr><td rowspan="2">基本信息</td><td>姓名</td><td></td><td>学号</td><td></td><td>班级</td><td></td><td>组别</td><td></td></tr>
<tr><td>规定时间</td><td></td><td>完成时间</td><td></td><td>考核时间</td><td></td><td>总评成绩</td><td></td></tr>
<tr><td rowspan="12">情景操作</td><td rowspan="2">序号</td><td colspan="2" rowspan="2">步　骤</td><td colspan="2">完成情况</td><td rowspan="2">标准分</td><td rowspan="2" colspan="2">评分</td></tr>
<tr><td>完成</td><td>未完成</td></tr>
<tr><td>1</td><td colspan="2">考核准备
设备与工具
相关表格</td><td></td><td></td><td>10</td><td colspan="2"></td></tr>
<tr><td>2</td><td colspan="2">操作流程</td><td></td><td></td><td>10</td><td colspan="2"></td></tr>
<tr><td>3</td><td colspan="2">操作规范</td><td></td><td></td><td>5</td><td colspan="2"></td></tr>
<tr><td>4</td><td colspan="2">操作技巧</td><td></td><td></td><td>5</td><td colspan="2"></td></tr>
<tr><td>5</td><td colspan="2">承保服务</td><td></td><td></td><td>5</td><td colspan="2"></td></tr>
<tr><td>6</td><td colspan="2">理赔服务</td><td></td><td></td><td>5</td><td colspan="2"></td></tr>
<tr><td>7</td><td colspan="2">现场查勘</td><td></td><td></td><td>5</td><td colspan="2"></td></tr>
<tr><td>8</td><td colspan="2">责任审核与损失核定</td><td></td><td></td><td>5</td><td colspan="2"></td></tr>
<tr><td>9</td><td colspan="2">相关单据填写</td><td></td><td></td><td>5</td><td colspan="2"></td></tr>
<tr><td>10</td><td colspan="2">综合素质</td><td></td><td></td><td>5</td><td colspan="2"></td></tr>
<tr><td colspan="2">沟通能力</td><td colspan="2"></td><td></td><td></td><td>10</td><td colspan="2"></td></tr>
<tr><td colspan="2">掌控能力</td><td colspan="2"></td><td></td><td></td><td>10</td><td colspan="2"></td></tr>
<tr><td colspan="2">技术能力</td><td colspan="2"></td><td></td><td></td><td>10</td><td colspan="2"></td></tr>
<tr><td colspan="2">熟练程度</td><td colspan="2"></td><td></td><td></td><td>10</td><td colspan="2"></td></tr>
</table>

保险展业

保险展业是指保险人对保险业务进行市场拓展、推销保险单的销售活动，保险展业一般有三种渠道：保险人直接展业和保险代理人展业以及保险经纪人展业。

(1) 保险人直接展业　直接展业是指保险公司依靠自己的业务人员去争取业务，这适合于规模大、分支机构健全的保险公司以及金额巨大的险种。

(2) 保险代理人展业　对许多保险公司来说，单靠直接展业是不足以争取到大量保险业务的，在销售费用上也是不合算的。如果保险公司单靠直接展业，就必须配备大量展业人员和增设机构，大量工资和费用支出势必会提高成本，而且展业具有季节性特点，在淡季时，人员会显得过剩。因此，国内外的大型保险公司除了使用直接展业外，还广泛地建立代理网，进行保险代理展业。

(3) 保险经纪人展业　保险经纪人不同于保险代理人，保险经纪人是投保人的代理人，对保险市场和风险管理富有经验，能为投保人制订风险管理方案和物色适当的保险人。

(4) 保险展业的准备工作

① 发现身边什么人需要保险　开展保险业务前，应事先对保险市场环境进行调研，对身边顾客状况以及背景情况进行分析，在调查的基础上制定出展业规划和实施展业策略的方案。

展业规划应有明确的展业目标，然后才有展业的计划，展业计划包括展业行动的总体方案和实施行动方案的方法和技巧。

② 了解身边潜在顾客情况　潜在顾客是指那些在主观或客观上需要保险且具有购买力的而尚未购买保险商品的企业、团体或个人。

对潜在顾客的了解主要包括潜在顾客的行业、经济实力、风险状况、保险意识等与展业直接或间接相关的因素。

对潜在顾客分析，如果展业对象有接受保险业务的意向，还要进一步摸底谁有决定权？谁有影响力？他们需要解决的主要问题或对哪种保险险种有需求、他们相互之间的关系？还有哪家保险公司对其进行展业？只有这样才使保险展业目标更加清晰了。

在充分了解的基础上，对潜在顾客进行分类，归纳出各类顾客的共同保险需求及不同顾客的特殊保险需求，以便根据具体情况进行拓展保险业务。

(5) 接近顾客的方法

① 朋友（或中间人）介绍　它是通过第三者介绍而接触展业对象，第三者的中介作用可以使展业气氛轻松和谐，便于展业宣传的深入进行，且富于更强的说服力，有利于达成展业成果。

介绍接触的途径很多，如亲友介绍、老师介绍、同学介绍、战友介绍、合作单位介绍、展业对象的主管机关介绍、老顾客的介绍和团体组织介绍等。

② 直接接触　展业人员直接接触是指展业人员利用工作关系直接接近展业对象。这种接触方法对展业人员的业务水平和技巧以及综合素质要求很高，首先要对展业对象或展业对象负责人进行充分了解，寻找切入点，设计好接触方案，选定合适时机和机会去接近顾客。见面要有良好的开场白，中间要有亲和力，用耐心、诚心去打动顾客。

(6) 接近顾客技巧　接近顾客的最终目的，是要把保险展业人员的引导需求变为顾客的自主需求，一般接近顾客有如下的方法与技巧。

① 聊天　是接近客户的一种方法，很多业务员见面没说几句话就开门见山地叫客户接受保险业务，这样往往容易遭到客户的拒绝，因为客户还没有了解你，你也没有了解客户的需求，只是站在自己的立场上，向客户推销保险。

为了进行保险展业，聊天是一种客户可以接受的形式，从客户的爱好、国家时政、社会现象、孩子、家庭教育等方面聊起，叫客户发表自己的看法，通过聊天，了解客户所关心的问题或对保险业务的需求，然后根据客户意思去设计险种。

② 了解　是指要客户了解保险，就是把保险的意义和功能作用让客户了解清楚，办理保险能够解决客户哪些担心的问题，办理保险会给客户带来哪些利益，并且给客户设计合适的险种。

如果盲目向客户推销保险，会给客户造成家庭的负担，不仅容易出现退保现象，造成客户资源的损失，而且还能够影响客户周围的潜在展业资源市场和保险公司的后续展业。

③ 观看　"耳闻为虚，眼见为实"，在客户犹豫的时候应该及时拿出保险的相关条款和资料叫客户观看。例如：国家的相关政策、本公司宣传资料，相关保险条款说明；如有需要还可以将其他与该客户相类似险种的客户投保单、保险单以及出险后的受益情况等让客户观看。这样用真实的事例去打消客户的犹豫。

④ 解说　"话不说，理不明"，解说的目的是让客户放心地去选择自己需求的保险业务。解说不要啰嗦，要简单明了地说明保险的意义，重点说明保险的保障功能目前是其他方式所无法替代的、办理保险会给客户带来哪些经济利益和经济保障，并说明办理保险是客户对企业或对家人的负责和关爱，解决客户的后顾之忧。

⑤ 展业前提　保险展业虽然是保险人对保险业务的市场拓展，但在整个操作过程中注重语言技巧和行为技巧，其表达方式：第一，必须以能够满足展业对象的利益需求特征为前提；第二，必须以能够准确传递保险商品的保障优势特征信息为前提。要求语言简明，通俗易懂，力求对方完全理解接受，尽量避免使用对方难懂的专业术语或容易造成误解的含糊词汇；第三，必须以能够与展业对象形成和谐气氛特征为前提，以耐心、诚心和技巧赢得顾客的理解与合作。

⑥ 展业原则　展业人员是保险业对外的窗口形象，要求从业人员必须具有政策性、自律性、能力性等方面的综合素质，遵循法律法规，在公开、自愿的原则下进行保险展业，严禁采取不正当方法和手段去对待展业对象。

学习任务二
机动车辆保险

工作情境描述

机动车辆客户为了减轻事故风险所造成损失的承受能力，想给自己的机动车辆进行投保，但对机动车辆的保险业务不了解，前来咨询，你作为保险展业人员，请将与机动车辆相关的法律法规和必须办理的和应该办理的险种对其介绍并予以办理。

学习目标

1. 了解机动车辆保险的意义。
2. 熟悉机动车保险条款内涵。
3. 能对客户机动车的使用条件解说相对应条款。

一、机动车辆保险的职能

机动车辆保险是以与机动车辆本身及相关经济利益为保险标的不定值财产保险。机动车辆保险从理论上讲，属于财产保险里面的一个险种，它除了具有财产保险的共性外，还具有自身的特殊性。一般财产保险所保的标的是固定在一个特定的位置上，而机动车辆由于自身的功能作用是经常处于运动状态的，很容易发生车辆碰撞和其他意外事故，给车辆自身和他人财产以及人身造成伤害及损失，这些伤害及损失往往是巨大的，超出了机动车车主的自我承受能力。

机动车辆保险是通过投保的方式，在风险来临之前将这种风险进行转移给保险人，当风险事故发生时能够获得投保责任内的赔偿，将风险事故造成的损失降到最低程度。

1. 机动车辆保险的作用

（1）促进运行安全　机动车辆是一种价格不菲的财产，除了作为代步工具外，大部分机动车辆是作为经营投资。车辆购买人都想在得到利益的同时不去承担或尽量降低由风险造成的损失。拥有机动车辆保险，可以使车主放心使用、大胆经营，在去除紧张心情的情况下作业，对于车辆的运行安全还起到了一定促进作用。

（2）促进购买力 机动车辆保险的职能，可以使机动车辆所有人在风险事故发生的时候，降低由风险所造成损失的承受能力，保障了机动车辆所有人的正常的生活和正常经营。解除了机动车辆所有人的后顾之忧。从另一个角度看，这对机动车辆的潜在市场有一种拉动力，间接地促进了对机动车辆有需求欲望人们的购买信心。

（3）促进机动车辆安全性能提高 在机动车辆保险业务经营的过程中，保险公司会关注运作成本，根据风险管理的需要，将在事故查勘过程中发现的机动车辆自身存在的生产质量问题和设计缺陷问题向相关的机动车辆生产厂家反馈，生产厂家再根据保险公司反馈的问题信息去提高产品质量和完善设计缺陷，从源头上消除了机动车辆自身存在的安全隐患，促进了机动车辆自身的安全性能的提高。

（4）促进社会和谐 机动车辆在运行过程中，很容易造成他人财产损失或人身伤亡事故，这些损失往往超出机动车所有人或机动车使用人的承受能力，出现不能及时赔偿或无能力赔偿的情况，必然会导致冲突事件发生。如果拥有保险并得到保险人的及时赔偿，能够缓解冲突或消除冲突事件的发生。既保障了被保险人的责任权益，又促进了社会的和谐。

2. 机动车辆保险的特点

（1）保险标的的不固定性 机动车辆是在陆地上运行的工具，是通过移动运行来完成其工作的，所以机动车辆的保险也就属于保险标的中的动产。流动性大，对于保险人而言，保险标的的流动性，无疑增加了风险事故发生频率和保险损失的程度。流动行程不固定性，增加了风险管理的难度。

（2）保险标的使用人不固定性 对于已承保的机动车辆，只要是经被保险人允许的合格驾驶人员使用已投保的机动车辆，如果在合同期内，发生保险合同中约定的保险责任事故，造成标的车辆损失、第三者的财产损失或人身伤亡的，保险人均负赔偿责任。而不要求其对机动车辆拥有所有权、占有权或管理权等。

（3）注重维护公众利益 机动车辆保险第三者责任保险，属于机动车辆保险业务中的一种责任保险，利用国家行政手段强制实施的险种，是一种法定保险业务。其出发点都是为了维护公众利益，确保在道路交通事故中受害的一方能够得到及时有效的经济补偿。

（4）全天候服务 机动车辆发生事故的时间和地点不确定，保险公司必须拥有一个运作良好的服务体系支持理赔服务，这个服务体系包括一个全天候的报案受理机制和高效的查勘检验网络，积极认真地理赔是体现保险人对被保险人的服务品质。

（5）易发道德风险 机动车辆保险，由于其标的的特殊性，经常处于运动状态，有发生事故的时间和发生事故的地点的不确定性，以及保险信息不对称等特点。当标的车辆发生风险事故后，有时候由于时间和地点以及责任赔偿范围等缘故，使被保险人产生不当作为，形成道德风险。

（6）机动车辆保险合同是射幸合同 射幸合同是指合同当事人一方支付的代价所获得的只是一个机会。由于机动车辆保险事故发生的频率及损失发生率的不确定性，倘若发生了机动车辆保险事故、对被保险人而言，他获得的机动车辆保险赔款，远远大于他所缴纳的保险费；倘若没有发生机动车辆保险事故，被保险人虽然付出了保险费，仍然不能得到保险赔款。

对保险人而言，他所赔付的保险金可能远远大于其所收取的保险费，如果风险管理得好或没有风险事故发生，也可能只收取保险费而不承担支付保险金的责任。

二、机动车辆保险的险种

机动车辆保险的险种分为：基本险和附加险。

基本险包括：第三者责任险和车辆损失险。

附加险包括：全车盗抢险、车上责任险、无过失责任险、车载货物掉落责任险、玻璃单独破碎险、车辆停驶损失险、自然损失险、新增设备损失险、不计免赔特约险等。附加险只能与基本险一起投保，不能独立保险。

1. 机动车交通事故责任强制保险（简称交强险）

交强险也是第三责任险一种。保险责任范围：在中华人民共和国境内（不含港、澳、台地区），被保险人在使用被保险机动车辆过程中发生交通事故，致使受害人遭受人身伤亡或者财产损失，依法应当由被保险人承担损害赔偿责任，保险人按照交强险合同的约定对每次事故在规定责任赔偿限额内负责赔偿。

交强险是为了保护受害人利益而设立的险种，是强制实施的一种特殊险种，所有机动车辆必须购买，否则不能上户、上路和年检。

交强险投保后不得退保，出现以下情况，保险公司按照规定退还相应保费：

① 被保险机动车依法被注销登记的；

② 被保险机动车办理停驶的；

③ 被保险机动车经公安机关证实丢失的。

交强险有责赔偿：

死亡伤残赔偿限额：110000 元；医疗费用赔偿限额：10000 元；财产损失赔偿限额：2000 元。

交强险无责赔偿：

死亡伤残赔偿限额：11000 元；医疗费用赔偿限额：1000 元；财产损失赔偿限额：100 元。

2. 第三者责任险

是指被保险的机动车辆在被保险人或其允许的合格驾驶人在使用的过程中发生风险事故，造成他人（第三者）的人身伤亡或财产损失时，依法由被保险人承担的损失。由于交强险在医疗费和财产损失及其他费用的赔偿上是有限的，被保险人为了考虑自己对责任损失的赔偿能力，可以选择进行投保的险种。

第三者责任险的购买额度，没有相应的规定，可根据自己的情况选择。主要因素：除了要根据当地的消费水平决定，还要根据自己驾驶的熟练程度，如果驾驶经验丰富，可以考虑少买。

机动车辆第三者责任险的投保额度由保险人与被保险人协商约定，梯次分为：5 万、10 万、15 万、20 万、50 万、100 万和 100 万以上，上限是 1000 万元。

3. 车辆损失险

车辆损失险种是车辆保险中最主要的险种，责任赔偿范围包括自然灾害或意外事故所造成的车辆自身的损失。如果发生保险责任范围内的事故所造成的一切损失由保险人负责赔偿。

4. 全车盗抢险

全车盗抢险是指被保险的机动车辆在保险期内因盗窃、被抢、被抢夺所造成的损失，保险人会根据责任范围进行赔偿。车辆丢失后可以从保险公司得到车辆实际价值（以保险单上约定的价值为准）的 80%的赔偿；如果被保险人缺失钥匙，则保险公司只能赔偿车辆实际价值的 75%的金额。

全车盗抢险赔偿标准如下。

① 全车被盗抢后，被保险人应在 24 小时之内向公安机关报案，在 48 小时之内向保险公司报案，否则保险公司拒赔。

② 车辆全车被盗窃、被抢劫、被抢夺，经县级以上公安刑侦部门立案核实，满三个月未查明下落的，保险公司负责赔偿。

③ 被盗抢的保险车辆找回后，如果保险公司尚未赔款的，应将该车辆归还给被保险人，但是全车在被盗抢期间，车辆受到的损坏或车上零部件、附属设备丢失需要修复的合理费用，保险公司负责赔偿。

④ 如果保险公司已经向被保险人作出赔偿，在被盗抢车辆追缴回来后，应优先考虑将被盗抢车辆归还给被保险人，同时收回相应赔款；如果被盗抢车辆损伤较严重，被保险人不愿意接受原车，则被盗抢车辆的所有权益归保险公司所有。

⑤ 即便买了盗抢不计免赔险，也不可能是全额赔付，因为车辆每月有 0.6%的折旧率。如少一把钥匙免赔 5%，少行车证，购车发票，车辆登记证等都会再各免赔 0.5%。

全车盗抢险适合购买对象：经常需要随意停车、居住地治安较混乱、流动人口较多的地方。

5. 车上人员责任险

车上责任险是指当被保险机动车辆如果发生意外事故造成车上的人员伤亡的直接损害，为驾驶员及车上乘客提供保障，有责无责均赔偿。如果被保险人和车上乘客购买了人寿险中的意外伤害险，则可以考虑不购买该险种。

该险种适合公务车、刚考驾驶证的，经常开车带上朋友或其他人以及经常自驾出游者。

车上人员责任险有 5 千、1 万、2 万等不同的保额可供选择。

6. 无过失责任险

无过失责任险是指被保险人允许的合格驾驶人员在使用保险车辆过程中与非机动车辆、行人发生交通事故，机动车一方无过错或有部分责任，造成行人伤亡或保险车辆的直接损失，保险人负责赔偿的一种附加险。每次事故应赔偿损失总金额的 80%。

无过失责任险的保险金额可选择 5 万、10 万或 20 万。

7. 车载货物掉落责任险

车载货物掉落责任险是指在保险期间内，被保险车辆在使用过程中，所载货物从车上掉落致使第三者遭受人身伤亡或财产的直接损毁，依法应由被保险人承担的经济赔偿责任。保险人在扣除交强险应赔偿部分后，按照本合同的规定在保险单载明的赔偿限额内进行核算赔偿。

8. 玻璃单独破碎险

玻璃单独破碎险是指被保险的机动车辆在停放或使用过程中，在车辆没有其他部位损害的情形下，发生本车玻璃单独破碎损失的一种商业保险。

玻璃单独破碎包括：前、后挡风玻璃、车门窗玻璃。不包括车身上各种车灯具和车后视镜玻璃。

9. 车辆停驶损失险

车辆停驶损失险是指被保险机动车辆在保险期间内使用时，因发生车辆损失险第一条所列的保险事故，造成车身损毁，致使被保险车辆需进厂修理，造成保险车辆停驶的损失，保险人按保险合同规定在赔偿限额内负责赔偿。

① 在保险期间内，赔偿天数累计计算，累计赔偿的天数以保险单约定的最高赔偿天数为限。

② 部分损失的，在双方约定的修复时间内，按保险单约定的日赔偿金额乘以从送修并办理交车手续之日起至修复并办理完提车手续之日止的实际天数计算赔偿。

③ 全部损失的，按保险单约定的最高赔偿天数计算赔偿；最高约定赔偿天数为90天。

④ 本保险每次事故的绝对免赔额为一天的赔偿金额。

10. 自燃损失险

自燃损失险是指因电器、线路、油路、供油系统、货物自身发生问题、机动车运转摩擦起火引起火灾，造成保险车辆的损失，以及被保险人在发生本保险事故时，为减少保险车辆损失所支出的必要合理的施救费用，保险人负责赔偿。

车辆自燃如果与质量有关，生产厂家应负赔偿责任；该险种适合使用年限较长的车辆购买。

11. 新增加设备损失险

新增加设备损失险是指被保险机动车辆，在发生保险责任范围内事故时，造成车上新增加设备的直接损失，由保险人按照实际损失负责赔偿。未投保此险种的，保险人则不负有赔偿责任。

如：加装制冷设备、CD及电视录像设备、真皮或电动座椅等的直接损毁时，保险公司按实际损失赔偿。

12. 不计免赔特约险

不计免赔特约险是指经特别约定，机动车辆发生保险事故后，按照对应投保的主险条款规定的免赔率计算的、应当由被保险人自行承担的免赔金额部分，全部由保险人负责赔偿。

该险种包括两个方面：不计免赔率特约险和不计免赔额特约险。

① 不计免赔率特约险：是指在有责范围内您的车辆就可以100%的得到保险公司赔付率。

不计免赔率特约险，有主险不计免赔率和附加险不计免赔率两个险种之分。

② 不计免赔额特约险：是指根据条款约定500元以下的损失绝对免赔的规定。

13. 油漆单独损坏险（划痕险）

油漆单独损坏险是指被保险车辆的车身被人为的、恶意造成的划痕，没有明显的碰撞痕迹。一般都会有15%的免赔，因划痕险没有第一现场，保险公司为了规避风险，一般不出售划痕险的不计免赔险。

油漆单独损坏险适合停车环境恶劣者购买。

14. 发动机特别损失险（涉水险）

发动机特别损失险是指被保险车辆在积水路面强行涉水行驶或遭水浸后在水中启动，造成发动机部分的损失，由保险人负责赔偿。以下情况不属于该险种赔偿范围。

① 对于被保险车辆遭遇水浸事故后造成的车辆内部线路，电脑板以及发动机部分的清洗损失均由车损险进行赔付。

② 在被保险车辆进水后，由于驾驶人员操作不当人为的造成发动机损失不予赔偿。

三、机动车辆保险合同术语

(1) 不定值保险合同。是指双方当事人在订立保险合同时不预先确定保险标的的保险价值，而是按照保险事故发生时保险标的的实际价值确定保险价值的保险合同。

(2) 被保险人允许的驾驶人。是指获得被保险人允许的，出险时驾驶被保险机动车辆的人员。

(3) 车辆碰撞。是指被保险机动车及其符合装载规定的货物，与车体以外的动态物体和静态物体的意外直接撞击。

(4) 车辆倾覆。是指被保险机动车辆因自然灾害或意外事故倾翻，使车体触地失去正常状态和行驶能力，不经施救不能恢复行驶的。

(5) 火灾。是指被保险机动车辆本身以外的火源引起的、在时间或空间上失去控制的燃烧所造成的灾害。

(6) 爆炸。是指物体在瞬息分解或燃烧时放出大量的热和气体，并以很大的压力向四周扩散，形成破坏力的现象。

但被保险机动车辆的发动机因其内部原因导致发动机本身发生爆炸或爆裂，以及轮胎爆炸导致轮胎本身损坏，不属于保险合同所指的爆炸。

(7) 被保险机动车辆行驶中坠落。是指被保险机动车辆在行驶中发生意外事故，整车腾空后下落，造成本车损失的情况。

(8) 自燃。是指被保险机动车辆因本车电器、线路、供油系统、供气系统发生故障或载运的货物自身起火、机动车运转摩擦起火等造成的火灾。

(9) 交通肇事后逃逸。是指发生交通事故后，交通事故的当事人为逃避法律追究，驾驶车辆或者遗弃车辆逃离交通事故现场的行为。

(10) 新车购置价。是指本保险合同签订时，在签订地购置与保险机动车同类型新车(含车辆购置附加税) 的价格。

(11) 单方事故。是指机动车辆出险后是不涉及与第三方有关的损害赔偿事故，但不包括自然灾害引起的事故。

(12) 推定全损。当被保险机动车辆的修复费用与施救费用之和，预计达到或超过被保险机动车辆的实际价值的80%时，则视为保险机动车辆推定全损，保险人应按照被保险机动车辆的推定全损规定，进行全损赔偿。

(13) 减值损失。指由于局部损坏导致财物修复后整体价值的减少。

(14) 施救费用。是指为保护、施救被保险机动车辆而支出的直接的、必要的，并符合国家或当地政府有关规定或当地行业标准的费用。

(15) 新增设备。是指被保险机动车辆出厂时原有设备以外的，另外加装的设备和设施。

(16) 改变使用性质。指在保险期间内，被保险机动车辆变更用途，使其实际使用性质与承保时告知的情况不一致。

四、机动车辆费率使用方法

1. 各险别保费计算方法

(1) 第三者责任保险　按照地区、座位数、责任限额直接查找保费；

(2) 机动车损失保险　按照地区、座位数、车辆使用年限所属档次查找基础保费和费率；

保费＝基础保费＋保险金额×费率。

以表 2-1 为例说明保费的计算方法。

表 2-1　机动车损失保险费率

座位数	机动车损失保险			
	1 年以下		1～2 年	
	基础保费	费率	基础保费	费率
6 座以下	539	1.281％	513	1.220％
6～10 座	646	1.281％	616	1.220％

例 1：假定某 5 座客车投保车损险，车龄为 1 年以下。

保险金额为 10 万元。在费率表上查得对应的基础保费为 539 元，费率为 1.281％，则该车辆的保费＝539＋10 万×1.281％＝1820 元。

如果保险金额变为 15 万元，则该车辆的保费＝539＋15 万×1.281％＝2460.5 元。

(3) 车上人员责任险　按照地区、座位数查找费率；

驾驶人保费＝每次事故责任限额×费率；

乘客保费＝每次事故每人责任限额×费率×投保乘客座位数。

(4) 机动车盗抢险　按照地区、座位数查找基础保费和费率；

保费＝基础保费＋保险金额×费率。

(5) 不计免赔率特约条款　按照适用的险种查找费率；

保费＝适用本条款的险种标准保费×费率。

不计免赔率特约条款费率表适用险种中未列明的险种，不可投保不计免赔率特约条款。

(6) 玻璃单独破碎险　按照地区及投保国产/进口玻璃查找费率；

保费＝新车购置价×费率。

(7) 可选免赔额特约条款　按照选择的免赔额、新车购置价查找费率折扣系数；

约定免赔额之后的机动车损失保险保费＝机动车损失保险保费×费率折扣系数。

(8) 车身划痕损失险　按车龄、新车购置价、保额所属档次直接查找保费。

(9) 机动车停驶损失险　固定费率；

保费＝约定的最高赔偿天数×约定的最高日赔偿限额×费率。

(10) 代步机动车服务特约条款　固定保费，无需计算。

(11) 新增加设备损失保险

保费＝本附加险保险金额×车损险标准保费/车损险保险金额。

(12) 附加换件特约条款

保费＝车损险标准保费×10％。

(13) 发动机特别损失险

保费＝车损险标准保费×5％。

(14) 随车行李物品损失保险　固定费率；

保费＝保险金额×费率。

(15) 附加交通事故精神损害赔偿责任保险　固定费率；

保费＝每次事故责任限额×费率。

注：每人每次事故的最高责任限额为人民币50000元。

（16）异地出险住宿费特约条款　固定费率；

保费＝保险金额×费率。

（17）自燃损失险　按照车辆使用年限查找费率；

保费＝保险金额×费率。

（18）附加机动车出境保险　按照扩展的区域半径查找费率；

保费＝（车损险标准保费＋三者险标准保费）×费率。

注：只有同时投保了机动车损失保险和第三者责任保险，方可投保本附加险。

（19）附加油污污染责任保险　按照责任限额直接查找保费；

注：只有同时投保了机动车损失保险和第三者责任保险，方可投保本附加险。

（20）多次出险增加免赔率特约条款　选择该附加险，机动车损失保险保费下浮一定比例；

选择本附加险后的机动车损失保险保费＝机动车损失保险保费×98％。

（21）指定专修厂特约条款　选择该特约条款，按照国产/进口车，对机动车车损险保险费进行相应的调整。

（22）法律费用特约条款按照责任限额直接查找保费。

2. 使用费率调整系数表进行费率调整

（1）无赔款优待及上年赔款记录费率调整系数　根据历史赔款记录，按照规定的费率调整系数进行费率调整。

（2）指定驾驶人、性别、驾龄、年龄系数　适用于指定驾驶人的情况，当指定多名驾驶人时，以乘积高者为准。

（3）使用规则　费率调整系数采用系数连乘的方式：

费率调整系数＝系数1×系数2×系数3×……

使用费率调整系数后，各险别的费率优惠幅度超过监管部门规定的最大优惠幅度，按照监管部门规定的最大优惠幅度执行。

3. 其他

在费率表中，凡涉及分段的陈述都按照“含起点不含终点”的原则来解释。

例如：“6座以下”的含义为5座、4座、3座、2座、1座，不包含6座；

“6-10座”的含义为6座、7座、8座、9座，不包含10座；

“10座以上”的含义为10座、11座、12座、……包含10座。

4. 机动车辆费率调整系数

机动车辆费率调整系数见表2-2。

表2-2　机动车辆费率调整系数

序号	项　目	内　　容	系　数
1	无赔款优待及上年赔款记录	连续3年没有发生赔款	0.7
		连续2年没有发生赔款	0.8
		上年没有发生赔款	0.9
		新保或上年赔款次数在3次以下	1.0
		上年发生3次赔款	1.1
		上年发生4次赔款	1.2
		上年发生5次及以上赔款	1.3

续表

序号	项　目	内　　容	系　数
2	多险种同时投保	同时投保车损险、三者险	0.95～1.00
3	客户忠诚度	首年投保	1.00
		续保	0.90
4	平均年行驶里程	平均年行驶里程<30000公里	0.90
		平均年行驶里程≥50000公里	1.1～1.3
5	安全驾驶	上一保险年度无交通违法记录	0.90
6	约定行驶区域	省内	0.95
7	指定驾驶人	指定驾驶人员	0.90
8	性别	男	1.00
		女	0.95
9	驾龄	驾龄<1年	1.05
		1年≤驾龄<3年	1.02
		驾龄≥3年	1.00
10	年龄	年龄<25岁	1.05
		25岁≤年龄<30岁	1.00
		30岁≤年龄<40岁	0.95
		40岁≤年龄<60岁	1.00
		年龄≥60岁	1.05
11	车损险车型（客车）	一汽大众、上海大众、北京现代、上海通用、长安福特、东风日产、东风雪铁龙、丰田、本田、马自达	0.90
		红旗、金杯、金龙	1.05
		吉利、奇瑞、神龙、长安微客、依维柯、切诺基、奥拓、起亚、中华、夏利、菲亚特、松花江、英格尔、宝马、奔驰系列、沃尔沃、法拉利、宾利、劳斯莱斯、迈巴赫、凯迪拉克、保时捷、路虎	1.10
		特异车型、稀有车型、古老车型	1.3～2.0
		其他车型	1.00
12	盗抢险车型	桑塔纳系列、本田雅阁系列、金杯系列	1.10
		宝马、奔驰系列、沃尔沃、法拉利、宾利、劳斯莱斯、迈巴赫、凯迪拉克、保时捷、路虎	1.05
		其他车型	1.00

五、机动车辆保险合同的主体及客体

1. 机动车辆保险合同的主体

是指具有权利能力和行为能力的保险关系双方，包括保险合同的当事人和关系人。

（1）机动车辆保险合同的当事人　机动车辆保险合同的当事人是指参加机动车辆保险合同法律关系、享受权利、承担义务的人，包括投保人和保险人。

① 保险人。是与投保人订立机动车辆保险合同，并承担因风险事故发生造成机动车辆

本身责任损失赔偿的保险业务经营人。

我国法律规定保险人只能是法人不能是个人。

② 投保人。是指为机动车辆办理保险并按照规定支付保险费的团体或个人。

(2) 机动车辆保险合同的关系人 机动车辆保险合同的关系人是被保险人。

(3) 机动车辆被保险人 机动车辆保险合同所指被保险人，一般指机动车辆所有人或对其具有利益的人，其财产或人身受保险合同保障，并享有保险金请求权的人。

2. 机动车辆保险合同的客体

保险利益是保险合同的客体。

机动车辆保险利益，是指投保人对所投保的机动车辆具有的实际或法律上的利益。

3. 机动车辆保险合同的组成

机动车辆保险合同由保险条款、投保单、保险单、批单和特别约定共同组成。

4. 机动车辆保险中介

保险中介是指向保险人和投保人提供有关各种可能获得的保险价格，保险特性以及所要承保的危险性质及程度方面的信息，将保险人和投保人联系在一起促成保险契约达成并提供相关服务的人，它包括保险代理人、保险经纪人和保险公估人。

(1) 保险代理人分类 依照授权产生的原因不同，代理可分为委托代理、法定代理和指定代理三类。

依据授权方式的不同，代理可分为明示代理、默示代理和追认代理三类。

根据主营业务不同，保险代理人分为专业代理人和兼业代理人两类。

根据其代理保险业务的性质不同，保险代理人分为寿险代理人和非寿险代理人两类。

根据其是否专门为一家保险公司代理保险业务，保险代理人可分为专属代理人和独立代理人两类。

(2) 保险代理人 保险代理人具有以下的法律特征。

① 保险代理人只能以被代理人的名义进行民事法律活动。

② 保险代理人必须在保险人授权范围内进行活动。

③ 保险代理人依照保险代理合同以保险人名义进行民事法律活动的后果，由保险人最终承担。

④ 保险代理人可以是法人、非法人组织或自然人。

⑤ 保险代理人接受保险监管机关的监督和管理。

⑥ 保险代理人从事保险代理业务必须遵守国家有关法律和行政规章，遵循自愿和最大诚信原则。

⑦ 保险代理合同 保险代理合同是指保险代理人与被代理的保险公司之间根据平等互利、双方自愿的原则，规定双方权利和义务的书面协议。

(3) 保险经纪人 保险经纪人具有以下的法律特征。

① 基于投保人的利益办理保险事宜的。

② 以自己的名义办理保险业务，并独立承担自己行为的后果。

③ 只能是有限责任公司。

④ 依法收取佣金。

⑤ 保险经纪人的业务操作流程。

⑥ 由市场开发人员争取和接待客户。

⑦ 保险经纪人与客户进行业务洽谈。

⑧ 保险合同订立后，在保险合同有效期内，业务人员应与保险公司和客户保持联系。

⑨ 在接到客户发生保险事故的通知后，保险经纪业务人员应及时向保险公司报案，并办理索赔手续。

⑩ 在保险合同期满前，由保险经纪业务人员再与保险合同双方联系续保事宜。

（4）保险公估人　保险公估人特点和分类介绍如下。

① 任何场合保持独立、中立和公正。

② 纳入保险监管范围。

③ 保险公估人的分类　根据保险公估人在保险公估执业过程中的先后顺序的不同，可以将保险公估人分为两类：核保公估人；理赔公估人。

④ 根据执业性质分类　根据保险公估人执业性质的不同，保险公估人可以分为三类："保险型"的公估人；"技术型"的公估人；"综合型"的公估人。

⑤ 根据执业内容分类　保险公估人可以分为三类：海上保险公估人；火灾及特种保险公估人；汽车保险公估人。

⑥ 根据委托方的不同分类　保险公估人大体分为两类：

一类是接受保险公司委托的保险公估人；另一类是一般只接受被保险人委托处理索赔和理算事项，而不接受保险公司委托的保险公估人。

⑦ 根据与委托方关系的不同分类　保险公估人分为雇佣保险公估人与独立保险公估人两种。

5. 机动车辆保险合同的特征

（1）机动车辆保险合同是保障合同　经济合同一般分为：交换性合同与保障性合同。

交换性合同：即等价交换。如：买卖合同、租赁合同。交换性合同是指合同一方给予的报偿，都假定有相等或相近的价值。

保障性合同：如机动车保险合同。在合同有效期内，当保险标的一旦发生保险事故而造成损失时，被保险人所得到的赔付金额远远超过其所付出的标的保险费。保障性是机动车保险合同的最基本特征，也是最本质的特征。

（2）机动车辆保险合同是有名合同　有名合同是法律直接赋予某种合同以名称，并规定了调整规范的合同，保险合同是有名合同，机动车保险合同也属于有名合同。至于无名合同所指的是法律尚未有确定名称和规范的合同。如：团体就餐合同、承办体育比赛合同、演出合同等。其合同内容完全由合同主体协商约定，在合法的情况下，一经达成合约，合同即告成立。

（3）机动车辆保险合同是射幸合同　机动车保险合同的射幸特征，即机会特征，是由机动车保险责任事故发生的偶然性决定的，发生什么样的保险事件、何时发生、损失大小等都带有纯偶然的性质，或发生、或不发生，或今天或明天发生等。这种射幸性仅限于单个机动车保险合同。

（4）机动车辆保险合同是诚信合同　保险合同亦称"绝对诚信合同"。保险合同与一般的经营合同相比，对当事人的诚信度要求更高。

诚信是对签订任何合同和协议双方当事人的基本要求，如果采取隐瞒、欺诈等手段签订的合同与协议，从法律角度讲是无效的。

（5）机动车辆保险合同是双务合同　合同是依法而签订的，签订合同对双方当事人都是一种法律行为，双方都有享受合同的权利和履行合同义务。所以合同不是单方面的行为，而是双务合同。

因此，保险公司都将保险人和被保险人的权利和义务列入保险条例中。当事人双方享有的权利和应尽的义务是对等的，同时又形成关联、互为因果并存，即一方的权利正好是另一方的义务。

交纳保险费是保险合同的特征与先决条件。投保人按照合同约定承担支付保险费的义务后，机动车辆的保险合同生效。

被保险人在被保险机动车辆发生责任范围内的保险事故时，依据保险合同约定，享有请求保险人支付保险金或补偿损失的权利。

保险人在收取投保人交纳的保险费以后，如发生保险范围内的责任事故，就必须履行保险合同规定，进行赔偿损失的义务。

(6) 机动车辆保险合同是有偿合同 机动车辆保险合同是双方当事人订立有偿服务的法律文书，保险合同的一方在享有合同的权利的同时，必须履行为对方付出一定的代价义务，这就构成了有偿服务合同的特征。

机动车辆保险合同的有偿互为关系：是以投保人承担保险费作为义务，享有保险人的赔偿支付作为权利。保险人是以享有投保人保险费作为权利，承担风险事故给付保险金作为义务。

(7) 机动车辆保险合同是非要式合同 要式合同。是指法律要求必须具备一定形式、程序和手续的才具备法律效力的合同（如购房合同，要到房屋产权公证机关办理公证）。

非要式合同。是指法律不要求必须具备一定形式、程序和手续的合同。非要式合同可由合同双方当事人自由决定合同形式，无论采用何种形式都不影响合同的成立和生效。

(8) 机动车辆保险合同是附和合同 人们常见的合同大部分都是协议合同，是合同双方当事人根据合同的需要进行协商，在意见统一后才形成的合同文书。

附和性合同是与协议性合同相对立的，所有保险合同的条款都是保险人单方制定的，且一般具有确定的格式，被保险人只是按照合同里规定的条款选择或填写，附和性是保险合同的形式特征。

保险合同的附和性特征有两层含义。

① 保险合同的条款是由保险人按照标的、危险种类及经营习惯制定的基本型或标准型条款，即使被保险人对合同条款有附加要求的，所附加内容也是事先由保险人拟制好的供被保险人选择，届时只需在主合同上加贴或注明即可。每一种保险单仅对符合条款要求的标的，承担责任内的保障，这是保险合同的附和性特征的最重要含义。

② 对保险合同条款发生争议时，对有争议条款除按规范的定义进行解释外，必须尊重双方签约时的意图，其中保险人先于纠纷之前即拟备的，并经国家保险监督管理机关与条款同时批准的条款解释，可为了解双方本来意图作一定参考；但对确由语词不清而产生的条款歧义理解，在争议发生时，则应作出有利于被保险人的解释。

(9) 机动车辆保险合同是补偿性合同 所谓补偿性合同是指保险人对于被保险人所承担的义务仅限于损失部分的补偿，补偿金额不能高于损失的数额。这也是补偿性合同的一个最主要的特征。补偿性合同是为了满足被保险人合理的安全和稳定的需求，能够通过保险制度，让保险标的恢复到损失发生前的水平，而不是改善被保险人的经济状况。

(10) 机动车辆保险合同属于不定值合同　在机动车保险合同中，车辆损失的保险金额可以按照投保时保险标的的实际价值确定，也可以由投保人或被保险人与保险人协商确定，并将投保金额作为保险补偿的最高限额，属于补偿性合同。

第三者责任险是将投保人选择的投保限额作为保险责任的最高赔偿限额。而人身保险合同的投保金额是投保人根据被保险人的身体条件、经济状况等与保险人协商确定的，并以此作为给付的最高限额。因此，机动车保险合同是给付性的保险合同，其保险金额的确定具有不定值的特点。

6. 机动车辆保险合同的订立与生效

(1) 机动车保险合同的订立　任何合同在签订时，里面的内容和条款，必须具有公平性、公正性；必须规定双方当事人应该享有的权利和义务；必须是保险人和投保人（或被保险人）自愿达成的一致意见，合同才具有法律效力，只有在具备法律效力的基础上，所签订的合同才能成立生效。

机动车保险合同在订立时，其条款和内容是依据相关法律所形成的，规定了双方的要约与承诺。

要约：即要求的约定之意，是签约双方当事人在签订合约之时，向对方提出的要求与约定一种文字表达。包括合同条件的要求、合同条款内容的要求、合同生效过程的要求、合同违约责任的要求，最后按照合同双方当事人达成一致要求去约定合同的具体事宜。

要约有主动要约和被动要约：主动要约是签约双方当事人在签订合约之前，在自愿的原则下经过现场协商决定的；被动要约是一方的当事人根据法律的相关条款，提前已经拟好合约条款并形成书面合同，另一方在自愿接受的原则下进行签字确认。

承诺：即承担的诺言之意，是签约双方当事人订立合同时对自己签约后必须做到的事项进行的一种文字表达。也是双方当事人各自应该承担与履行的义务。

合同成立：如果签约双方当事人就要约与承诺的具体内容达成一致意见后，双方在形成文书的合同上签字进行确认，合同即告成立。

从狭义上讲，要约是合同当事人应该享有的权利；承诺是合同当事人应该履行的义务。

(2) 机动车保险合同的凭证及其附件

① 投保单　投保单是机动车辆投保申请的一种单证，由保险人印制，具有统一格式，投保人按所列项目逐一填写，即向保险人陈述有关保险的事项，保险人据此决定是否接受投保。如果投保单填写不实或者有隐瞒和欺诈行为，这将影响保险合同的效力。投保单经过保险人的核保以后，就成为保险合同的组成部分。

② 暂保单　暂保单又称临时保险单。这种凭证的内容比较简单，只载明与被保险人已商定的重要项目，包括保险标的，保险责任范围，保险金额，以及订约双方有关权利和义务等。

一般在下列情况下使用保险暂保单：

保险代理人在争取到保险业务时还未向保险人办妥正式手续前给投保人开出一张保险证明；

保险公司的分支机构在接受投保后还未得到总公司批准前先签出的一张保险证明；

保险合同双方在没有完全谈妥条件时，保险人给予被保险人的一张保险证明；

保险暂保单与保险合同一样，都具备法律效力，但有效期较短，一般只有 30 天。当正式保险单签订之后，保险暂保单就自动失效。在正式保险单签订之前，保险人有权终止暂保单的效力，但必须事先通知投保人。

③ 保险单 保险单是保险人与投保人订立保险合同的正式合约文书。机动车辆保险单类型主要分定期保单和提车暂保单两种。

保险单是保险合同的重要组成部分，详细列明和约定了保险合同的全部内容，完整地记载保险合同双方当事人的权利和义务，是保险人进行理赔和被保险人进行索赔的重要凭证。

④ 保险证 是一种简化的保险单。机动车辆由于流动性较大，而且相对出险概率较高，一旦出险就需要出示保险合同，但被保险人不便随车携带保险单。为此保险公司在承保后，除向投保人签发保险单之外，还向投保人签发机动车辆保险证。保险证的作用主要是为了方便于被保险人或驾驶员随身携带，替代保险单作为已经签订保险合同证明的保险凭证。

⑤ 抢救卡 抢救卡，即被保险机动车辆交通事故伤员抢救卡，是一种担保凭证。交通事故中常出现人员伤亡，需要及时送到医院进行紧急救治，因为医院一般都需要伤者家属和肇事当事人在治疗前先支付押金，以避免拖欠和损失医疗费用，或引起不必要的医疗纠纷，这个过程往往耽误了黄金抢救时间。针对这种情况，为了向被保险人提供更全面的服务，保险公司与医疗单位达成协议，设置了抢救卡。对于在保险公司投保了相应险种的被保险人，由保险公司提供一张抢救卡，一旦发生交通事故，需要紧急抢救时，被保险人凭借抢救卡可以要求接收伤员的医院对伤员实施先行抢救，相关的抢救费用（一定数额内）由保险公司垫付。

⑥ 批单 是保险人应投保人或被保险人的要求修订或更改保险单内容的证明，是属于补充性的书面证明，与保单具有同等的合同约束力。而且优于保险合同。

(3) 机动车辆保险合同的生效条件与生效时间

① 生效条件 机动车辆的保险合同是否生效，主要看两个方面：

其一，所签订的保险合同是否违背了法律的相关规定；

其二，是否违背了双方当事人的意愿。

② 生效的主体资格 机动车保险合同的主体资格，是指合同的当事人（保险人、投保人和被保险人）资格是否合乎《中华人民共和国保险法》规定。

a. 机动车辆保险人的资格 保险人具有的资格，是指按照法律规定设立的法人机构，并经金融管理部门批准开展机动车辆保险业务的。

b. 机动车辆投保人的资格 投保人在签订机动车辆保险合同时，必须对保险标的具有保险利益，同时具有完全的民事行为能力和承担交付保险费的义务。

机动车辆投保人可以是机动车辆的所有人、使用人、管理人、租赁人。是为自己的利益而进行机动车辆的投保。

c. 机动车辆被保险人资格 机动车辆被保险人是指对保险赔偿损失具有独立的请求权，投保人和被保险人有时候是同一人。

③ 机动车辆保险标的的合法性 保险标的的机动车辆必须是合法的，有交通管理部门核发的行驶证和牌号并经过检验合格的。

④ 机动车辆标的保险值的合法性 机动车辆投保值必须是如实反映的实际价值，不能超过保险车辆本身的价值。

⑤ 约定的其他生效条件 机动车辆签订时，双方应履行的告知义务，不能有隐瞒、欺诈行为，保险期内应履行的诚信义务，以及其他相关事项的约定。

⑥ 生效时间 机动车辆保险合同生效的时间是保险人开始履行保险责任的时间。一般

有两种情况：

同一时间：合同生效与成立的时间相同。

非同一时间：合同发生在附生效条件（如约定以保险费交纳之日为生效时间），或附生效期间（约定了具体生效日期）。

（4）保险合同的无效

① 违法性　机动车辆保险合同违法不仅是违反触犯保险法和国家其他相关法律和行政法规，合同不成立，所以不具有法律效力。

② 欺诈性　对于使用隐瞒、欺诈等手段所签订的合同，造成合同无效，同样不具有法律效力。

③ 其他性　保险合同的其他性，是指合同无风险前提或其他条款及约定的违约等造成合同无效。

（5）保险合同的无效的法律后果

① 保险合同无效的　无效的保险合同如发生保险合同约定的保险事故，且保险人不存在任何过错的，保险人不承担保险责任。

② 保险合同被确认无效的　被确认无效的保险合同，当事人因无效合同取得的财产应当返还给受损失的一方。如果投保人已经交付保险费，保险人已经给付保险金，应当以民法的不当得利的规定，投保人和保险人均负返还责任。如果当事人有过错，还要负担损害赔偿的责任。

（6）机动车辆保险当事人的义务

① 告知义务　机动车辆保险当事人在订立合同时，应将合同条款、内容上所涉及的具体事项如实告知对方，其告知方式有两种。

其一，主动告知，就是与保险标的有关的重要事项，主动向对方告知和解说。

其二，询问告知，就是如实回答对方的询问，询问以外可以不予回答。

② 交纳保险费的义务　机动车辆投保人交纳保险费根据合同的约定可一次缴清或分期支付。若机动车辆投保人没有按合同上约定期限交付保险费，通常会采用如下方法处理。

保险人有权要求投保人限期缴纳并补交利息。在期限内如果发生了保险责任事故，保险人负责赔偿，但在支付赔偿金时扣除保险费和补缴的利息。

保险人可以视情节单方面决定终止合同，同时要求或追讨投保人支付合同终止前的保险费及利息。

若投保人与被保险人并非同一人，保险人有权要求被保险人代为支付。如果被保险人拒绝支付或表示放弃合同权利时，合同终止。被保险人并不直接承担交纳保险费额的义务。

保险合同生效前，投保人决定退保时，保险人应退还其已经交纳的保险费，可以收取手续费。合同生效后至保险期满之前，投保人也可退保。但保险人按短期费率收取已满期限的保险费并退还未满期限的保险费。

在保险合同期限内，当被保险机动车辆危险程度增加时，保险人有权要求投保人增加保险费，如果遭到投保人的拒绝，保险人可以终止保险合同。

③ 出险的施救、通知和协助义务　被保险机动车辆发生保险事故时，被保险人应当及时采取合理的、必要的施救和保护措施，防止或减少损失，并在保险事故发生后 48 小时内通知保险人。否则，造成损失无法确定或扩大的部分，保险人不承担赔偿责任。

④ 协助追偿义务　被保险机动车辆如果发生保险责任范围内的损失应由第三方负责赔

偿时，被保险人必须向第三方索赔。若对方拒赔，应向人民法院起诉。经人民法院立案后，在被保险人提出书面请求保险人先予赔偿时，应向保险人提出立案证明，保险人依据代位赔偿规定可先行赔付。

被保险人在收到先行赔付款后，必须出具亲笔签名盖章的权益转让书，将向第三方追偿权利部分或全部转让给保险人，并协助保险人向第三方追偿。

若被保险人放弃向第三方索赔的权利，也就放弃了向保险人要求索赔的权利。

由于被保险人的故意或过失行为导致保险人不能正常向第三方行使代位追偿权利的，保险人将视被保险人的过错大小，追回全部或一部分代位赔偿金额。

⑤ 其他义务

a. 申请批改义务　当被保险机动车辆转让他人、变更用途或危险程度增加时，应及时申请办理批改。否则，发生风险事故损失，保险人不承担赔偿责任。

b. 安全防损义务　被保险人应遵守国家有关消防、安全、生产操作、劳动保护等方面的规定，维护保险标的的安全。

保险人可以行使对保险标的的安全状况进行安全检查的权利，并及时向投保人、被保险人提出消除不安全因素和隐患的书面整改建议。投保人、被保险人未按照约定履行对保险标的的安全应尽的责任的，保险人有权要求增加保险费或者解除合同。

必要时保险人为维护保险标的的安全，经被保险人同意，可以采取安全预防措施。

c. 守法义务　被保险人不得非法转卖、转让被保险车辆；不得利用被保险车辆从事违法犯罪活动。

保险人不能将在办理保险合同时所获得的被保险人的个人隐私及个人资料泄露或出卖。

(7) 机动车保险合同的终止　机动车保险合同在约定的有效期限结束后合同就自然终止。

在保险合同的有效期内，保险合同双方当事人都可以有权提出解除合同的要求。合同非自然终止时（保险责任开始前、保险责任开始后），保险人应发出书面通知或出具批单。

引起保险合同终止的原因。

① 自然终止　自然终止是指已生效的保险合同因保险合同的有效期届满，法律效力自然不存在的情况。

② 因保险义务已履行而终止　是指在保险合同的有效期内，约定的保险事故已发生，保险人按照保险合同承担了给付全部保险金的责任，保险合同即告结束。

保险合同约定，保险人的赔偿责任不仅有约定的期限限制，也有约定的数额限制，即保险金额是保险人承担赔偿或给付责任的最高限额。具体有以下两种不同的情况。

第一种情况是在普通的保险合同中，无论一次还是多次赔偿或给付保险金，只要保险人历次赔偿或给付的保险金总数达到保险合同约定的保险金额时（如：机动车辆停驶损失险），并且保险期限尚未届满，保险合同均终止。

第二种情况是在机动车辆保险和船舶保险合同中，保险人在保险有效期间赔付的保险金不进行累加，只有当某一次保险事故的赔偿金额达到保险金额时保险合同才终止（如：车损险的推定全损或全部损毁）。否则，无论一次还是多次赔偿保险金，只要保险人每次赔偿的保险金数目少于保险合同约定的保险金额，并且保险期限尚未届满，保险合同继续有效且保险金额不变。

③ 合同解除而终止　保险合同的解除是在保险合同期限尚未届满前，合同一方当事人

依照法律或约定行使解除权，依照一定的程序提前终止合同效力的法律行为。

保险合同的解除，一般分为法定解除和意定解除两种形式。

法定解除，这是指当法律规定的事项出现时（如丧失可保利益等），保险合同当事人一方可依法对保险合同行使解除权。法定解除的事项通常在法律中被直接规定出来。

意定解除，意定解除又称协议注销终止，是指保险合同双方当事人依合同约定，在合同有效期内发生约定情况时，可随时注销保险合同。意定解除要求保险合同双方当事人，应当以合同中约定的解除条件为前提，一旦解除约定的条件成熟，一方或双方当事人有权行使解除权，使合同的效力终止。

(8) 保险合同的解释原则　合同解释是指合同双方当事人当对合同条款的原意发生歧义时，法院或者仲裁机构按照一定的方法和原则对其做出的确定性判断。

① 合法解释原则　如果合同双方当事人对合同其中条款的理解有分歧和争议时，对有分歧的合同条款进行解释在原则上不得违反相关的法律、法规。

对机动车辆保险合同的条款解释，应遵守《保险法》、《民法通则》、《中华人民共和国道路交通安全法》等相关法律法规。

② 文义解释原则　合同中的用词解释，应按照该词通常的文字含义并结合上下文意来进行。

在一个合同内出现的相同词，对它的解释应该是相同的。

保险条款文字的含义包括两部分：一是文字的普通含义；一是文字的专门含义（即专业术语）。

在一般情况下，保险合同条款中的用语是以普通含义来解释的，如果涉及专业术语，应该按照所属行业的通用含义来进行解释。

③ 意图解释原则　合同是根据双方当事人自由意愿而订立的。在进行解释的时候，必须尊重双方当事人订立时的原始意图，不能随意曲解。而是要按照签约时的客观条件进行客观的逻辑分析。

意图解释原则，是针对一些文义不清、用语模糊的合约条款及文字所采用的解释方法。

④ 整体解释原则　整体解释原则是指对合同的解释，不能断章取义或曲意理解，应该从合同的整体功能作用或希望达到的目的来看，再结合合同其他条款的内容来确定有争议条款的含义。

⑤ 诚实信用解释原则　合同在签订时已经确定合同双方当事人的权利和义务，是合同构成的基础。诚实信用解释原则，是在不损害他人利益和社会利益的前提下进行解释。

⑥ 有利于被保险人的解释原则　车辆保险合同是一种附和合同，保险合同的所有条款和内容都是由保险方事先拟定，投保人在合同签订时，对保险合同的所有条款和内容只能选择是否接受，在法律地位上处于相对弱势。

为了平衡合同双方当事人的地位，我国《保险法》第31条规定："对于保险合同的条款，保险人与投保人、被保险人或者受益人有争议时，人民法院或仲裁机关应作有利于被保险人和受益人的解释。"

(9) 保险合同的争议处理　保险合同争议处理，是指合同双方当事人对合同条款的解释有歧义、对保险责任的归属问题和赔偿或给付保险金额的确定有争议，在发生纠纷时所采取的处理方法。

保险合同争议一般采用以下方式解决。

① 和解　当保险合同双方当事人发生争议时，首先应该由双方协商解决。协商解决可以节约时间、省去不必要的麻烦和费用。和解的气氛一般比较友好，可操作的灵活性也较大。如果是发生在合同有效期内，还可以使合同继续生效。

② 调解　调解是指合同双方当事人因合同纠纷不能达成谅解之时，由第三方主持调解。合同双方当事人在调解人的斡旋下，在明确自己的权利和义务，理清责任的基础上达成协议。

调解可以分为自愿调解（共同选择的第三人）和司法调解（仲裁机关或人民法院）。自愿调解达成的协议不具备强制执行的效力；司法调解达成的协议具有强制执行的效力。

③ 仲裁　仲裁是指合同双方当事人在自愿、协商、平等互利的基础之上将他们之间可能发生的或已经发生的争议提交仲裁机关作出裁决。

只有合同双方当事人订立有仲裁协议时，才可以将双方的争议提交仲裁；仲裁机关作出仲裁裁决后，双方当事人就合同纠纷不能再申请仲裁或向人民法院起诉。

仲裁裁决生效后，具有法律约束力，双方当事人必须执行。一方不执行仲裁裁决，另一方可以申请人民法院予以强制执行。

④ 诉讼　诉讼是指保险合同双方当事人的任何一方按法律程序，通过人民法院对另一方当事人提出权益主张，由人民法院依照法律程序解决争议、进行裁决的一种方式。

一般民事诉讼的过程，可分为起诉、审判和执行三个基本阶段。我国现行的诉讼制度，实行两审终审制度。当事人对于一审法院的判决不服的，可以在收到判决书 15 日内向上一级法院提起上诉，由上一级法院进行二审，二审法院的判决为终审判决。生效的判决对当事人具有法律约束力。

项目　机动车辆保险的承保

一、项目目的

通过本项目的实施学习，使学员能够运用机动车辆保险产品的特点及条款的相关内容，进行机动车辆保险的展业，根据机动车辆保险投保单、保险单内容的具体要求进行缮制投保单和保险单。

二、项目说明

机动车辆保险在保险业务中占有很大的比重。机动车辆保险的承保是以被保险的机动车辆损失、或以被保险机动车辆的所有人以及驾驶员因驾驶被保险的机动车辆发生交通事故所承担的责任为保险标的的。

机动车辆保险的选择是机动车辆所有人基于自己的风险保障需要，利用已掌握的保险知识及信息资料，进行对比分析，选择最佳保险公司、保险险种以及投保方式，经保险人考察投保人的投保资格以及投保风险的性质后，接受其投保申请，并负责按照机动车辆有关保险条款承担保险责任的行为过程。

机动车辆承保，一般由机动车辆保险的展业人员进行宣传、为准客户设计保险方案、准客户提出投保申请、经保险公司核保后，双方共同订立保险单。

三、技术标准与要求

（1）每个学员独立完成此项目。

（2）项目标准：在进行此项目的操作时，应按照机动车辆保险承保的相关规定对投保人或被保险的机动车辆进行严格考察审核，确定是否属于可保风险对象。

四、设备器材

（1）办公电脑。
（2）打印机。
（3）办公场地。
（4）日常办公用品。

五、作业准备

（1）投保单。
（2）保险单。

六、操作步骤

1. 投保

机动车辆保险流程见图 2-1。

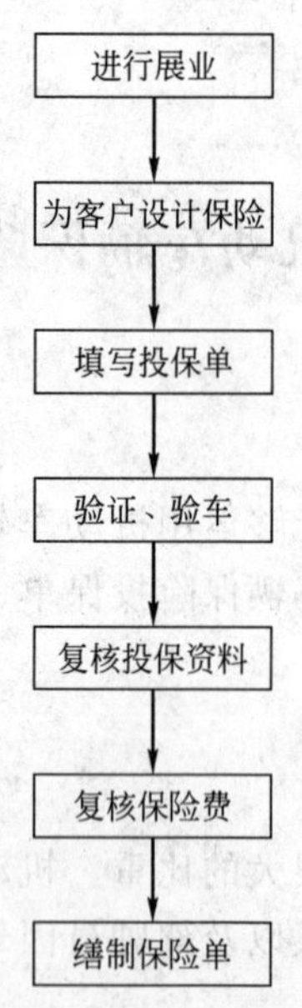

图 2-1　机动车辆保险流程

（1）展业　机动车辆保险是先由展业开始，是机动车辆保险进行市场营销的过程，展业人员可以是保险公司的员工，也可以是中介机构的代理人或经纪人，展业质量的好坏直接影响保险人形象、信誉和保险的业务量。

机动车辆保险的险种繁多，条款及内容涉及面广，在保险合同的纠纷案件中，机动车辆保险引起的纠纷案件占有很大的比重。

引起机动车辆保险纠纷的原因主要有：其一，展业人员自身就不具备机动车辆展业人员应有的业务技能和素养；其二，展业人员在进行展业时没有向被保险人认真解释合同条款的含义；其三，机动车辆理赔的责任和赔偿的额度所引起的矛盾。

(2) 为客户设计险种　机动车辆保险有交强险（机动车交通事故责任强制保险）和商业保险两种，交强险是以颁布法律或行政法规的形式实施的强制汽车责任保险，所有机动车辆必须购买；至于商业保险，一般情况下，可以根据客户的实际情况选择合适的险种。

根据车龄、驾驶员驾龄、行驶区域、个人的技术因素以及个人的经济能力的不同，把各类险种进行合理搭配后，提供几种车险组合方式供客户选择。

① 基本型保障方案：单买交强险，最省保险费，这款方案适用于机动车辆使用年限较长、驾驶人员技术娴熟、短途行驶、并愿意自己承担大部分风险、减少保费支出的车主。

② 经济型保障方案一：交强险＋第三责任险 10 万＋车损险＋不计免赔率/额，既省钱、又对己对人有保障，这款方案适合有安全保障的停车位、司机有一定的驾龄、愿意自己承担部分风险的车主。

③ 经济型保障方案二：交强险＋第三责任险 20 万＋车损险＋盗抢险＋不计免赔率/额＋玻璃险＋划痕险＋车上人员责任险，这款方案适合新车、新手。

④ 全面保障方案：交强险＋第三责任险（50 万元）＋车损险＋车上人员责任险＋盗抢险＋玻璃单独破碎险＋不计免赔特约＋车身划痕损失险＋其他个性化附加险。适用于新车新手、高档车及需要全面保障的车主。

在提供险种方案的同时，温馨提示客户：购买车辆保险的交强险、商业保险时最好选择同一家保险公司。否则一旦发生交通事故，给自己的索赔工作带来麻烦。

因为在两家或两家以上的保险公司进行投保，投保车辆一旦出现事故，投保人要给两家或两家以上的保险公司报案，同时要准备两份或两份以上的索赔资料，但交警出具的交通事故责任书以及其他单证往往只有一份，其他保险公司只能用复印件。

(3) 投保　机动车辆的所有人、使用人，管理人或租赁人选择并确定保险人、保险产品，办理保险手续，与保险人正式签订机动车辆保险合同之前都要先填写机动车辆投保单。

① 投保单性质　投保单也称要保单。是投保人为订立保险合同向保险人进行要约的书面证明，是确定保险合同内容的依据。

在投保单中，一般列明订立保险合同所必需的项目，投保人必须如实填写，保险人据此决定是否承保或以什么条件承保。在保险合同履行时，投保人在投保单上填写的内容是投保人是否履行如实告知义务、保证义务、遵守最大诚信原则的重要凭证。

如果投保单上填写的内容不实或存在故意隐瞒、欺诈，将影响保险合同的效力。投保人填写投保单后，须经保险人签章同意承保，保险合同才告成立，它是保险合同的重要组成部分。

② 投保单的填写方式　投保单可采取以下方式填写：

投保人自己手工填写；

投保人利用保险人提供的网上投保系统、触摸屏等工具自助录入，打印后由投保人签名；

投保人口述，由保险业务人员或代理人员录入业务处理系统，打印后由投保人签名。

③ 按投保单填写内容

a. 投保人及被保险人　投保人是指投保单位或个人的称谓。

投保人是单位时，投保单需要填写全称，要求与投保人的单位公章名称一致。

投保人是个人时，需要填写合法姓名，即与公民身份证一致。

当投保人的称谓与被保险机动车辆行驶证上的称谓不符时，应在投保单特约栏内注明，主要目的是确定其资格问题。

投保人是保险合同不可缺少的当事人。投保人除应当具有相应权利能力和行为能力外，对保险标的必须具有合法的保险利益。

投保人应当在投保单上填写自己的姓名或单位全称，以便保险人核实其资格，避免出现保险纠纷。

被保险人必须是保险事故发生时遭受损失的人，是受合同保障的人，所以投保单上必须注明被保险人的姓名。

b. 投保人、被保险人与车主　投保人、被保险人与被保险车辆如为所有关系，则与车主同为一人，如为使用或管理关系，则投保人、被保险人与车主不是同一人。

c. 车辆车牌号码　车辆的车牌号码必须是车辆管理部门核发的，填写的车牌号码应与被保险机动车辆行驶证的车牌号码一致并要注明车牌底色。

d. 厂牌型号　填写的厂牌名称与车辆型号，应与被保险机动车行驶证上注明的一致。如雪佛兰 SGM7166SX。

e. 发动机及车架号　发动机号和车架号都是机动车辆的身份证明，发动机号是生产厂家在车辆发动机缸体上打印的号码，车架号是生产厂家在车架（或车身）上打印的号码，一般可根据被保险机动车辆的《机动车行驶证》或《车辆合格证》填写。

f. VIN 码　VIN 码是车辆识别的代码。VIN 码由 17 位字符（包括英文字母和数字）组成。

它包含车辆生产厂家、年代、车型、车身型式及代码、发动机代码及组装地点等信息。

g. 车辆种类　车辆种类的填写是按照被保险机动车辆行驶证上注明的为准（客车、货车）。

h. 核定载客/核定载质量　根据被保险机动车辆行驶证注明的座位数和吨位数进行填写。客车填写座位数，货车填写吨位数，客货两用车填写座位数/吨位数。

i. 初次登记年月　车辆的初次登记年月，是保险人确定被保险车辆实际价值和理赔时的重要依据，应按照车辆管理部门核发的《车辆行驶证》上的登记日期为准。

j. 使用性质　根据被保险机动车的使用情况，分为自用、营业、非营业三类。自用仅用于个人代步及家庭生活的车辆；营业车辆指从事社会运输并收取运费的车辆；非营业车辆是指各级党政机关、社会团体、企事业单位自用的车辆。

k. 所属性质　是根据被保险机动车辆的所有权，去填写机关、企业、个人三类被保险机动车辆的所属性质。

l. 车辆颜色　填写被保险机动车辆颜色，应以车辆行驶证上的车辆照片颜色为准。

m. 车辆总数　在填写投保单及附表里列出投保车辆的总数。

n. 保险金额和责任限额　保险金额：主要是针对机动车辆损失险及其附加险而言的。投保机动车辆损失险时，在投保单上要填写新车购置价，一般新车购置价的确定有以下两种方法。

未投保新增设备时的“新车购置价”，即为被保险车辆的新车原始购置价，含车辆购置附加税（费）。

新车购置价＝被保险车辆的新车原始购置价。

投保新增设备时的“新车购置价”，即为被保险车辆的新车购置价与新增设备实际价值的合计金额，含车辆购置附加税（费）。

新车购置价＝被保险车辆的新车原始购置价＋投保新增设备实际价值。

投保附加全车盗抢险、附加自燃损失险和其他附加险时，保险金额由保险人与投保人在保险车辆的实际价值内协商确定，当保险车辆的实际价值高于购车发票金额时，保险金额不得高于购车发票金额，所有附加险的保险金额不得超过车辆损失险的保险金额。

投保附加停驶损失险，需要填写约定的日赔偿金额和约定的赔偿天数，其保险金额栏内填写约定的日赔偿金额与赔偿天数的乘积。约定的赔偿天数最长为 60 天，约定的日赔偿金额最高不得超过 300 元。

投保附加车身划痕损失险的保险金额为固定保险金额 5000 元。

合计车辆损失保险金额的确定是以保险车辆的价值为依据的，一般采用下面三种方法确定，保险人根据保险金额确定方式的不同，承担相应的赔偿责任。

被保险车辆按照新车购置价确定保险金额。

被保险车辆投保时按照实际价值确定保险金额，实际价值是指同类型车辆市场新车购置价减去该车已使用年限折旧金额后的价格。

保险人与投保人协商被保险车辆价值，确定保险金额。

责任限额主要是针对机动车辆第三者责任险及其附加险而言的。

第三者责任险：责任限额根据费率表的限额档次选择一种填写。

摩托车、拖拉机的责任限额，根据费率表双方协商确定。

特种车辆的责任限额，根据费率表的限额档次选择一种填写。

附加车上人员责任险：需填写投保人数和每人责任限额，投保人数可以由投保人自行确定，累计投保人数以投保车辆的核定载客人数为限；每人责任限额最低 1000 元，以 1000 元的整倍数增加限额档次。每车最多可以选择两种不同的责任限额档次投保。例如，某车核定载客 5 人，其中 1 人投保责任限额 5 万元，其他 4 人每人投保责任限额 1 万元。

附加车上货物责任险：责任限额最低为 2 万元。

附加无过失责任险：责任限额在 5 万元内确定，最低 1 万元。

o. 保险期限　投保人可以选择常规一年期。也可以根据实际情况与保险人协商选择短期。保险费率表是以一年计算的，不足一年的按短期月费率计算，不足一个月的按照一个月计算。

p. 特别约定　特别约定是附在合同保险条款以外的补充条款，一般经投保人与保险人协商后，在特别约定栏目注明。

特别约定的事项及内容在投保单与保险单上要一致。

q. 投保人签章　投保人在填完投保单后，应对自己填写的各项内容真实性、可靠性进行确认，并对明确列明，明确明说的合同条款及内容完全理解后，最后在合同对应的地方签章并填写签约时的日期。

r. 投保人及被保险人地址　投保单上填写的投保人与被保险人的地址、电话、联系人及联系方式，必须真实有效，地址必须是法律确认的自然人的生活住所或法人的主要办事机构所在地，这是为了便于后来的保险服务或必要时进行联系。

s. 驾驶员情况　不指定驾驶员就不用填写，若指定一名或多名驾驶员，就必须提供被保险车辆驾驶员的基本情况，包括驾驶员姓名、性别、年龄、住址、婚姻状况、健康状况、驾龄、驾驶证号码以及驾驶违章记录等。这是确定保险费率的重要依据。

t. 行驶区域（省内、境内、出入境）　被保险机动车辆行驶区域的约定，是为了后来理赔责任划分的需要，投保了车辆损失险或第三者责任险即可特约本条款，被保险车辆行驶于约定区域内发生保险事故时保险人进行赔偿，行驶于约定区域之外时，无论发生任何事故，保险人均不负有赔偿责任。

（4）投保单　见表 2-3。

（5）审核投保单

① 注意审核投保人的姓名或名称，是否用的是法定姓名或法人名称（必须是登记注册的法人全称）。

② 注意审核投保人地址，地址是否详细、清楚，写明全址。如果户籍所在地或法人注册地与居住地或法人营业地不一致时，应当分别填写清楚。

③ 注意审核投保人职业，应当填写投保人在投保之时所从事的职业，写出具体的工作性质，如教师、大学生、建筑工、钳工等。

④ 注意审核投保情况说明，投保人欲投保何种险种、险别，是否已在其他保险公司投保过及其投保的具体险种名称等相关情况，均应在投保书中注明清楚。

⑤ 注意审核被保险人情况，填写被保险人的姓名、年龄（出生年月日），从事的职业或工作岗位等项，其中被保险人的年龄应当用公元纪年的实足年龄。

⑥ 注意审核机动车使用性质和行驶范围，投保人应当根据被保险机动车辆的用途填写使用性质和行驶范围。

⑦ 注意审核投保金额，投保人应当根据标的的具体情况和自己的实际经济能力确定投保金额，同时还要根据保险公司有关条款中的要求（如投保金额限制）填写适当的数额。

⑧ 注意审核签名或日期，投保人在仔细核对所填写内容后，应该亲自签名盖章并写上签约日期，否则保单无效。

⑨ 注意审核车辆信息，主要核对投保人对车辆信息是否按要求填写完整。

⑩ 注意审核各险种保险金额（责任限额）的确定是否符合规定，新车购置价确定是否准确，折旧率的确定是否符合规定，实际价值是否确定合理。

（6）验车

① 检验投保车辆的车牌号码、车牌底色、车身颜色、发动机号码及车架号码、是否与“机动车行驶证”和投保单上填写的一致。

② 投保车辆的技术状况是否符合《机动车运行安全技术条件》的要求。

③ 检验投保车辆内外的基本情况，并拍照登记存档。

④ 检验投保车辆是否配备有逃生和消防设备。

⑤ 附加投保全车盗抢险的还应检验是否加装防盗设备，并核对车辆夜间停放地点，同时要求投保人出示车辆的原配钥匙备注。

（7）验证

① 查看购车单证或转让单证，核实投保车辆的合法性。

表 2-3 机动车辆保险投保单（个人）

尊敬的客户：您在填写本投保单前请先详细阅读本投保单后所附条款，阅读条款时请您特别注意保险责任、责任免除、投保人义务、被保险人义务、赔偿处理等内容，并听取保险人就条款内容所作的说明。您在充分理解条款后，再如实填写本投保单各项内容（请在需要选择的项目前的“□”内划√表示）。您所填写的内容我公司将为您保密。

投保人	投保人名称/姓名	杨××			投保车辆数	1 辆
	联系人姓名	杨××	固定电话	8788××××	移动电话	138××××××××
	投保人住所	武汉市××区××街××路××号			邮政编码	430000
被保险人	自然人姓名	杨××	身份证号	4212××××××××××××××		
	法人或其他组织名称		组织机构代码			
	被保险人单位性质	□党政机关、□团体 □事业单位 □军队(武警) □使(领)馆 √个体、□私营企业 □其他企业 □其他				
	联系人姓名	杨××	固定电话	8788××××	移动电话	138××××××××
	被保险人住所	武汉市××区××街××路××号		邮政编码	430000	
投保车辆情况	被保险人与车辆的关系	√所有 □使用 □管理		车主	杨××	
	号牌号码	鄂 123456	号牌底色	√蓝 □黑 □黄 □白 □白蓝 □其他颜色		
	厂牌型号	五菱 LZW6376E3		发动机号	3A×××××××	
	VIN 码	LZWACAGA123456789		车架号	LS×××××××	
	核定载客	8 人	核定载质量	千克	排量/功率	L/kW
	初次登记日期	2007 年 12 月 12 日	已使用年限	4 年	年平均行驶里程	9,999.00 公里
	车身颜色	□黑色 □白色 □红色√灰色 □蓝色 □黄色□绿色 □紫色□粉色□棕色□其他颜色				
	机动车种类	√客车 □货车 □客货两用车 □挂车 □摩托车(不含侧三轮) □侧三轮 □农用拖拉机 □运输拖拉机 □低速载货汽车 □特种车(请填用途)……				
	机动车使用性质	√家庭自用 □非营业用(不含家庭自用) □出租/租赁 □城市公交 □公路客用 □旅游客用 □营业性货用				
	上年是否在本公司投保商业机动车保险	是√	否			
	行驶区域	□省内和邻省 □市内 √省内和邻省固定路线 □市内固定路线 具体路线：……				
	是否为未还清贷款的车辆	□是√否	车损险与车身划痕险选择汽车专修厂	□是 √否		
	上次赔偿次数	交强险赔款次数 1 次 商业机动车保险赔款次数 1 次				
	上一年度交通违法行为	□有 √无				

续表

<table>
<tr><td>投保主险条款名称</td><td colspan="5"></td></tr>
<tr><td>指定驾驶人</td><td>姓　名</td><td colspan="2">驾　驶　证　号　码</td><td colspan="2">初　次　领　证　日　期</td></tr>
<tr><td>驾驶人 1</td><td>/</td><td colspan="2"></td><td colspan="2">……年……月……日</td></tr>
<tr><td>驾驶人 2</td><td>/</td><td colspan="2"></td><td colspan="2">……年……月……日</td></tr>
<tr><td>保险期间</td><td colspan="5">2011 年 03 月 08 日零时起至 2012 年 03 月 07 日 24 时止</td></tr>
<tr><td colspan="2">投　保　险　种</td><td colspan="2">保险金额/责任限额(元)</td><td>保险费(元)</td><td>备注</td></tr>
<tr><td colspan="2">□机动车交通事故责任强制保险</td><td colspan="2">死残:11 万元,医疗费:1 万元,财产损失:2 千元</td><td></td><td></td></tr>
<tr><td colspan="2">□机动车损失险：新车购置价 30,000.00 元</td><td colspan="2">30,000.00</td><td>748.00</td><td></td></tr>
<tr><td colspan="2">□商业第三者责任险</td><td colspan="2">100,000.00</td><td>640.00</td><td></td></tr>
<tr><td>□车上人员责任险</td><td>投保人数……8……人</td><td colspan="2">10,000.00 座×1 座</td><td>171.00</td><td></td></tr>
<tr><td colspan="2">□附加车上货物责任险</td><td colspan="2"></td><td></td><td></td></tr>
<tr><td colspan="2">□附加盗抢险</td><td colspan="2">12,840.00</td><td>151.00</td><td></td></tr>
<tr><td>□玻璃单独破碎险</td><td>□进口玻璃√国产玻璃</td><td colspan="2"></td><td>46.00</td><td></td></tr>
<tr><td colspan="4">□停驶损失险,日赔偿金额……元……天</td><td></td><td></td></tr>
<tr><td colspan="2">□附加自燃损失险</td><td colspan="2"></td><td></td><td></td></tr>
<tr><td colspan="2">□附加火灾、爆炸、自燃损失险</td><td colspan="2"></td><td></td><td></td></tr>
<tr><td>□附加不计免赔率特约</td><td>□第三者责任险</td><td colspan="2">□机动车损失险</td><td>235.00</td><td></td></tr>
<tr><td colspan="2">□附加车身划痕损失险</td><td colspan="2"></td><td></td><td></td></tr>
<tr><td colspan="2">□附加新增加设备损失险</td><td colspan="2">免赔金额：</td><td></td><td></td></tr>
<tr><td colspan="2">□附加可选免赔额特约</td><td colspan="2">免赔金额：</td><td></td><td></td></tr>
<tr><td colspan="6">保险费合计(人民币大写):壹仟玖佰玖拾壹元整　　（￥:1,991.00　元）</td></tr>
<tr><td>特别约定</td><td colspan="5">合同争议解决方式选择:√诉讼　　□提交……仲裁委员会仲裁</td></tr>
<tr><td colspan="6">本保险合同由保险条款、投保单、保险单、批单和特别约定组成。投保人声明:保险人已将投保险种对应的保险条款(包括责任免除部分)向本人做了明确说明,本人已充分理解:上述所填写的内容均属实,同意以此投保单作为订立保险合同的依据。
投保人签名/签章:杨××　　2011 年 03 月 08 日</td></tr>
<tr><td>验车验证情况</td><td colspan="5">√已验车√已验证　查验员签名:李××　　2011 年 03 月 08 日 12 时 12 分</td></tr>
<tr><td>初审情况</td><td colspan="2">业务来源：√直接业务　□个人代理　□专业代理
□兼业代理　□经纪人　□网上/电话业务
代理(经纪)人名称：
上年度是否在本公司承保：√是　否
业务员签字:陈××　　2011 年 03 月 08　日</td><td>复核意见</td><td colspan="2">复核人签字:孙××
2011 年 03 月 08 日</td></tr>
</table>

② 主要检验“机动车行驶证”、有效移动证（临时号牌）是否真实、有效，是否按要求经过车辆管理部门的年检。

③ 检验各种证件与投保标的和投保单的内容是否相符，投保人对投保车辆是否具有保险利益，并确定车辆使用性质和初次登记日期、已使用年限。

④ 有约定驾驶人员的，检验约定驾驶人员的“机动车驾驶证”，并对照投保单核实驾驶人员信息。

(8) 注意事项

① 验车、验证完毕，负责验车、验证的双方当事人要在投保单“验车、验证情况”栏内签字进行确认。

② 对电话投保、网上投保等渠道办理的车险业务，在未完成验车、验证的情况下，可根据投保人提交的信息，先行出具保险单，但必须在保险单送达投保人之时，完成验车、验证工作，双方当事人同时在验车、验证栏和保险单上签字进行确认后合约生效。

③ 验车、验证结果与投保人提交信息不符时，应按照检验结果出具保险单或拒绝承保。

(9) 核定保险费率　保险费率核定，是保险公司根据投保人填写投保的机动车辆基本情况以及费率规章的有关规定，由业务人员进行对应参照确定，核定费率时应注意。

① 对于投保车辆兼有两类使用性质的，按其中费率较高一类的费率档次填写（如：客货两用车按客车或货车中相应的高档费率计费）。

② 对于费率表中未列明而且无法归类的投保车辆，或价值过高、风险集中的投保车辆，应进行特约承保，参照相应的合同条款由双方当事人商定费率。

(10) 计算保费　保险业务人员根据投保人选择的险种计算出相应的保险费，填写在相应栏中。

车辆损失险保险费＝基本保险费＋保险金额×费率；

第三者责任险保险费＝相应档次固定保险费；

盗抢险保险费＝盗抢险保险金额×费率；

车上人员责任险保险费＝每座赔偿限额×投保座位数×费率；

车上货物责任险保险费＝货损限额×费率；

无过失责任险保险费＝第三者责任险保险费×费率；

车载货物掉落责任险保险费＝此险赔偿限额×费率；

玻璃单独破碎险保险费＝车辆保险价值×费率；

车辆停驶损失险保险费＝日赔偿金额×约定的最高赔偿天数×费率；

自燃损失险保险费＝此险保险金额×费率；

新增设备损失险保险费＝此险保险金额×车辆损失险费率；

不计免赔特约险保险费＝（车辆损失险保险费＋第三者责任险保险费）×费率。

如果投保人选择足额投保，按照投保人类别、车辆用途、座位/吨位数、车辆使用年限、责任限额等对应条件直接在“机动车损失保险费率表”去查询相对应的基础保费和费率、适用范围及使用方法进行计算即可。

如果投保人选择不足额投保，即保险金额小于新车购置价，保费应做相应调整。

保费＝(0.05＋0.95×保险金额/新车购置价)×足额投保时的标准保费。

(11) 核保　保险公司核保员依照国家有关法律、机动车辆保险条款及相关业务规定，在授权范围内，按照各公司制定的《核保细则》，对投保人和投保机动车辆的风险因素进行识别、评估，决定是否承保或以怎样的费率承保。

核保的主要目的，就是使客户能够享有保险人的合理保险费率，保险公司本着公平、公正的原则进行评估和风险分类。确保每一位被保险人承担的保险费率与自身的风险程度相匹配。

① 单证、条款、费率的核保。核保单证，主要审核投保单是否按照规定内容与要求填写，有无错漏，验证和验车是否按照规定进行并将资料存档。

核保的条款和费率，根据投保人填写的投保单，按《机动车辆保险费率表》，根据投保车辆的种类、使用性质等因素确定。

② 可保利益的核保。核保员要核实投保人或被保险人对车辆是否具有可保利益，特别是保险标的发生租赁、转让、转销、变卖、抵押等情况时，核保人有权要求业务经办人员提供有关投保人及投保车辆的详细风险资料，以查明投保人或被保险人的可保利益是否存在。

③ 投保人与被保险人的资信和标的以往损失记录的核保。核保人员必须了解投保人、被保险人的经营管理情况以及经营作风，以决定承保条件。

④ 对标的风险分类的核保。核保员在核保时要根据标的的风险程度决定是正常承保、附加条件承保还是拒保。

⑤ 保险金额、赔偿限额的核保。对车辆损失险的保险金额按每年编制的机动车辆新车购置价格表核定，以防止超额保险。对于使用 3 年以上的专业营运车辆的车辆损失险的保额，以投保时标的实际价值的 80％为限。对大中型客车以及运载危险物品的车辆，适当限制第三者责任险赔偿限额。

⑥ 对于各种附加险的风险程度以及责任额度的核保。

⑦ 对双方特别约定的事项，以及其他事项，如投保单的填写、业务经办员的签字、保险起止时间、验车报告等，也要认真审核。

⑧ 核保人核保完毕，在投保单上签署意见并签名，注明核保日期。对于超过核保权限的，应呈报上级核保。对需要分保的业务，按总公司的要求作分保处理。

核保工作结束后，核保人将投保单和核保意见一并转业务内勤，据以缮制保险单证。

(12) 常见的核保结论

① 标准体：同意客户的投保申请并按照标准费率承保。

② 次标准体：是指客户的风险程度超高，但风险仍在保险公司可以接受的范围内，不过需要修改客户的投保申请或提高费率后才予以承保。一般有两种处理方式。

a. 增加保费：根据标的的风险超标程度，适度增加保险费率。

b. 除外责任：对标的投保前已经存在的局部风险作出责任除外的特别约定。

③ 延期观察：对于一些难以确定的风险，暂时不接受客户的投保申请，进行延期观察，待风险明朗后作出准确的风险评估。

④ 拒绝承保：是指客户所投保标的的风险程度根本无法评估，或严重超出了保险公司可以接受的范围，不接受客户的投保申请。

(13) 缮制保险单证　根据投保单及核保人员签署的意见，由出单人员通过电脑缮制《机动车交通事故责任强制保险单》(见表 2-4) 和《机动车辆保险单》(见表 2-5)，经复核人员复核后出单，缮制保险单的注意事项。

① 投保单上填写的特别约定内容，应完整地载明到保险单对应栏目内。

表 2-4 机动车交通事故责任强制保险单

保险单号：PDAB202010342221000088

被保险人		杨××				
被保险人身份证号码(组织机构代码证)			××××0219680226××××			
地址		××省××市			联系电话	139××××××××
被保险机车	号牌号码	鄂 123456	机动车种类	小型轿车	使用性质	家庭自用
	发动机号	3A×××××××			识别代码(车架号)	LS×××××××
	厂牌型号	五菱 LZW6376E3		核定载客	8人	核定载质量
	排量	0.9700L	功率		登记日期	2007年12月12日
责任限额	死亡伤残赔偿限额	¥:110.000.00元		无责任死亡伤残赔偿限额		¥:110.000.00元
	医疗费用赔偿限额	¥:10.000.00元		无责任医疗费用赔偿限额		¥:10.000.00元
	财产损失赔偿限额	¥:2.000.00元		无责任财产损失赔偿限额		¥:2.000.00元
与道路交通安全违法行为和道路交通事故相联系的浮动比例%				—20.00		
保险费合计(人民币大写)：捌佰捌拾元整(¥:880.00)其中救助基金(0.00 %)¥:17.00元						
保险期间自2011年03月08日00时起至2012年03月07日24时止。						
保险合同争议解决方式			诉讼			
代收车船税	整备质量	1,030.00		纳税人识别号		42××123456××123456
	当年应缴	¥:0.00 元	往年补交	¥:0.00 元	滞纳金	¥: 0.00 元
	合计(人民币大写)：		(¥: 0.00 元)			
	完税凭证号(减免税证明号)			开具税务机关		
特别约定						
重要提示	1. 请详细阅读保险条款，特别是责任免除和投保人、被保险人义务。 2. 收到本保险单后，请立即核对，如有不符或疏漏，请及时通知保险人并办理变更或补充手续。 3. 保险费应一次性交清，请你及时核对保险单和发票(收据)，如有不符，请及时与保险人联系。 4. 投保人应如实告知对保险费计算有影响的或保险机动车因改装，加装，改变使用性质等导致危害程度增加的重要事项，并及时通知保险人办理批改手续。 5. 被保险人应当在交通事故发生后及时通知保险人。					
保险人	公司名称：××××保险公司××营业部 公司地址：××××路××号 邮政编码：431234 服务电话：95518 签单日期：2011年03月08日(保险人盖章)					

核保：陈×× 制单：王×× 经办：赵××

② 挂车必须单独出具具有独立保险单号码的保险单。

③ 特约条款和附加条款应打印或附贴在保险单正本背面，并统一加盖骑缝章。

表 2-5 机动车辆保险单

鉴于投保人已向本保险人递交投保申请，并同意按约定交纳保险费，本保险人依照承保险别及其对应条款和特别约定，承担经济赔偿责任。

<table>
<tr><td colspan="2">被保险人</td><td colspan="8">杨××</td></tr>
<tr><td rowspan="5">保险车辆情况</td><td>车牌号码</td><td colspan="2">鄂123456</td><td>厂牌型号</td><td colspan="5">五菱 LZW6376E3</td></tr>
<tr><td>VIN 码</td><td colspan="2">LZWACAGA123456789</td><td>车架号</td><td colspan="2">LS×××××××</td><td>机动车种类</td><td colspan="2">客车</td></tr>
<tr><td>发动机号</td><td>3A××××××××</td><td>核定载客</td><td></td><td>核定载质量</td><td>8人</td><td>已使用年限</td><td colspan="2">4年</td></tr>
<tr><td>初次登记期</td><td colspan="2">2007年12月12日</td><td>年平均行驶数</td><td colspan="2">9,999.00公里</td><td>使用性质</td><td colspan="2">私车</td></tr>
<tr><td>行驶区域</td><td colspan="4">中华人民共和国境内(不包括港澳台)</td><td colspan="2">新车购置价</td><td colspan="2">30,000.00(元)</td></tr>
</table>

承保险种	费率浮动(±)	保险金额/责任限额(元)	保险费(元)
机动车损失保险(A)		30,000.00	748.00
第三者责任保险(B)		100,000.00	640.00
车上人员责任险——驾驶员(D11)		10,000.00座×1座	31.00
车上人员责任险——乘客(D12)		10,000.00座×7座	140.00
车辆盗抢保险(G)		12,840.00	151.00
车辆玻璃单独破碎保险(国产)(F)			46.00
不计免赔率(M)覆盖 A\B\D11\D12			235.00

<table>
<tr><td colspan="2">保险费合计(人民币大写):壹仟玖佰玖拾壹元整　　(￥:1,991.00　元)</td></tr>
<tr><td colspan="2">保险期间自　2011年03月08日00时起至2012年03月07日24时止。</td></tr>
<tr><td>特别约定</td><td>特别约定依期续保。
特别约定本单商业险已优惠金额￥591.35元。
保险人已向投保人/明确告知,本保单所列的被保险车辆的初次登记日期/已使用年限与真实情况不一致的,视同投保人没有履行如实告知义务,理赔时保险人相应扣减保险赔偿金。</td></tr>
<tr><td colspan="2">保险合同争议解决方式:诉讼</td></tr>
<tr><td>重要提示</td><td>1. 本保险合同由保险条款、投保单、保险单、批单和特别约定组成。
2. 收到本保险单、承保险种对应的保险条款后,请立即核对,如有不符和疏漏,请在48小时内通知保险人并办理变更或补充手续,超过48小时未通知的,视为投保人无异议。
3. 请详细阅读承保险种对应的保险条款,特别是责任免除、投保人与被保险人义务、赔偿处理和附则。
4. 被保险机动车辆因改装、加装、改变使用性质等导致危险程度显著增加以及转卖、转让、赠送他人的,应书面通知保险人,并办理变更手续。
5. 被保险人应当在交通事故发生后及时通知保险人。</td></tr>
<tr><td>保险人</td><td>公司名称:××××保险公司××营业部　公司地址:××××路××号
联系电话:95518　　网址:www.e.××××.com
邮政编码:431234　　签单日期:2011年03月08日　　保险人:(签章)</td></tr>
</table>

核保：陈××　　制单：王××　　经办：赵××

（14）复核保险单　复核中尤其应当认真审核特别约定的内容、保险期限起止时间以及保险金额的确定是否符合规定，费率厘定是否合理、保险费计算是否正确等内容。

（15）收取保险费　保险单经复核人员复核无误后，业务人员打印“保险费收据”。保险费收据上的收款金额应与保险单上的总保险费一致。

按照保险单约定分期交纳保费的按实际收费数填写。

财务人员经复核保险单无误后，向投保人核收保险费，同时在保险费收据上加盖财务专用章。

（16）签发保险单、保险证　投保人交纳保险费后，业务人员必须在保险单上注明保险公司名称、详细地址、邮政编码以及电话，并加盖保险公司业务专用章。

根据保险单填制“机动车辆保险证”，“机动车辆保险证”应与保险单同时签发。

保险证的内容应与保险单有关项目的内容一致，不得委托投保人自己填写。电话栏内必须填写公司报案电话，所填内容不得涂改。

机动车辆保险单与机动车辆保险证（见图 2-2）和交强险保险标志（见图 2-3），应及时送达或发送，同时要求投保人填写回执。

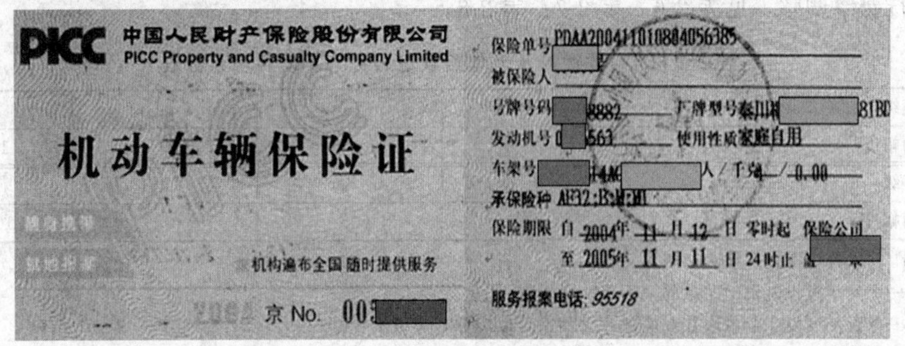

图 2-2　机动车辆保险证

图 2-3　交强险保险标志

（17）保险单证的清理与归档　对已填具的投保单及其附表、保险单及其附表、保险费收据、保险证等，业务人员应及时进行清分、归类。投保单和保险单的附表，应分别粘贴在投保单和保险单的背面，并加盖骑缝章。

① 清理给投保人的单证有：保险单正本及其附表、保险费收据（投保人留存联）、保险证。

② 财务部门留存的单证有：保险单副本及其附表（财务留存联）、保险费收据（财务留

存联）。

③ 业务部门留存的单证有：保险单副本及其附表（业务留存联）、投保单及其附表、保险费收据（业务留存联）。

2. 续保

是指前一个保险合同期满以后，投保人或被保险人又与合同届满的保险公司重新续办机动车辆保险事宜的称为续保。

（1）续保方式　续保有两个方式：其一，投保人或被保险人对目前所承保的保险公司服务感到满意，主动进行续保业务；其二，由保险公司的业务员或保险代理人，在机动车辆保险合同到期之前，通过电话、邮件、上门等方式向投保人或被保险人发出现已履行的保险合同截止时间的提示，提醒投保人或被保险人提前办理续保手续，防止在续保的空档期发生保险责任事故，造成不必要的经济损失。

（2）续保优惠条件　对续保的客户：可以参考《无赔款优待及上年赔款记录费率调整系数》、《单车风险修正系数表》或《车队费率浮动系数表》等标准，享受保险人提供的优惠，根据上一保险年度的赔款次数调整保险车辆费率等级，并按照机动车辆规定的相关费率浮动幅度进行费率调整，见表 2-6、表 2-7、表 2-8。

表 2-6　无赔款优待及上年赔款记录费率浮动调整系数表

等级	一	二	三	四	五
浮动幅度	－30％	－20％	－10％	0	10％
等级	六	七	八	九	十
浮动幅度	20％	40％	60％	80％	100％

注：1. 初次投保车辆等级为四级。
2. 上一保险年度没有发生赔款的，下降一个等级。
3. 上一保险年度发生赔款次数在两次（含两次）以内的，等级不变。
4. 上一保险年度发生赔款次数超过两次的，每超过一次，上升一个等级。

表 2-7　单车风险修正系数表

项　目	内容	系数	适用范围
多险种同时投保	同时投保车损险、三者险	－5％	所有险种
销售渠道	在保险人营业网点投保、通过互联网、电话投保	0～10％	所有险种
提供详细信息	投保时按要求提供真实详尽的保单信息	－3％	所有险种
安全驾驶	上一保险年度无交通违法记录	－5％	所有险种
选择汽车专修厂	凡投保人在投保时选择专修厂，根据本地区专修厂的修理工时费、零配件价格差异，区分国产车、进口车，分别进行上浮	国产车：＋10％～＋30％ 进口车：＋15％～＋60％	机动车损失险与车身划痕险
平均年行驶里程	1. 平均年行驶里程≤10000 公里	－10％	家庭自用车、非营业用车所有险种
	2. 10000 公里＜平均年行驶里程≤30000 公里	0～－5％	
	3. 30000 公里＜平均年行驶里程≤50000 公里	0～＋10％	
	4. 平均年行驶里程＞50000 公里	＋10％～＋20％	
	5. 平均年行驶里程≤30000 公里	－10％～0	营业用车所有险种
	6. 平均年行驶里程≥50000 公里	0～＋20％	

续表

项　目	内容		系数	适用范围
续保	上一保险年度在本公司投保机动车保险		−10%	所有险种
指定驾驶人	男	驾龄≤1	−1%	家庭自用车所有险种
		1＜驾龄≤3	−2%	
		驾龄＞3	−3%	
	女	驾龄≤1	−2%	
		1＜驾龄≤3	−3%	
		驾龄＞3	−4%	
约定行驶区域	1. 省内行驶		−5%	所有险种
	2. 固定行驶路线		−7%	

注：1. 本表不能与车队费率浮动系数表同时使用。
2. 单车风险修正系数表中的浮动系数采用累加方式，系数值为正数表示费率上浮，系数值为负数表示费率下浮。
3. 仅适用于保险期间为一年及以上的保险单。
4. 对于数据信息不能支持的地区，暂不执行安全驾驶系数，待条件具备后再使用。
5. 约定行驶区域系数中的两项系数不能同时使用。

表 2-8　车队费率浮动系数表

项　目		系数
过去三年平均赔付率	40%及以下	−30%～−20%
	40%～60%	−20%～−10%
	60%～70%	0%
	70%～90%	+10%～+30%
	90%以上	＞+30%
承保数量	20 台＜承保数量≤50	−2%
	50 台＜承保数量≤100	−5%
	100 台＜承保数量≤300	−8%
	承保数量＞300	−10%
大额保费一次付清	10 万元＜保费≤50 万元	−2%
	50 万元＜保费≤100 万元	−5%
	保费＞100 万元	−8%
续保	续保 1 年	−2%
	续保 2 年	−3%
	续保 3 年	−5%
销售渠道	通过代理人投保	+5%～+10%

注：1. 本表不能与单车风险修正系数表同时使用。
2. 车队费率浮动系数表中的浮动系数采用累加方式，系数值为正数表示费率上浮，系数值为负数表示费率下浮。
3. 仅适用于保险期间为一年及以上的保险单。

3. 保险合同的变更

保险合同的变更是指在保险合同的有效期内，当事人根据主、客观情况的变化，依据法律规定的条件和程序，在协商一致的基础上，对保险合同的某些条款进行修改或补充。

保险单或保险凭证需要进行修改或增删时所签发的一种书面证明称为批单，也称背书。

《保险法》第二十一条规定："在保险合同有效期内，投保人和保险人经协商同意，可以变更保险合同的有关内容。变更保险合同的，应当由保险人在原保险单或者其他保险凭证上批注或者附贴批单，或者由投保人和保险人订立变更的书面协议。"在车险实物中，应根据《机动车辆保险监制单证管理办法》第十三条的规定："保险单签发后，内容如需变更，应使用机动车辆保险批单。"

批单是车险实务中保险合同变更时必须使用的书面凭证。在批单中，需要列明变更条款的内容。保险合同一经变更，变更的那一部分内容即取代原合同中被变更的内容，与原合同中未变更的内容一起，构成一个完整的合同。

变更后的合同对变更前已经履行的合同部分没有约束力，保险双方应以变更后的合同履行各自的义务。

如果出现一份保险单多次变更、多份批单的情况，对于合同履行效力，一般采用以批改时间为标准，即最近一次批改的效力优于之前一次的批改。

（1）交强险合同变更事项

① 被保险人变更；

② 被保险机动车变更使用性质；

③ 投保人未如实告知重要事项，对保险费计算有影响的；

④ 在保险合同有效期内，被保险机动车辆因改装、加装、行驶区域改变等导致危险程度增加的；

⑤ 变更其他事项。

（2）商业险保险合同变更事项

① 保险人变更；

② 被保险人变更；

③ 保险车辆变更使用性质，增、减危险程度；

④ 增、减投保车辆；

⑤ 增加或减少或变更约定驾驶人员；

⑥ 调整保险金额或责任限额；

⑦ 保险责任变更；

⑧ 保险期间变更；

⑨ 加保或退保险种；

⑩ 变更其他事项。

（3）保险合同变更流程

① 投保人提出书面变更申请；

② 业务人员接到投保人提出的书面变更申请后，对原保险单和有关情况进行核对，按照有关规定验车并提出处理意见；

③ 业务人员将变更申请及初步处理意见提交核保；

④ 核保人员审核签署意见；

⑤ 核保通过后，进行收付费处理；

⑥ 对保险合同进行变更；

⑦ 清分有关单证；

⑧ 有关单、证归档。

(4) 批单内容

批单内容通常包括：

① 合同变更的要求；

② 合同变更前的内容；

③ 合同变更后的内容；

④ 是否增加（退还）保险费、增加（退还）保险费的计算公式、增加（退还）保险费的金额；

⑤ 变更合同的起始时间以及明确声明除本变更内容外原保险合同的其他内容不变。

下面是几种合同变更的批改文书样本：

a. 保险车辆转卖、转让、赠送他人的批文样本。

××××保险公司

批　单

批单号：00088　　保险单号：××202010342221

根据被保险人的申请，因鄂 A12345　保险车辆已转给李××，自 2011 年 01 月 08 日 12 时起该车的被保险人变更为李××，直至保险期满。其他事项不变。

特此批改。

经理：陈××　　复核：张××　　制单：程××

2011 年 01 月 08 日

b. 保险车辆的使用性质变更、并涉及到增、退费的批文样本。

××××保险公司

批　单

批单号：00099　　保险单号：××202010343332

根据被保险人的申请，因鄂 A23456 保险车辆的使用性质已由生活用车变更为营运车辆，变更时间自 2011 年 05 月 08 日 12 时起至保险期满，应增收（退还）保险费人民币（大写）伍佰捌拾元（￥580.00 元），其他事项不变。

特此批改。

经理：陈××　　复核：张××　　制单：程××

2011 年 05 月 08 日

c. 调整保险金额/责任限额的批文样本。

××××保险公司

批　单

批单号：000977　　保险单号：××202010345553

根据被保险人的申请，鄂 A23456 保险车辆因行驶区域变更，保险金额由 1380.00（元）调整为 1780.00（元），变更时间自 2011 年 08 月 18 日 12 时起至保险期满，应增收（退还）保险费人民币（大写）肆佰元整（￥400.00 元）。其他事项不变。

特此批改。

经理：陈××　　复核：张××　　制单：程××

2011 年 08 月 18 日

一、理论考核

1. 分析题

(1) 机动车辆保险的条件。

(2) 交强险的主要职能作用。

(3) 怎样购买商业保险?

(4) 续保有哪些条件?

2. 判断题

(1) 机动车辆保险合同是射幸性的保险合同。 ( )

(2) 机动车辆保险的责任免除是指被保险人不承担风险责任。 ( )

(3) 机动车辆在使用过程中改变使用性质，可以不通知保险人。 ( )

(4) 展业人员可以根据自己想法和意愿指导客户购买保险产品。 ( )

3. 选择题

(1) 以原保险人作为特定再投保的对象，叫做 ( )

A. 承保业务　　B. 承保管理　　C. 投保　　D. 续保

(2) 我国机动车辆保险条款规定“被保险人必须对所保车辆妥善保管、使用、保养，使之处于正常技术状态”，从保险形式上看属于 ( )

A. 确认保证　　B. 承诺保证　　C. 明示保证　　D. 默示保证

(3) 投保人履行如实告知义务时采用的告知形式为 ( )

A. 如实告知　　B. 主动告知　　C. 询问告知　　D. 被动告知

(4) 机动车辆保险的保险标的不包括 ( )

A. 拖拉机　　B. 电动自行车　　C. 冷藏车　　D. 电车

二、技能考核

项目机动车辆保险作业　见表 2-9。

表 2-9　机动车辆保险作业项目评分表

基本信息	姓 名		学 号		班 级		组 别	
	规定时间		完成时间		考核时间		总评成绩	

情景操作	序号	步 骤	完成情况		标准分	评分
			完成	未完成		
	1	考核准备 设备与工具 相关表格			10	
	2	操作流程			10	
	3	操作规范			5	
	4	操作技巧			5	

续表

基本信息	姓　名		学　号		班　级		组　别	
	规定时间		完成时间		考核时间		总评成绩	
情景操作	5	保险展业					5	
	6	承保服务					5	
	7	续保服务					5	
	8	合同变更					5	
	9	相关单据填写					5	
	10	综合素质					5	
沟通能力							10	
掌控能力							10	
技术能力							10	
熟练程度							10	

汽车 VIN 码

VIN 是英文 Vehicle Identification Number 意为：车辆识别号码，是每一辆车的身份证。VIN 码由 17 位字符组成，该号码的生成有着特定的规律，它包含了车辆的生产厂家、年代、车型、车身型式及代码、发动机代码及组装地点等信息。

正确解读 VIN 码，可以得到汽车的历史资料，帮助我们正确地识别车型，对车辆进行正确地诊断和维修都是十分重要的，而且也逐渐成为旧车交易中的重要资料，帮助其识别车辆的合法性。

VIN 码的历史可以追溯到 1949 年，直到 1981 年之前，标准一直处于变换中，1965～1969 年的 VIN 是 9 位码，1970～1980 年的 VIN 码固定为 10 位数，现行的 17 位汽车识别码始于 1981 年。

VIN 码根据各自代表的含义划分成三个部分，它们分别是世界制造厂识别代号（WMI）、车辆说明部分（VDS）和车辆指示部分（VIS）。

（1）VIN 码术语定义

① 世界制造厂识别代号（WMI）：是车辆识别代码（VIN）的第一部分，通常占车辆识别代号（VIN）的前三位。用以标识车辆的制造厂家，当此代号被指定给某个车辆制造厂时，就是作为该厂的识别标志，世界制造厂识别代号，在车辆识别代号的其他部分一起使用时，足以能保证 30 年内在全世界范围内不重复出现代码。

② 车辆说明部分（VDS）：是说明车辆的一般特性，由车辆识别代码（VIN）的第 4 位到第 9 位共六位字符组成。如果制造厂不用其中的一位或几位字符，应在该位置填入选定的字母或数字占位。此部分应能识别车辆的一般特征，其代号顺序由制造厂决定。

③ 车辆指示部分（VIS）：是制造厂为了区别不同车辆而指定的一组字符，车辆指示部

分由车辆识别代号（VIN）的后八位字符组成，其最后四位字符应是数字。足以保证 30 年之内生产的每台车辆代号具有唯一性。

VIN 码的组成图，见图 2-4。

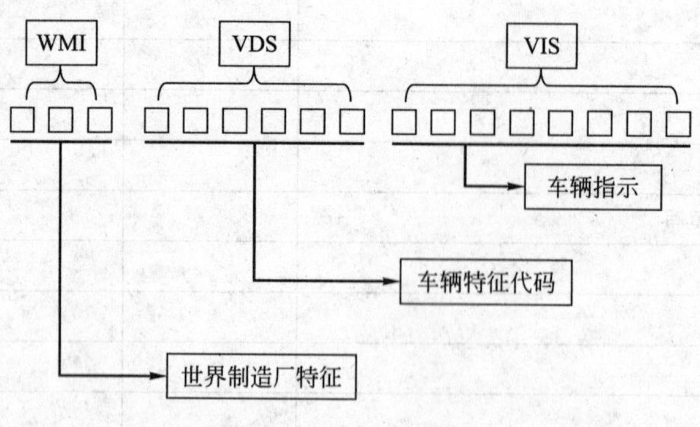

图 2-4 VIN 码的组成图

④ 车身型式：指根据车辆的一般结构或外形诸如车门和车窗数量，运载货物的特征以及车顶型式（如厢式车身、直背式车身、舱背式车身）的特点区别车辆。

⑤ 发动机型式：指动力装置的特征，如所用燃料、气缸数量、排量和静制动功率等。

⑥ 种类：是制造商对同一型号内的，在诸如车身、底盘或驾驶室类型等结构上有一定共同点的车辆所给予的命名。

⑦ 品牌：是制造厂对一类车辆或发动机所给予的名称。

⑧ 型号：指制造厂对具有同类型、品牌、种类、系列及车身型式的车辆所给予的名称。

⑨ 车型年份：表明某个单独的车型的年份，只要实际周期不超过两个立法年份，可以不考虑车辆的实际生产年。

⑩ 制造工厂：指标贴 VIN 码的工厂。

⑪ 系列：指制造厂用来表示如标价、尺寸或重量标志等小分类的名称。主要用于商业目的。

⑫ 类型：指由普通特征、包括设计与目的来区别车辆的级别。轿车、多用途载客车、载货汽车、客车、挂车、不完整车辆和摩托车是独立的型式。

⑬ VIN 中不能使用 I、O、Q 三个英文字母，以防混淆。

⑭ 分隔符：分隔符的选用由车辆制造厂自行做主，但不得使用车辆识别号所用的任何字码，一般选用★ * ☆等符号。

(2) 车型标牌（或 VIN）的位置　VIN 的位置，有的独立于车身的板件，有的是包含在车型标牌上，一般固定在车门立柱上、风挡左侧仪表台上、发动机、车架等大部件上、导水板上部、接近于驾驶员座位的地方或质保和保养手册、车主手册上。见图 2-5、图 2-6、图 2-7、图 2-8。

(3) VIN 代码的含义　第 1～3 位（WMI：世界制造厂识别代码），表示制造厂、品牌和类型。用来标识车辆制造厂的唯一性。通常占 VIN 代码的前三位。

第 1 位：是表示地理区域，如非洲、亚洲、欧洲、大洋洲、北美洲和南美洲。

第 2 位：字符表示一个特定地区内的一个国家。国家代码由美国汽车工程师协会(SAE) 负责分配。

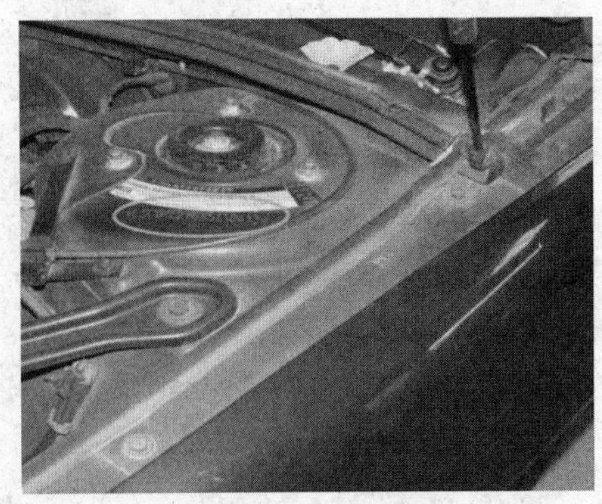

图 2-5　VIN 位置之一

图 2-6　VIN 位置之二

图 2-7　VIN 位置之三

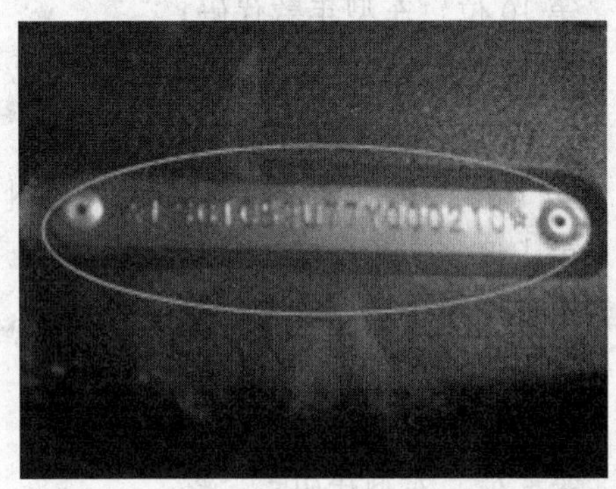

图 2-8　VIN 位置之四

第 3 位：汽车类型代码，由各国的授权机构负责分配。

第 4～9 位（VDS：车辆说明部分）：说明车辆的一般特性，代号顺序由制造厂确定。其中第 4～8 位表示车辆特征，第 9 位为校验位，通过一定的算法防止输入错误。

第 10～17 位（VIS：车辆指示部分）：其中第 10 位，车型年份，即厂家规定的型年（Model Year），不一定是实际生产的年份，但一般与实际生产的年份之差不超过 1 年；第 11 位，装配厂；12～17 位，是顺序号。

（4）不同国家或汽车生产厂家，其 VIN 含义有细微的不同。下面举几个美、欧、亚例子进行说明：

① 美国福特汽车公司轿车 VIN 码。

第 1 位：生产国别代码；

第 2 位：生产或归口部门代码；

第 3 位：车型类别代码；

第 4 位：乘员安全保护装置代码；

第 5 位：车型系列代码；

第 6～7 位：车身类型代码；

第 8 位：发动机型号代码；

第 9 位：VIN 检验数代码；

第 10 位：车型年款代码；

第 11 位：总装工厂代码；

第 12 位：出厂顺序号代码。

② 德国奔驰汽车公司轿车 VIN 码。

第 1 位：生产国别代码；

第 2～3 位：生产厂家代码；

第 4 位：车身及底盘系列代码；

第 5 位：发动机类型代码；

第 6～7 位：车型代码；

第 8 位：乘员安全保护装置代码；

第 9 位：VIN 检验数代码；

第 10 位：车型年款代码；

第 11 位：总装工厂代码；

第 12 位：出厂顺序号代码。

③ 日本丰田汽车公司凌志轿车 VIN 码。

第 1 位：生产国别代码；

第 2 位：生产厂家代码；

第 3 位：车型类别代码；

第 4 位：发动机型号代码；

第 5 位：车型代码；

第 6 位：车型与型号代码；

第 7 位：系列/级别代码；

第 8 位：车身类型代码；

第 9 位：VIN 检验数代码；

第 10 位：车型年款代码；

第 11 位：总装工厂代码；

第 12 位：出厂顺序号代码。

(5) 以国产奇瑞轿车为例，了解一下 VIN 编码。

① 奇瑞轿车 VIN 码的组成。见图 2-9。

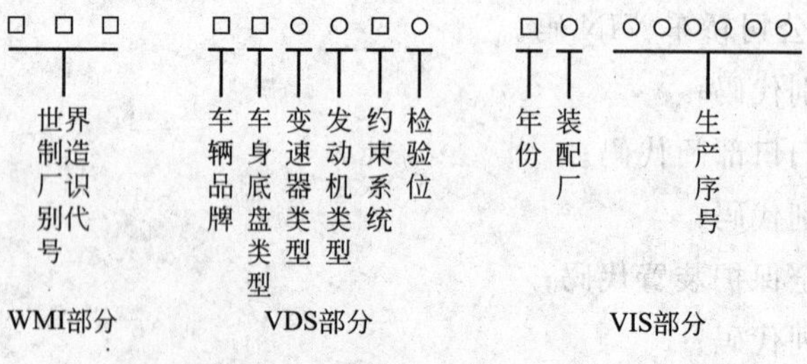

图 2-9 奇瑞轿车 VIN 码组成

第 1～3 位：世界汽车制造商代码（WMI）部分，现为 LVV，其为奇瑞汽车有限公司生产的车辆代码。

第 4 位：表示车辆品牌，奇瑞牌用字母 D 表示。

第 5 位：表示车身底盘类型。

三厢五门、4×2 型底盘用字母 A 表示；

二厢五门、4×2 型底盘用字母 B 表示；

三厢四门二盖、4×2 型底盘用字母 C 表示；

二厢五门、4×4 型底盘用字母 D 表示。

第 6 位：表示变速箱类型。

手动变速箱用数字 1 表示；

自动变速箱用数字 2 表示。

第 7 位：表示发动机类型。

1.5L～2.0L（不含 2.0L）系列电喷汽油机，用数字 1 表示；

1.5L（不含 1.5L）以下电喷汽油机，用数字 2 表示；

2.0L～2.5L（不含 2.5L）系列电喷汽油机，用数字 4 表示。

第 8 位：表示约束系统。

手动安全带用字母 A 表示；

手动安全带加前排安全气囊用字母 B 表示。

第 9 位：是检验位，其作用是核对 VIN 记录的准确性，在确定了 VIN 的其他十六位字码后计算得出的。计算方法见相关资料。

车辆指示部分（VIS）由车型年份、装配厂和生产序号组成。

第 10 位：表示车型年份，见表 2-10。

表 2-10 车型年份表

年份	代码	年份	代码	年份	代码	年份	代码	年份	代码
1999	X	2002	2	2005	5	2008	8	2011	B
2000	Y	2003	3	2006	6	2009	9	2012	C
2001	1	2004	4	2007	7	2010	A	2013	D

第 11 位：表示装配厂，奇瑞汽车有限公司用字母 D 表示。

第 12～17 位：表示生产序号，生产序号一年一编排，从 000001 开始编制。

标示型式：VIN 应写成一行，字码之间无空格，以“*”作为其起止符。

② 按照奇瑞具体车型为例，了解一下 VIN 码。

奇瑞汽车 VIN 码有两种：

上海奇瑞：*LSJDA11A7YD000001*（1998—2003）；

奇瑞：*LVVDC24B6CD319275*（2003—）。

主要区别就是前三位世界汽车制造商识别代码不一样：

LSJ—上汽集团奇瑞汽车有限公司；

LVV—奇瑞汽车有限公司。

第 1～3 位：世界汽车制造商代码，中国奇瑞汽车有限公司。

第 4 位：表示车辆品牌，D—奇瑞。

第 5 位：表示车身底盘类型，C—三厢四门两盖，4×2 型底盘。

第 6 位：表示变速箱类型，2—自动变速器。

第 7 位：表示发动机类型，4—2.0L—2.5L（不含 2.5L）系列电喷汽油机。

第 8 位：表示约束系统，B—手动安全带加前排安全气囊。

第 9 位：是检验位，6。

第 10 位：表示车型年份，C—2012。

第 11 位：表示装配厂，D—奇瑞汽车有限公司。

第 12～17 位：表示生产序号，319275。

学习任务三

车辆结构及损伤形式

工作情境描述

一个客户的被保险机动车辆受到损伤后，你作为公估人员或车损预算人员，根据事故车辆的变形倾向，依据专业知识进行撞击力分析或损失程度评估。

学习目标

1. 了解汽车车身结构。
2. 了解车身和附件的损失形式。
3. 了解发动机及传动系统的损伤形式。
4. 了解悬架、转向及制动系统的损伤形式。
5. 了解电气系统的损伤形式。
6. 了解冷却系统的损伤形式。

一、汽车的构造

汽车的构造，以往是按照四大总成划分，随着高科技在汽车方面的应用，现在汽车的构造可以划分为：车身总成、动力及传动系统、转向系统、制动系统、悬架系统、电气系统六大部分。

车身总成包括车身本体、车门、发动机舱盖、行李箱盖、保险杠及其各种附件等。

汽车车身是载人和载货的物体，它因使用用途和使用性质不同而设计。汽车车身及其附件，不仅仅是载人或载货，更为重要的是保护人身安全，除了在车身的前后设置了防撞击的保险杠，还在车身上设置了碰撞吸能区，与安全带、安全气囊和相关附件一起，最大限度地保护人身的安全。

动力及传动系统，是为汽车行驶提供动力的系统，一般包括汽车发动机、离合器、变速器、差速器等总成部件。

转向系统，是控制车辆行驶方向的系统，在车辆行驶过程中起安全主导作用。一般由方向盘、方向机、方向助力装置、方向传动机构以及附件组成。

制动系统，是控制车辆的行驶速度或紧急制动或驻车制动的系统，是确保行车安全的重要机构。一般由制动踏板、手刹拉杆及助力器、制动盘（钳）及制动鼓（蹄）、防抱死控制系统（ABS）、电子制动分配系统（EBD）等组成。

悬架系统，是汽车车身的缓冲、减震系统，是确保车身稳定舒适的重要机构，也是连接车轮与车身的机构。一般由减震器、悬架摆臂、横向稳定杆等组成。

电气系统，是一个综合系统，包括电气设备与电气控制系统，主要有蓄电池、启动机、发电机、点火系统、照明系统、音响系统以及各种控制系统。

汽车的电气系统，一般使用的是12V低压蓄电池，现在混合动力车还有一块高压动力电池。

二、汽车车身分类

汽车车身的分类，一般按车辆的用途可以划分为轿车、客车、货车三大类型。

1. 轿车分类

（1）轿车又可以按厢段数划分为：两厢车身（见图3-1）、三厢车身（见图3-2）。

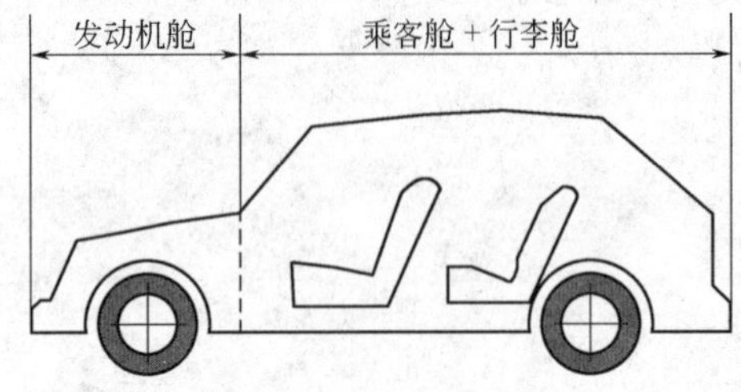

图3-1　两厢轿车

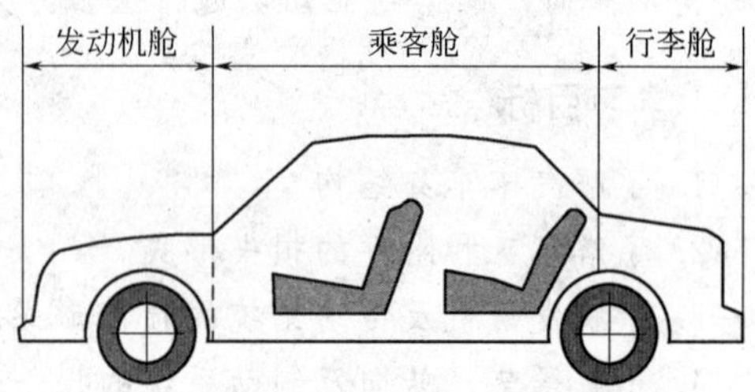

图3-2　三厢轿车

（2）按排量划分为：微型轿车（1.0L以下，见图3-3）、经济型轿车（1.0～1.6L，见图3-4）、中档级轿车（1.6～2.5L，见图3-5）、中高级轿车（2.5～4.0L，见图3-6）、高级轿车等（4.0L以上，见图3-7）。

图3-3　微型轿车

图3-4　经济型轿车

（3）按座位划分为：单排座轿车（跑车或微型车，见图3-8）、双排座轿车（4～5座，见图3-9）、三排座轿车（7～8座，见图3-10）。

（4）按车顶划分为：封闭车顶轿车（硬质车顶，见图3-11；软质车顶，见图3-12）、开放式车顶轿车（敞篷式车顶，见图3-13；硬质活动车顶，见图3-14；软质活动车顶，见图3-15）。

（5）按车身外形划分为：折背式车身（见图3-16）、短背式车身（见图3-17）、直背式车身（见图3-18）、舱背式车身（见图3-19）。

图 3-5　中档级轿车

图 3-6　中高级轿车

图 3-7　高级轿车

图 3-8　单排座轿车

图 3-9　双排座轿车

图 3-10　三排座轿车

图 3-11　硬质车顶

图 3-12　软质车顶

图 3-13 敞篷式车顶

图 3-14 硬质活动车顶

图 3-15 软质活动车顶

图 3-16 折背式车身

图 3-17 短背式车身

图 3-18 直背式车身

图 3-19 舱背式车身

(6) 按用途划分为：专用乘坐车（见图 3-20）、运动型轿车（见图 3-21）、客货两用车（见图 3-22）、旅行车（见图 3-23）或其他特殊用途车（见图 3-24）。

(7) 按车身承载形式划分为：承载式车身（见图 3-25）、非承载式车身（见图 3-26）。

2. 客车的分类

(1) 按承载形式划分为：承载式车身（见图 3-27）、半承载式车身（见图 3-28）、非承载式车身（见图 3-29）。

(2) 按用途划分为：专用客车（见图 3-30）、特殊用途客车（见图 3-31）。

(3) 按使用性质划分为：城市客车（见图 3-32）、长途客车（见图 3-33）、旅游客车（见图 3-34）。

图 3-20　专用乘坐车

图 3-21　运动型轿车

图 3-22　客货两用车

图 3-23　旅行车

图 3-24　特殊用途车

图 3-25　承载式车身

图 3-26　非承载式车身

图 3-27　承载式车身

图 3-28　半承载式车身

图 3-29　非承载式车身

图 3-30　专用客车

图 3-31　特殊用途客车

图 3-32　城市客车

图 3-33　长途客车

图 3-34　旅游客车

3. 货车的分类

(1) 按驾驶室的形式划分为：长头式货车（见图 3-35）、短头式货车（见图 3-36）、平头式货车（见图 3-37）。

(2) 按驾驶室与车厢的连接形式划分：分体式货车（见图 3-38）、整体式货车（见图 3-39）。

(3) 按承载量划分为：轻型货车（见图 3-40）、中型货车（见图 3-41）、重型货车（见

图 3-35　长头式货车

图 3-36　短头式货车

图 3-37　平头式货车

图 3-38　分体式货车

图 3-39　整体式货车

图 3-40　轻型货车

图 3-41　中型货车

图 3-42）。

三、汽车车身结构

汽车车身是汽车六大部分之一。从功能来讲，是为驾驶员提供便利的工作条件，为乘客提供安全舒适的乘坐环境，以免受汽车运行时的噪声、振动、废气、外部因素的侵害，同时给货物提供一个可靠的运输空间。

汽车车身的设计与制造技术，也与汽车整体的技术性有着直接的关联，汽车车身的品质

图 3-42 重型货车

将影响到汽车整体的安全性、动力性、经济性、行驶稳定性、乘坐舒适性。

人类有汽车历史以来，汽车车身的研究就是重中之重，汽车车身的变化也是随着科学技术的进步而不断改进更新，从原来单纯的乘坐载货工具，逐渐演变为高科技的集成体，就汽车车身的造型、结构、力学、工艺以及材料的使用等方面，可以直接反映出一个国家的科学发展水平。

1. 汽车车身结构分类

汽车车身的基本结构按照当代设计理念或制造工艺，可以划分为：承载式车身结构、非承载式车身结构、半承载式车身结构。

(1) 承载式车身结构　承载式车身结构没有独立车架，车身是由若干个不规则的冲压板件焊接而成，车身与车架融为一体，车身作为驱动系统、传动系统、悬架系统及其他总成的安装基础，这种结构车身四周成刚性连接，整体有足够的刚度和强度，能承受额定的静止载荷和运动的冲击载荷而不致产生形变，车身的负载是通过悬架系统传给车轮，承载式车身结构如图 3-43 所示。

这种结构车身，在力学上称“应力外壳结构”，可以抑制外力的冲击，当车辆受到撞击时，撞击力直接作用在车身的构件上，沿着车身构件平均分布传递，以减缓撞击力给车身带来的损害，撞击力传递路线如图 3-44 所示。

这种结构的车身，目前已经应用于大部分轿车，小、中型客车和连体货车上。

图 3-43 承载式车身结构

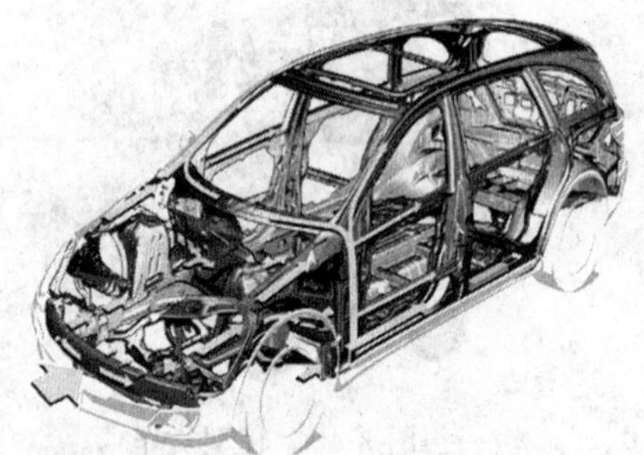

图 3-44 撞击力传递路线

(2) 非承载式车身结构　具有独立车架的车身，并且驱动系统、传动系统及悬架系统等都安装在车架上，而车身只是安装在车架上用于载人或载物的一个不规则的几何箱体。车身与车架通过螺丝连接在一起，中间添加了木条、橡胶等减震材料，这种结构的车身，大部分额定载荷几乎由车架所承受，车身壳体不承受或很小程度上承受车架弯曲或扭曲变形所引起的部分载荷。

当车辆受到撞击时，大部分撞击力直接作用在车架上，由车架直接承受，车厢受到的撞击力或变形量相对较小。

这种结构的车身，目前已经应用于中、高档轿车、越野车、长途客车和分体货车上。非承载式车身结构如图 3-45 所示。

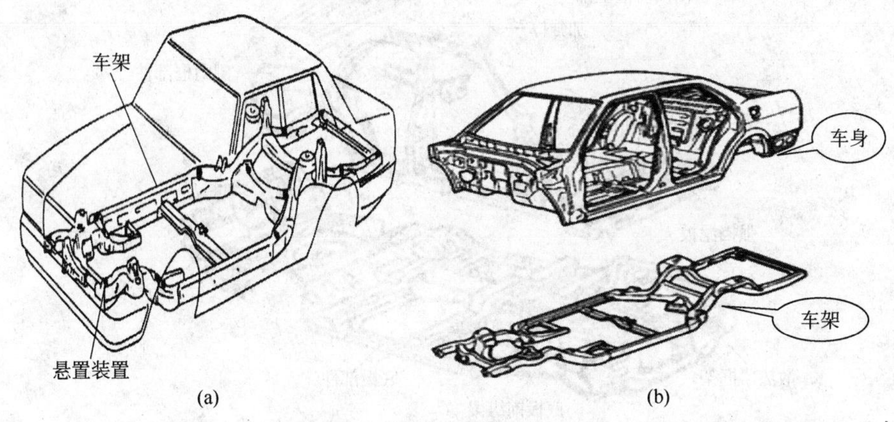

图 3-45　非承载式车身结构

(3) 半承载式车身结构　半承载式车身结构仍有刚性车架，驱动系统、传动系统及悬架系统等也都安装在车架上，与非承载式车身不同的是，车身主体的底架就是车架，车身部分与车架成刚性连接。

半承载式车身结构，介于承载式车身结构和非承载式车身结构之间，既有高强度的车架承受额定的静止载荷及运动的冲击载荷，并且抵抗外部撞击力，又能有效地降低车身高度，方便乘客的上下车，车身只承受部分载荷。

这种结构车身目前主要使用于城市客车。半承载式车身结构见图 3-46。

图 3-46　半承载式车身结构

2. 车身板块结构

车身板块结构可以分为三种类型：轿车车身板块结构、客车车身板块结构、货车车身板块结构。

(1) 轿车车身板块结构　轿车车身板块结构，从下面的轿车车身分解图可以看出（图 3-47），是由车身下部结构、车身前后侧围板总成、车身前部总成、车身后部总成以及车身顶盖五大部分组成。

① 轿车车身下部结构　轿车车身下部是承受载荷的主要部件。其中地板是车身的基础，车身的骨架都是在地板上连接的，车身地板的强度和刚度，直接影响到整车承受冲击的能力。如图 3-48 所示。

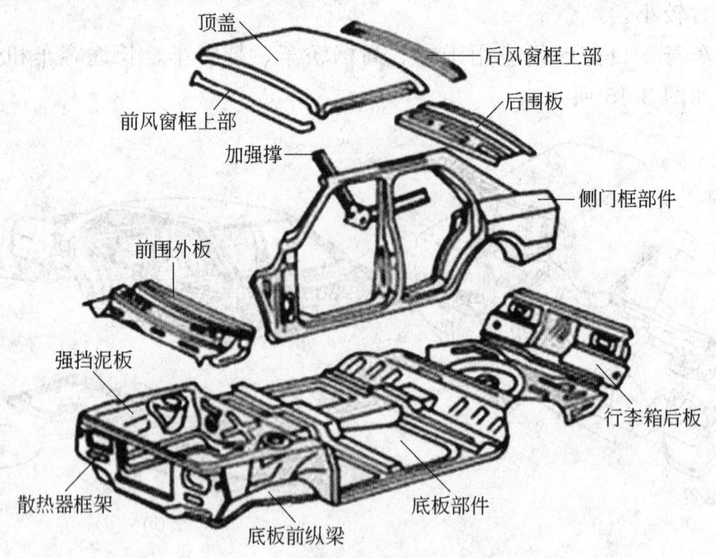

图 3-47 轿车车身分解图

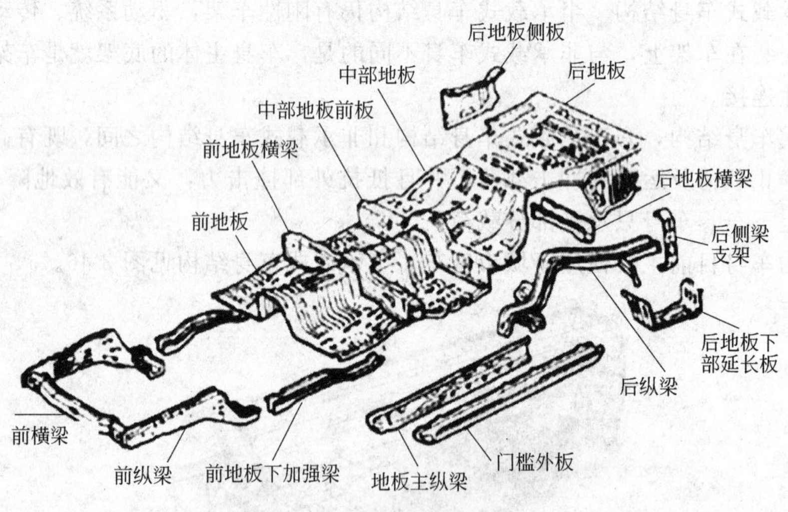

图 3-48 轿车车身下部结构分解图

② 轿车车身前后侧围板总成 轿车车身前、后侧围板总成（见图 3-49），上部支撑风窗和顶盖及侧梁；下段连接地板、支撑前后围板以及前侧围、后侧围内外板，同时支持车门和安全带安装，增强车身的整体的刚度。

轿车车身前、后侧围板总成，不仅是构成车身主体的重要部件，而且还是保护车内乘员生命安全的重要部件，由于其特殊位置，没有吸能区域，只有靠侧围自身的刚度来确保车内乘员的有效生命空间。

③ 轿车车身前部总成 轿车车身前部总成（见图 3-50），即轿车的车头部分。车身前部不仅是发动机及其附件的固定位置，而且还是车内乘员的安全保护屏障，为了防止汽车的正面碰撞给车内乘员造成伤害，设置了抗撞击性能的部件以及具有吸能缓冲的板件与区域。

现在很多轿车在车身的前部不仅设置了轿车自身的安全保护系统，同时还使用了人性化的行人安全保护系统，在发动机舱盖、翼子板等地方进行了技术处理，有效地降低了车辆与行人发生撞击时给行人造成的伤害程度。

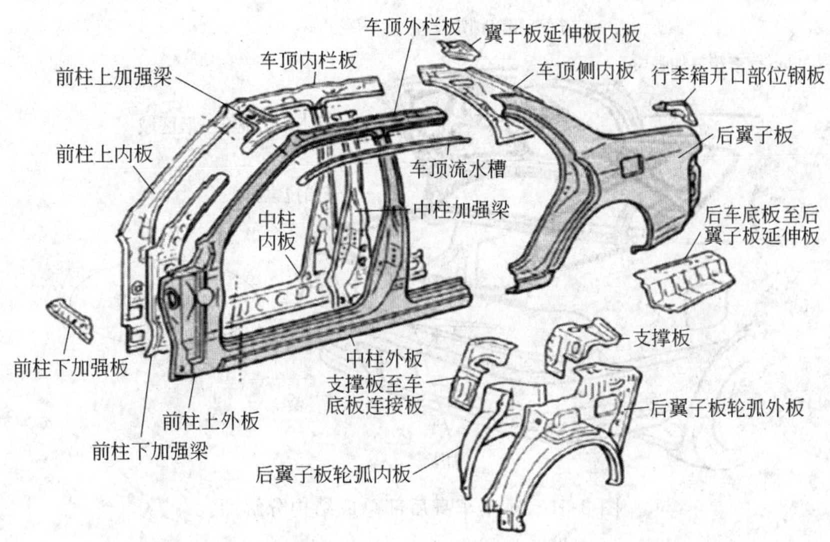

图 3-49 轿车车身前、后侧围板总成分解图

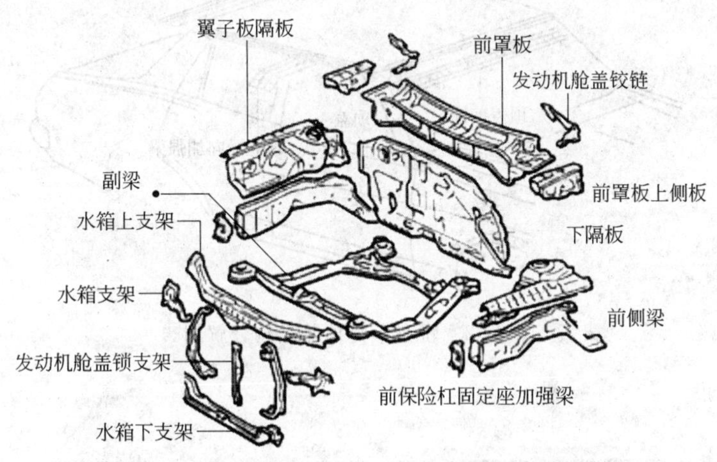

图 3-50 轿车车身前部总成结构件分解图

④ 轿车车身后部总成 轿车车身后部总成（见图 3-51），也叫后行李箱。上部连接后挡风玻璃立柱，下部由后围板连接后车身地板，以及两侧车身的内外板件，构成一个整体后车身，以保证了轿车后车身的刚度。

轿车车身后部不仅是一个储物空间箱体，而且还有与轿车车身前部类似的功能，为了防止车身遭到被动撞击给车内乘员造成伤害，同样设置了抗撞击性能的部件以及具有吸能缓冲的板件与区域。

⑤ 轿车车身顶盖 轿车车身顶盖（见图 3-52），是一个大型的冲压板件，前、后面与前、后挡风玻璃上框边连接，两边与侧围上框边相连。

轿车车身顶盖外板和顶盖周边梁连接一起，形成一个整体结构，增加了车顶的整体刚度或抗冲击强度，可以确保在额定范围内，车辆腾翻撞击时，车内乘员有足够的生存空间。

(2) 客车车身板块结构 客车车身板块结构（见图 3-53），由底架、骨架、蒙皮及车顶四大部分组成一个整体箱体。

① 客车车身底架 客车车身底架是客车车身的基础，它与车身骨架相连接形成一个坚

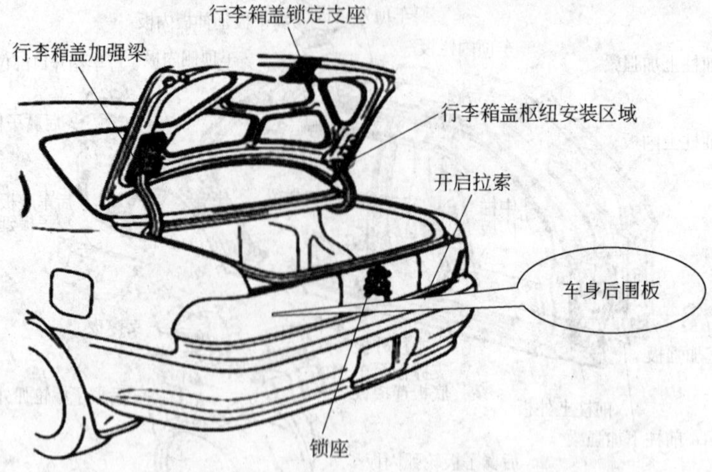

图 3-51　轿车车身后部总成结构分解图

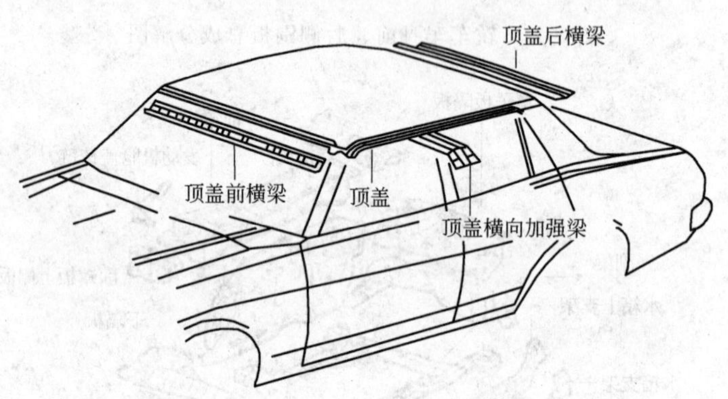

图 3-52　轿车车身顶盖结构分解图

图 3-53　客车车身板块结构透视图

实的框架空间。

客车车身底架一般有两种类型：

一种是有独立的车身底架，这种底架是通过螺栓或 U 型螺栓固定安放在车辆的车架上面，车身的基本载荷是由车架来承担，车身不承受或只承受部分载荷；

另一种是没有独立的车身底架，这种底架是与车辆的车架成刚性（焊接）连接在一起，车身的骨架与蒙皮分担了车身的载荷。这种结构底架可以有效地降低车身的底板高度，但由于车身参与承载，车身骨架与底架连接处会形成极大的剪切力，容易造成疲劳性损伤。

② 客车车身骨架　客车车身骨架（见图 3-46），是客车车身的骨干支撑体，与底架连接构成一个比较扎实箱体。客车车身的使用年限，很大的程度上依赖骨架的使用寿命。特别是大型客车的车身，对骨架质量的要求更高，否则车身会出现扭曲歪斜的状况，严重的在客车倾翻的情况下，加大了对乘客的伤害程度。

③ 客车车身蒙皮　客车车身蒙皮，即车身的外部板件，以往只是使用单一的普通碳钢板。目前除了使用普通碳钢板外，还使用了铝合金板和玻璃钢板等新型板材，单车使用情况：有使用单一材质的，有混合使用的。

客车车身蒙皮的连接方式，也由以往单一的铆接，发展到今天的铆接、焊接、粘结等连接方式，在一些客车上，出现了三种连接方式同时并用的情况。

④ 客车车身车顶　客车车身车顶，是一个要求较高的部件，除了要求下面的基础构件扎实，可以承载行李架与扶手的力量之外，还对蒙皮的密封性要求是绝对性的。

客车车身车顶一般设计成拱形状，与车窗和立面的骨架成刚性连接，除了增强车身的整体刚度性和抗冲击强度外，还要考虑到风阻系数和下雨天的排水功能。

（3）货车车身板块结构　货车车身一般由驾驶室和车厢两大部分组成。是载人和载货的两个独立总成结构，驾驶室和车厢的连接方式有分体式和整体式两种。

① 货车驾驶室板块结构　除了具备客车车身的底板、侧围板，顶盖外，在围板的数量上一般有两种类型：一种是有前围板、中围板和后围板，这种情况一般出现在长头型和短头型驾驶室上；另一种只有前围板和后围板，这种情况出现在平头驾驶室上。

货车驾驶室的下端与车辆的车架用螺栓连接，其连接方式有两种方式：一种是将驾驶室四周以固定的方式连接在车架上面；另一种是将驾驶室的前端活动连接在车架上面，后端用驾驶室锁止机构将其锁住，需要时可以打开锁止机构将驾驶室翻起作业。

② 货车车厢板块结构　货车车厢，一般根据结构可以分为两大类型：一类是通用货车车箱结构，另一类是专用货车车箱结构。

通用货车车箱板块结构，一般由车箱底板、前栏板、后栏板以及左、右侧栏板构成，根据外部形状又可以划分为平板车箱结构、低栏板车箱结构、高栏板车箱结构和小吨位车箱结构等。

专用车箱板块结构的种类较多，又可以大致划分为厢式车箱结构、罐式车箱结构、自卸车车箱结构和集装箱结构等。这类货车的车厢结构是根据使用性能的要求而专门设置的。

3. 车辆的损伤分析

学习车身结构知识是为了后面的车辆损伤评估作基础，因为不同的车身结构，在发生碰撞损伤后，其变形倾向的不一样、维修工艺不一样、维修难度不一样、所以维修的造价也不一样。

（1）车辆碰撞力的分析　对车辆碰撞的损伤分析，是一个比较复杂的工作，因为车身结构不同或车辆被撞击部位不同，其受力状况也有所不同，一般根据撞击力的起因归纳为两个方面：直接撞击力和惯性撞击力。

① 直接撞击力　直接撞击力，是指来自受到碰撞部位的撞击力。直接撞击力是造成车辆损伤的主要根源，其损伤程度与撞击物体的状态、撞击物体的质量、撞击力的大小以及撞击速度等相关联，如果撞击时条件相同，直接撞击的区域或部位的损伤比其他区域或部位严重。

② 惯性撞击力　惯性撞击力，是指车辆受到撞击后由于车辆的运动惯性所产生的冲击

力。惯性撞击力给车辆造成的损伤也不可忽视，惯性撞击力越大给车辆造成的损伤越大。

惯性撞击力给车辆造成的损伤一般来自两个方面：一是车辆内的乘坐人员和置放的物品在惯性力的作用下给车身及附属设备造成的损伤；二是车辆的大型总成部件在惯性力的作用下造成自身或车身的连接部位的损伤。

（2）车辆的损伤形式　车辆的损伤形式，有疲劳损伤和非疲劳损伤两种。疲劳损伤就是车辆在使用过程中的因自然磨损受到的损害；非疲劳损伤是指车辆在使用过程中除疲劳损伤外所受到的损害。

车辆的非疲劳损伤又可以划分为：人为损伤和意外损伤。

人为损伤，是指行为人对车辆的故意造成的伤害或维修作业人员在进行维修时的不当对车辆造成的伤害；意外损伤，是指车辆在使用过程中因意外事故对车辆造成的伤害。

车辆的意外事故损伤占车辆损伤的重头，根据车辆碰撞的受力方向又把它划分为：碰撞损伤或腾翻损伤。

碰撞损伤，是指来自车辆的前、后、左、右的平面方向的撞击力造成的损伤，其碰撞形式又可以划分为：正面碰撞、蹭刮碰撞、侧面碰撞、尾部碰撞。

腾翻损伤，是指来自车辆上、下方向的撞击力造成的损伤。

（3）车辆的碰撞位置及受力情况

① 正面碰撞　正面碰撞有两种情形，一种是全接触碰撞（见图 3-54）；一种是部分接触碰撞（见图 3-55）。

图 3-54　全接触碰撞

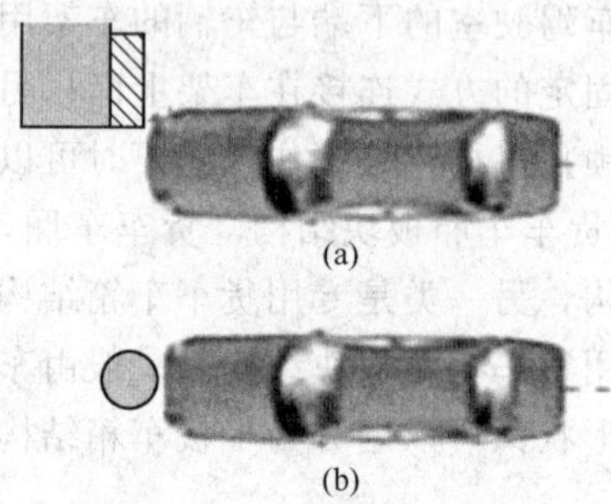

图 3-55　部分接触碰撞

全接触碰撞，车辆的前面部分损伤较重，一般可能会伤及到：保险杠外罩、保险杠内衬及支架、头面罩、水箱支架、水箱及空调散热器、前部灯具、发动机舱盖、翼子板、纵梁等，如果受伤严重，伤情还会向纵深扩展。

正面撞击造成的损伤程度，会因撞击物体的状态、撞击物体的质量、撞击时的速度、主动与被动撞击等条件的不同，其损伤程度有所不同。

部分接触碰撞，如果撞击的条件与全接触碰撞条件相同，损伤程度一般会高于前者。

如果撞击的是车身头部的一部分［图 3-55（a）］，撞击力会形成很大的剪切力，其损伤范围可能会涉及到保险杠外罩、保险杠内衬及支架、头面罩、水箱支架、水箱及空调散热器、一侧灯具、发动机舱盖、一侧翼子板、一侧纵梁等。

如果车辆撞击的是一个杆状物体［图 3-55（b）］，撞击力会形成很大的切入力，其损伤范围可能会涉及到保险杠外罩、保险杠内衬及支架、头面罩、水箱支架、水箱及空调散热器、发动机舱盖、发动机及附件等。

② 蹭刮碰撞　蹭刮碰撞（见图 3-56），是指车身的一侧与物体相蹭刮，其一侧的翼子

板、车门及玻璃、立柱以及车身的外装部件可能会受到损伤。

③ 侧面碰撞 侧面碰撞，是指车辆的一侧受到外来物体的撞击。侧面碰撞的损伤程度与被碰撞的部位有关。

如果被碰撞的位置是车身的前端或后端（见图 3-57），其造成的损伤可能会涉及到车身的前、后翼子板和纵梁。

图 3-56 蹭刮碰撞

图 3-57 侧面碰撞

如果撞击力没有通过质心（见图 3-58），被撞击时车辆会产生一定的旋转，撞击力会被消失一部分，因此损伤会相应减少。

如果撞击力通过质心（见图 3-59），所有的撞击力均被车身吸收，因此损伤会较严重。

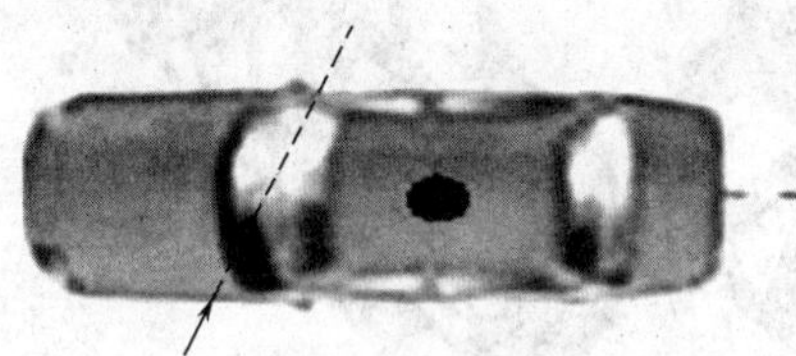

图 3-58 撞击力未通过质心

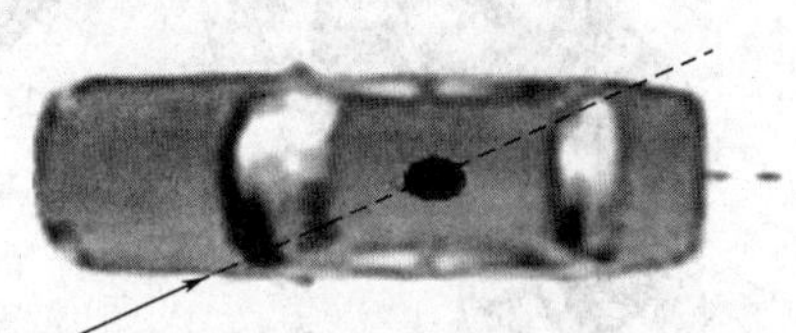

图 3-59 撞击力通过质心

如果是成 90 度撞击车身中间部位（见图 3-60），中立柱和门槛板可能会受到损伤。其损伤相应严重。

④ 尾部碰撞 尾部碰撞一般指追尾碰撞（见图 3-61），受到损伤的可能涉及到后保险杠、后尾灯、后备箱盖以及后备箱板件等。

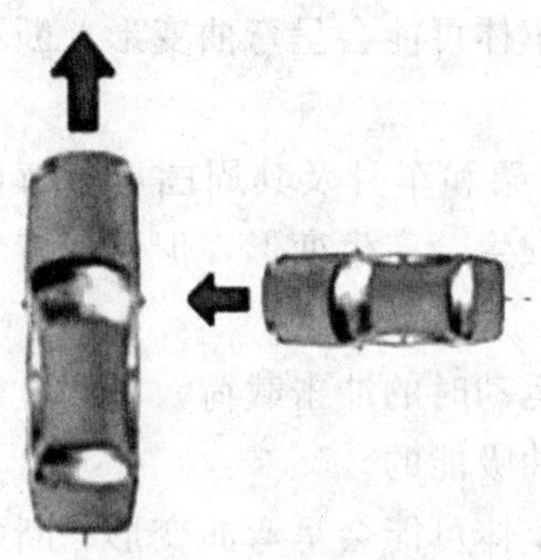

图 3-60 侧面垂直碰撞

图 3-61 尾部碰撞

追尾的撞击力，除了一部分被车身吸收外，还有一部分被形成的推力所化解，所以造成的损伤会有所减少。

⑤ 腾翻碰撞　车辆腾翻碰撞（见图 3-62），是指车身的顶盖全面触地的碰撞。这种碰撞会造成车身顶盖的损伤与局部车身的变形，涉及的板件有车身顶盖、顶盖纵横梁及加强梁、车身立柱以及触地碰撞面的板件。

图 3-62　车辆腾翻碰撞

（4）车身的变形倾向　当车身受到碰撞，车身会产生形变，一般不同的车身结构其变形倾向会有一定的规律。

① 承载式车身的变形倾向　承载式车身在受到外力撞击时，因为车身是一个“蛋壳应力型结构”，所以全身会参与承载（见图 3-63）。

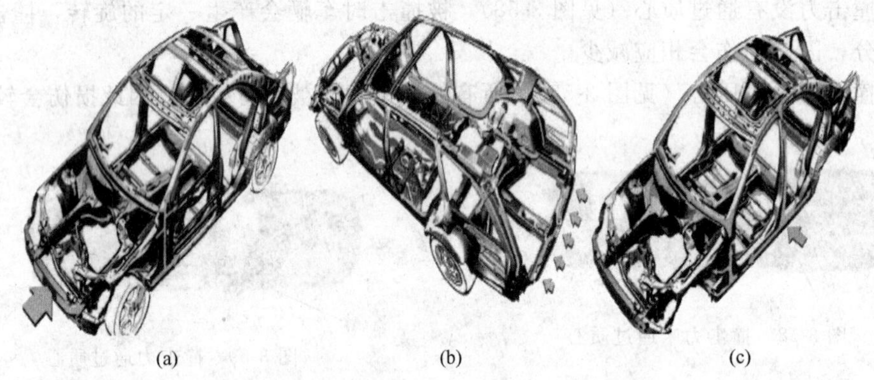

图 3-63　承载式车身碰撞力传递路径

承载式车身的设计理念，能够很好地吸收碰撞时产生的能量，在车身受到撞击时，车身某些部位是通过收缩变形而吸收碰撞能量，冲撞力因车身的逐次变形吸收，直至撞击力完全消失。

承载式车身由于是整体成刚性连接，当车身受到撞击时，车体可能会呈弯曲变形、断裂变形、压缩变形以及膨胀式变形倾向。

② 非承载式车身的变形倾向　非承载式汽车，由独立的车架和车身及其周围可分解的部件组成。车架的前部和后部，都具有弧形的结构，当碰撞时发生会产生变形，但可保持车架中部结构的完整（见图 3-64）。

非承载式车身的设计理念，是用车架来承受自身的载荷和运动时的冲击载荷，车架上较为柔和的部位，以及车身与车架之间的缓冲材料，用来止振缓冲吸能的。

非承载式车身，由于有车架的保护，当车身受到撞击时，车体可能会呈弯曲变形、断裂变形、扭曲变形以及菱形式变形倾向。

（5）发动机的损伤形式　当车辆发生正面碰撞时，除了保险杠、头面罩、头面灯具、发动机舱盖受损外，还有发动机及空调的散热系统，一般的轻微碰撞不会伤及发动机本体的

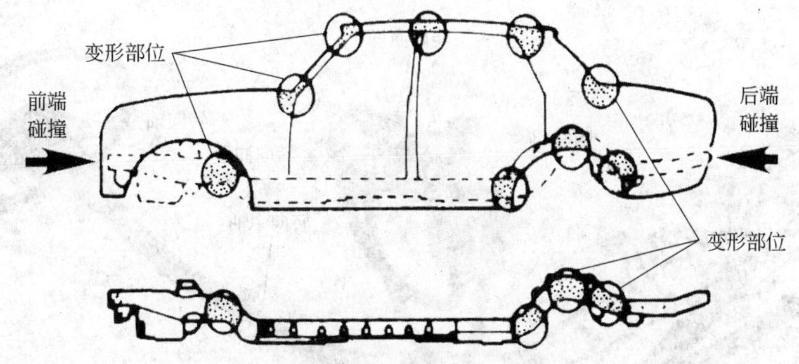

图 3-64　非承载式车身变形区域

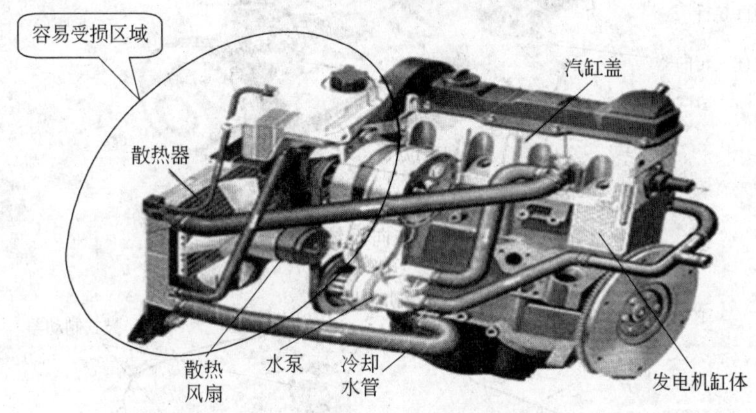

图 3-65　发电机碰撞时易损部件

(见图 3-65)。

如果撞击严重，损伤可能会涉及到发动机汽缸盖、水泵、空气滤芯器、油底壳、发动机支座、蓄电池、发电机、启动机、汽缸盖、进排气歧管、凸轮轴、曲轴或发电机缸体破裂以及发电机舱内其他相关的零部件等。

(6) 转向系统的损伤形式　车辆的转向系统有机械转向系统和动力转向系统之分，它是决定车辆的行驶方向，是关系到车辆的行驶安全的主要系统。

车辆转向系统的功能就是按照驾驶员的意愿控制车辆的行驶方向，其工作原理：方向盘的转动力、经过方向机以及连杆机构传递给车轮，控制其行驶方向（见图 3-66)。

车辆的转向系统是处于车身的前部，一般的撞击不会伤及其系统零件，但会影响到转向的灵活性和良好回正能力。

如果撞击严重，应该进行拆检分析与探伤检验，因为转向系统部件的损伤不易检查，所以对表面受到撞击而产生痕迹的部件应该予以更换，以免留下安全隐患。

(7) 制动系统的损伤形式　车辆的制动系统是车辆的重要系统之一，对行车安全起到非常重要的作用，车辆的制动系统，就是让行驶中的汽车按照驾驶人的意愿进行减速或停车。

车辆制动系统的工作原理就是将汽车的动能通过摩擦转换成热能，如果制动器的热量不能及时散出，将会影响其制动效果，就会导致车辆事故的发生。

车辆制动系统主要由供能装置、控制装置、传动装置、制动器以及紧急制动辅助系统等部分组成，常见的制动器主要有鼓式制动器和盘式制动器（见图 3-67)。

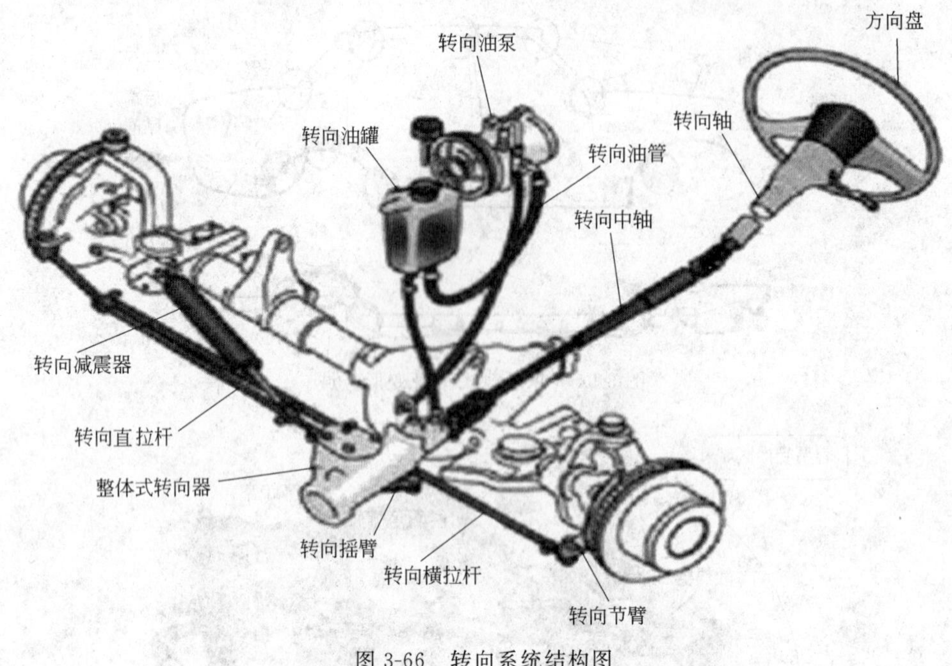

图 3-66　转向系统结构图

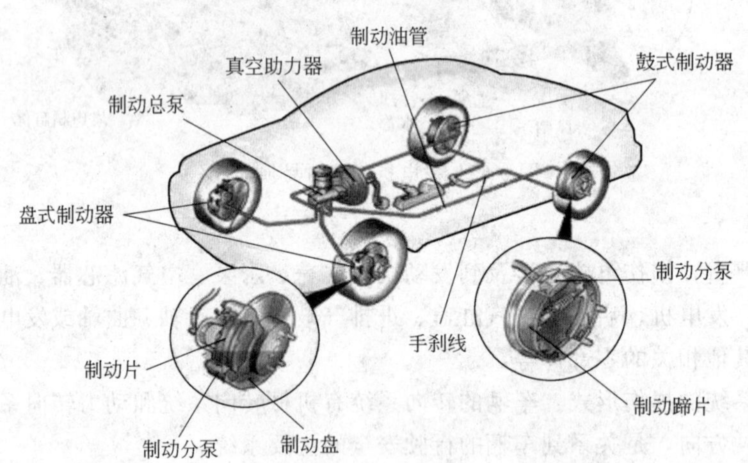

图 3-67　制动系统结构图

当车辆发生碰撞时，制动系统的传动装置和制动装置以及制动管路很容易造成损伤。

(8) 悬架系统的损伤形式　车辆悬架系统（见图 3-68），是保证乘坐舒适性的特性部件，同时又是汽车车架（或车身）与车轴（或车轮）之间的连接部件，是保证汽车行驶安全的重要部件。

车辆悬架系统有两种结构类型：一种是非独立悬架结构；另一种是独立悬架结构。

非独立悬架结构（见图 3-69）的特征是：两侧的车轮由一根整体式车桥相连。车轮连同车桥一起通过弹性悬架与车架连接。当一侧车轮因道路不平而发生跳动时，另一侧车轮会横向平面内发生摆动。

独立悬架结构（见图 3-70）的特征是：车轴分成两段，每只车轮由螺旋弹簧独立安装在车架下面，当一侧车轮发生跳动时，另一侧车轮不受影响，两边的车轮可以独立运动，车辆的平稳性和舒适性有较好的保障。

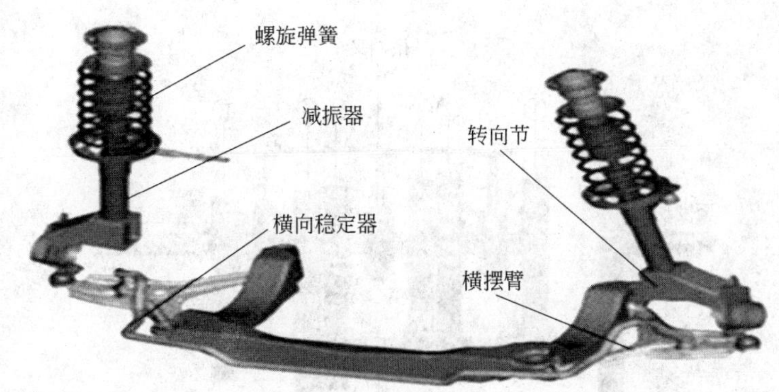

图 3-68　车辆悬架系统

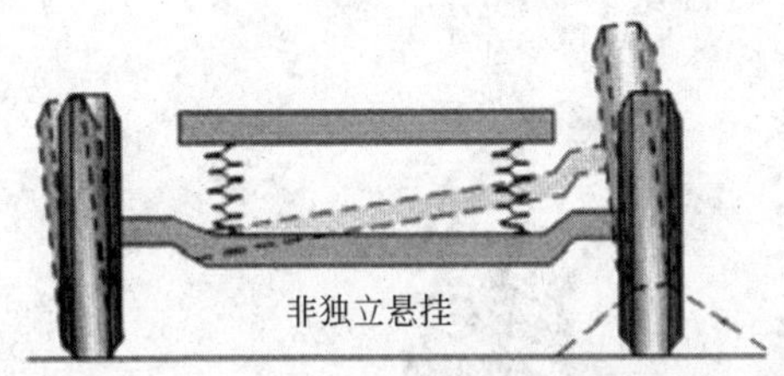

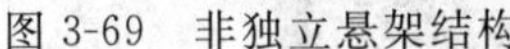
图 3-69　非独立悬架结构

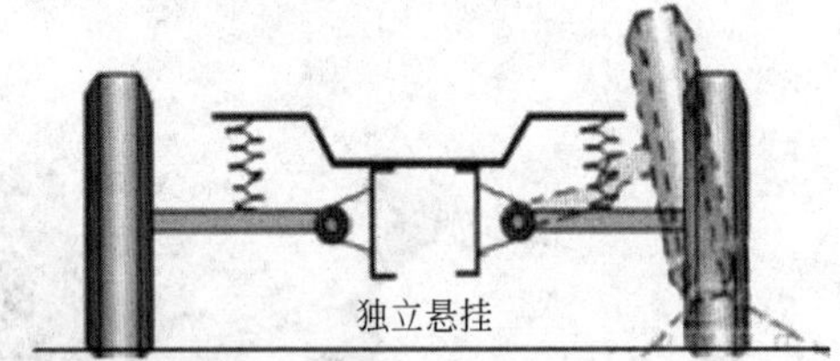

图 3-70　独立悬架结构

当车辆发生碰撞时，其零部件很容易产生形变或受到损伤，影响车辆的操纵性能，导致车辆发生摆动或方向跑偏。

(9) 变速器与离合器的损伤形式

① 变速器　变速器通过改变传动比，扩大驱动轮转矩和转速的变化范围，以适应经常变化的行驶条件，达到车辆前进或倒向行驶。

变速器主要有手动变速器（MT）、自动变速器（AT）、无级变速器（CVT）三种类型。

手动变速器（MT）见图 3-71。即用手拨动变速杆才能改变变速器内的齿轮啮合位置，改变传动比，从而达到变速的目的。踩下离合时，方可拨得动变速杆。

自动变速器（AT）见图 3-72，利用行星齿轮机构进行变速，它能根据油门踏板程度和车速变化，自动地进行变速。而驾驶者只需操纵加速踏板控制车速即可。

无级变速器（CVT）见图 3-73。无级变速器是由两组变速轮盘和一条传动带组成的，其传动比在一定范围内可连续地变化。

② 离合器　离合器（见图 3-74），位于发动机与变速器之间，是汽车传动系统中直接与发动机相联系的部件，离合器的主要作用是保证汽车能平稳起步，变速换挡时减轻变速齿轮的冲击载荷并防止传动系过载。

离合器的主动部分和从动部分借接触面间的摩擦作用，既能传递动力，又切断动力，既可以暂时分离，又可逐渐接合，在传动过程中又允许两部分相互转动。

变速器与离合器一般与发动机组装在一起，并作为这个整体的一个支撑点，固定在车身或车架上，当车辆发生碰撞时，受车身变形的挤压，其变速器与离合器的操纵机构以及支撑部位可能受到损伤，严重时会造成外壳开裂性损伤。

(10) 电器系统的损伤形式

汽车电器系统（见图 3-75），包括汽车的电源系统、起动系统、点火系统、照明及信号

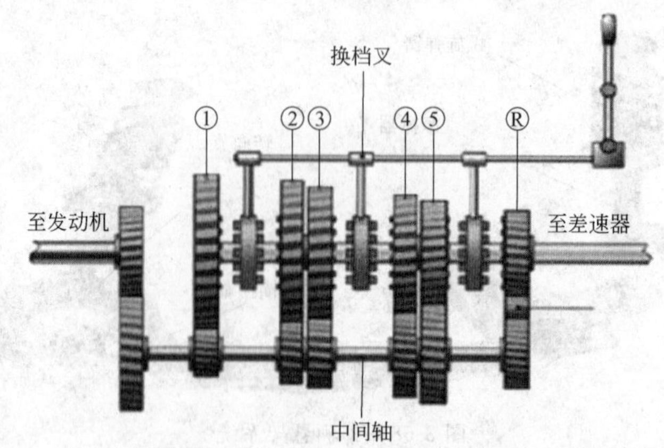

图 3-71　手动变速器（MT）

图 3-72　自动变速器（AT）

图 3-73　无级变速器（CVT）

系统、仪表与报警系统、防抱死制动系统、安全气囊、辅助电器与电子设备、汽车空调系统、音响与导航系统、全车电路等。

汽车电器系统能使发动机运转并进行有效调节控制，使其能够保持正常工作，如：使发动机点火、对进气系统进行控制、控制供油时间和供油量、控制机体温度等。

汽车电器系统能为驾驶人员提供整车工作状况信号，使其能够及时掌握整车工作状况，如温度、油量、油压、车速、里程等指示与报警信号以及其他设备、系统的工作状况。

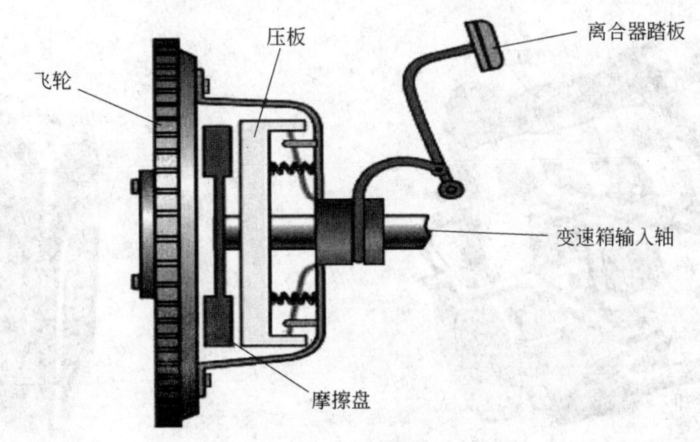

图 3-74　离合器

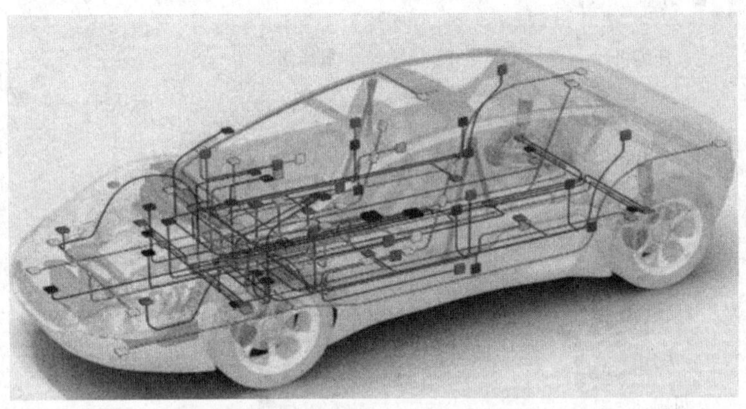

图 3-75　汽车电器系统

汽车电器系统在行驶中能够及时向其他车辆和行人发出交通信号，如：刹车灯、倒车灯、转向灯、示廓灯、尾灯、牌照灯、危险信号灯、喇叭等。

汽车电器系统能为驾驶人员的行车提供安全、方便与舒适的工作条件，如：照明灯、防雾灯、点烟器、后视镜角度电动调整、前后雨刮、后风窗电阻丝加热除霜、前风窗输热空气除霜、冷暖空调、车门未关提醒、车窗玻璃电动升降、收放机等。

汽车电器系统可以有效地防止恶性事故发生或事故程度升级，如 ABS 制动防抱死及辅助制动系统、安全带及安全气囊、车门中控锁及防盗系统等。

当车辆受到撞击时，由于受车身板件形变的拉扯或挤压，会造成汽车电器系统的电路短路或断路、电器元件的损伤、碎裂或展开。

(11) 冷却系统的损伤形式

汽车冷却系统一般指汽车发动机冷却系统和空调系统两大部分。

发动机冷却系统主要由水泵、散热器、冷却风扇、补偿水箱、节温器、发动机机体和气缸盖中的水道以及附属装置等组成。

发动机冷却系统有两个散热循环：一个是冷却发动机的主循环（见图 3-76），另一个是车内取暖循环（见图 3-77）。

汽车冷却系统的功用：是将受热零件吸收的部分热量及时散发出去，保证发动机在最适宜的温度状态下工作。

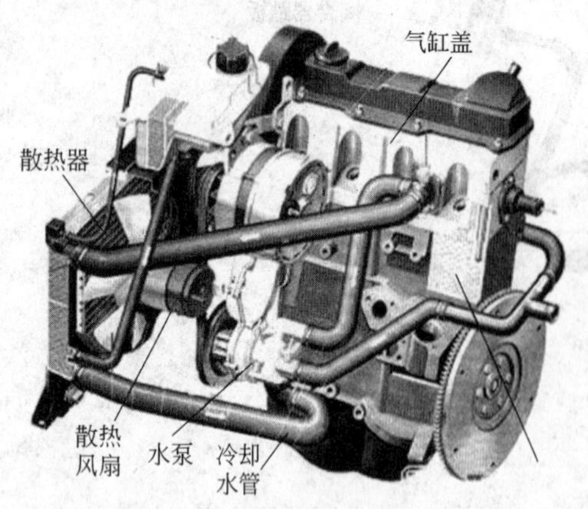

图 3-76　发动机冷却循环

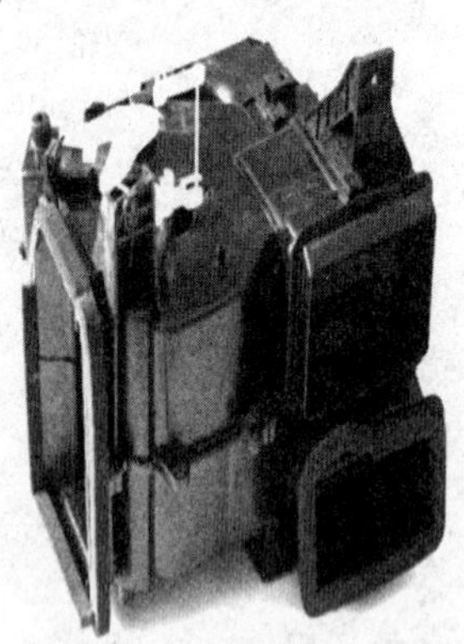
图 3-77　车内取暖循环

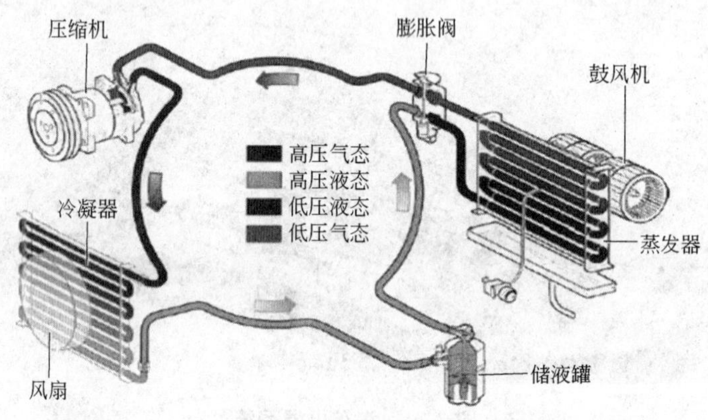

图 3-78　汽车空调冷却系统

汽车空调冷却系统（见图 3-78），主要由压缩机、冷凝器、蒸发器、膨胀阀、干燥储液器及管路等组成。

汽车空调冷却系统的功用：是使易挥发的冷媒从液态变为气态循环，进行吸收热量，从而降低车厢内的温度。

当车辆受到撞击时，处于车身前部的水箱和冷凝器、储液罐以及冷却风扇是首当其冲受到损伤，还有可以造成水泵以及各种管道折弯、破裂等损伤。

项目　汽车车身及附属设备的拆装

一、项目目的

通过本项目的实施学习，使学员能够熟悉车身结构及附属设备，知道车身各板件的构造及连接方式，能够根据任务需要，按照技术要求独立完成工作。

二、项目说明

车身结构及附属设备（以轿车为例），包括车身结构件、车身外部板件、车门、车窗、发动机舱盖、后备箱盖、车身的附属设备、车身的内外装饰件等组成。

在车辆发生碰撞后，最常见的损伤是汽车车身，损伤最严重的也是汽车车身，对车辆的损伤的评估，这一部分也是很难操作的，所以熟悉车身结构及附属设备，对车辆的损伤鉴定公估有很大的帮助。

三、技术标准与要求

（1）每个学员独立完成此项目。

（2）项目标准：在进行此项目的操作时，应按照车辆的维修工艺对车身结构及附属设备进行拆装。

四、设备器材

（1）汽车车身。

（2）防护毯。

（3）拆装工具。

（4）物品陈列架。

五、作业准备

（1）清洁车辆。

（2）作业场地。

（3）作业单。

六、操作步骤

车身结构及附属设备拆装按下列项目进行，见图 3-79。

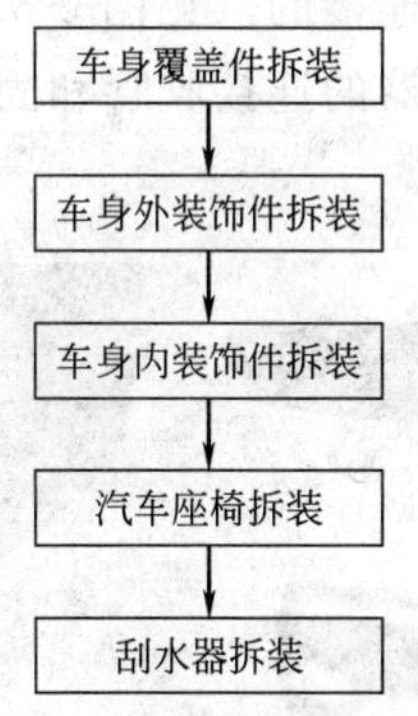

图 3-79　车身结构及附属设备拆装项目

拆装调整

（1）发动机舱盖与电动风窗洗涤器的拆装　发动机舱盖的内板、外板（见图 3-80）的结合，以摺角加工的形式代替了焊接，将加强梁点焊于内板上，并将密封胶涂抹于内外板之间，以确保外板有足够的张力。

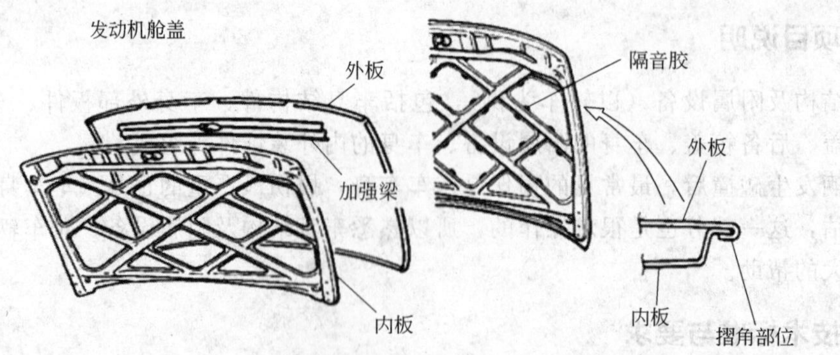

图 3-80 发动机舱盖的内板、外板

电动风窗洗涤器（见图 3-81）：由电动机、离心泵、水箱、喷嘴等构成。

发动机舱盖开启时一般是向后翻转，也有向前翻转的。发动机舱盖的前端有一保险锁钩锁止装置，防止车辆在行驶中的振动力使舱盖锁突然自行开启，造成舱盖向上翻转挡住驾驶人员的视线而引发交通事故。

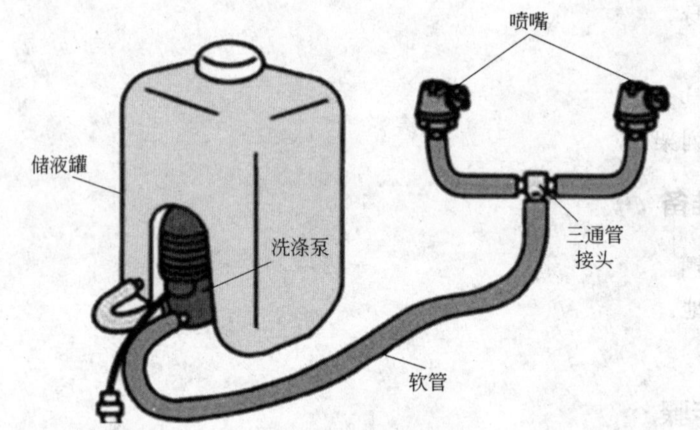

图 3-81 电动风窗洗涤器

发动机舱盖是靠铰链与车身进行连接的（见图 3-82），拆装需松开或拧上铰链与发动机舱盖上的连接螺栓，并拔掉电动洗涤器的连接胶管和固定的胶扣，在调试时，要参考其周边的间隙与两边翼子板的平面进行调整。

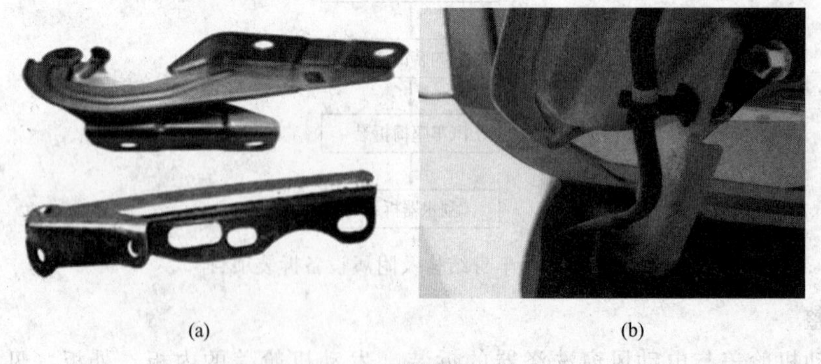

图 3-82 铰链与连接

(2) 行李箱盖的拆装 行李箱盖包括外板、内板和加强梁（见图 3-83）。内板和外板四周采用褶边连接方式，加强梁和支座是由点焊焊接于行李箱盖上，密封胶涂抹于内板外板的间隙中。

行李箱盖的结构上基本与发动机舱盖相同，但铰链与发动机舱盖有所区别，一般用钩形铰链及四连杆铰链（见图3-84），铰链装有平衡弹簧，使开启关闭箱盖省力。

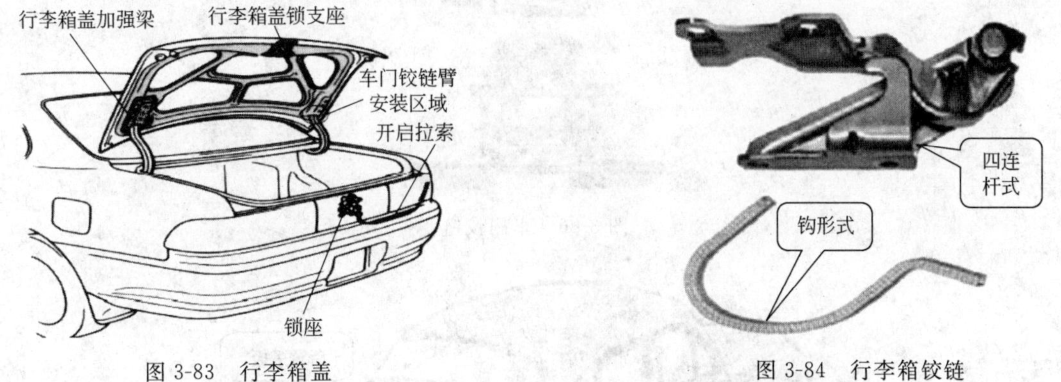

图3-83　行李箱盖　　图3-84　行李箱铰链

行李箱盖的拆装及注意事项与发动机舱盖的拆装相似，但要注意其密封性，防止行李箱漏水或进灰尘。

（3）车门的拆装　车门由外板、内板、窗框、玻璃导槽、铰链、门锁及门窗附件等组成（见图3-85）。内板装有玻璃升降器、门锁等附件，外板内侧一般安装了防撞杆，内板与外板通过翻边、粘合、点焊等方式结合。

车门是靠车门铰链与车身连接（见图3-86），车门的拆装：拧下或装上车门铰链固定螺栓，卸下或装上车门；拆装车门时还要注意电源线的拆装；还有车门限位器的拆装，如果车门铰链带有阻尼器的，就没有这道工序。

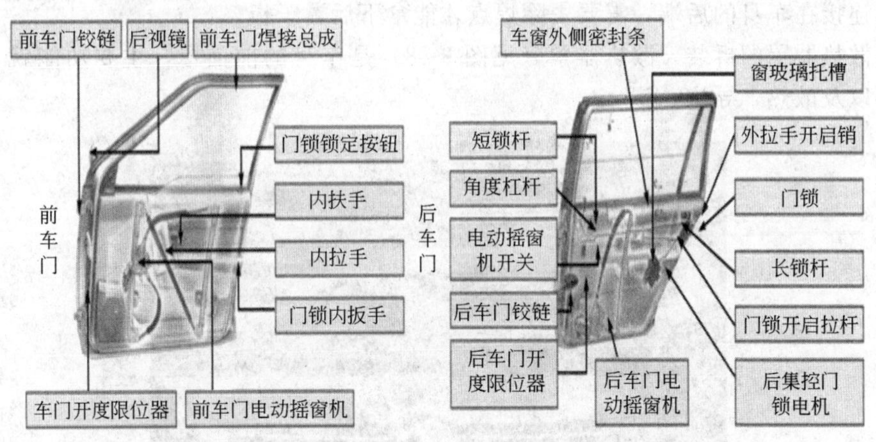

图3-85　车门总成

车门的拆装不仅仅是调整间隙就行，还讲究密封性能，应该注意防尘、防水、隔音等性能。

车门及附件拆装：按照流程对车门锁、门锁内扳手、车门外把手，或车门玻璃升降器、车窗玻璃以及附件进行分解即可。

（4）翼子板的拆装　轿车车身翼子板（见图3-87），按照安装位置又分为前翼子板和后翼子板，前翼子板碰撞机会比较多，独立安装便于整件更换。后翼子板碰撞机会较少，所以

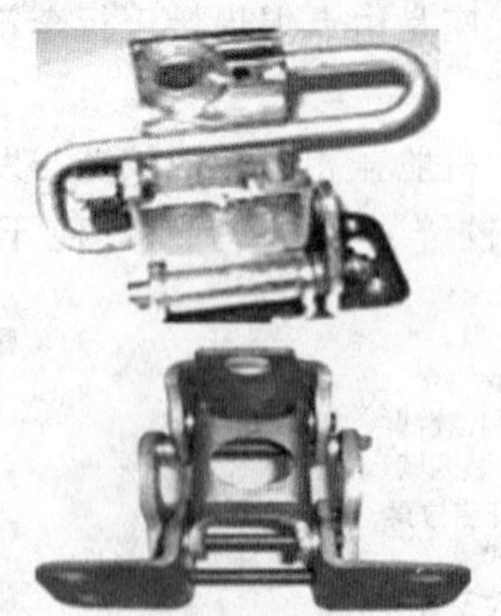

图 3-86　车门铰链

图 3-87　轿车车身翼子板

焊接固定装配在后车身上。

前翼子板是用螺栓连接在车身的前端，将螺栓拿下就可以拆除前翼子板；后翼子板是用电阻点焊连接在车身的后端，需要去除焊点才能拿下后翼子板。

(5) 散热器罩的拆装　散热器罩（见图 3-88）是车身的前面罩，主要功能就是保护汽车散热器以及散热、导流。

图 3-88　散热器罩

散热器罩有钢板、合金、塑料等材质，一般用螺栓或塑料卡扣固定在发动机舱盖前端、保险杠的中央或左右前大灯之间位置，拆装时只要拿下螺栓及卡扣即可。

(6) 保险杠的拆装　汽车保险杠，一般分为前保险杠、后保险杠。当汽车发生碰撞事故时能起到缓冲作用，保护前后车身。

现在轿车的保险杠（见图 3-89）一般都是塑料制成，是由外皮、缓冲材料和主横梁三部分组成。

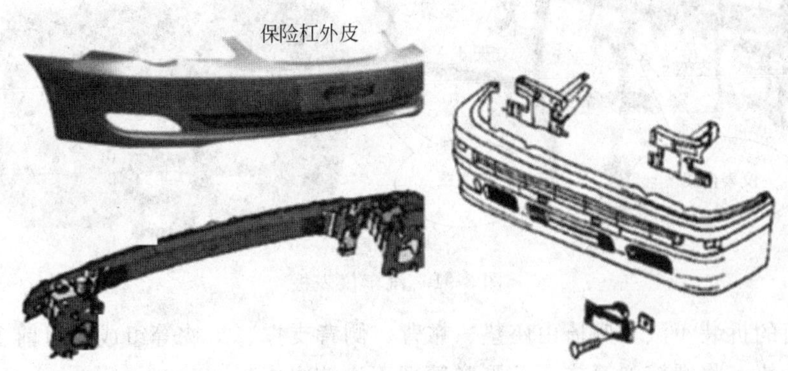

图 3-89　汽车保险杠

汽车保险杠与车身的连接方式：一般是先将主横梁连接在前纵梁上，保险杠外皮再固定在水箱支架和两侧翼子板上。

保险杠拆装，一般只需要拆除保险杠外皮上的螺栓和卡扣就可以了，但有的保险杠外皮是固定在保险杠主横梁上，这种固定方式需要拆除保险杠支架才能拿下保险杠。

（7）后视镜的拆装　汽车后视镜分外后视镜和内后视镜两种（见图 3-90），外后视镜是安装在左右前车门上面，内后视镜是安装在车身里面的正前上方。

图 3-90　汽车后视镜

外后视镜有：电动调节和手动调节两种类型，外后视镜拆装，首先拿掉前车门内靠前侧的三角装饰板，然后拧下螺栓即可；如果是电动后视镜，还要拔掉电源的连接器。

内后视镜拆装：首先撬掉安装座上面的装饰盖，然后拧下螺栓即可；有的是座、杆分离型，把座子装在车顶盖上，然后压进榫口即可；有的是装在前挡风玻璃正上方，拆装时，只要用手侧向上敲击镜杆即可退出，安装时只要对准榫口向下均匀用力压下即可。

（8）仪表板的拆装　汽车的仪表板（见图 3-91）一般分成两部分：一部分是仪表台架和仪表罩，另一部分是指司机旁通道上的副仪表板。仪表板是反映车辆的工作状态，现代轿车多数将空调、音响等设备的控制部件安装在副仪表板上，以方便驾驶者的操作。

汽车仪表板拆装：先用专用工具把出风口和仪表及副仪表上的装饰面板撬出，再用工具取出螺钉拿出仪表、DVD、空调等，拔掉连接器拿下仪表罩，然后用工具拧下仪表台架的螺栓即可拆下。

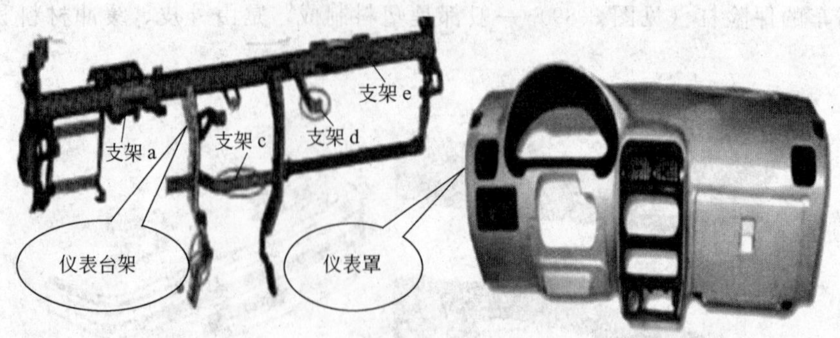

图 3-91　汽车仪表板

（9）座椅的拆装　汽车座椅由座垫、靠背、侧背支撑、头枕等组成。目前多数座垫采用整体泡沫缓冲垫，将螺旋弹簧或者 S 形弹簧埋于泡沫之中。

汽车座椅分电动调节座椅（见图 3-92）和手动调节座椅（见图 3-93）两种类型。电动调节座椅的自动程度是根据车辆的配置度决定；手动调节座椅也由于各车型的不同，在一些结构上也有所不同。

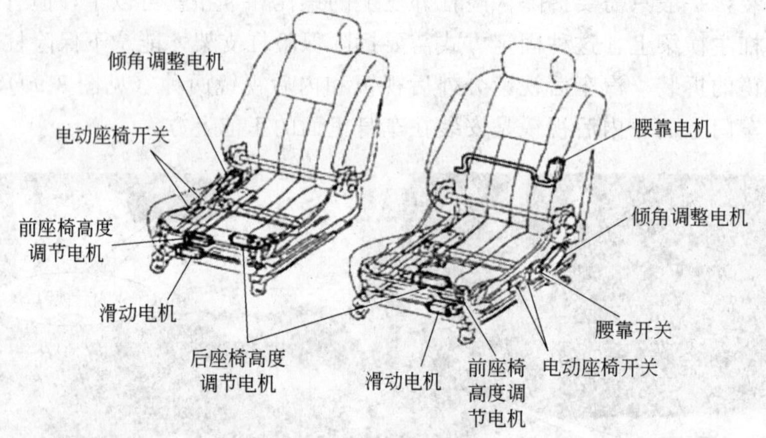

图 3-92　电动调节座椅

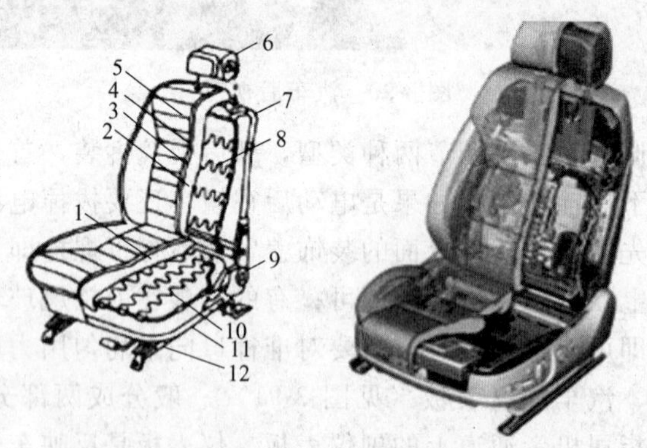

图 3-93　手动调节座椅

1—座椅缓冲垫；2—靠背缓冲垫；3—衬垫衬布；4—蒙皮初垫；5—蒙皮；
6—靠枕；7—靠背骨架；8—靠背弹簧；9—靠背倾斜调节机构；
10—座椅弹簧；11—座椅骨架；12—座椅调节器

汽车座椅拆装：手动调节座椅，必须先取下座椅下面的装饰盖，然后拧下螺栓即可；电动调节座椅，在螺栓拧下后需要拆下线路连接器，才能搬出座椅。

（10）雨刮器的拆装　雨刮器的功能是清除雨水、雪和污垢。其结构由电动机、传动机构、雨刮和控制装置四大部分组成（见图 3-94）。

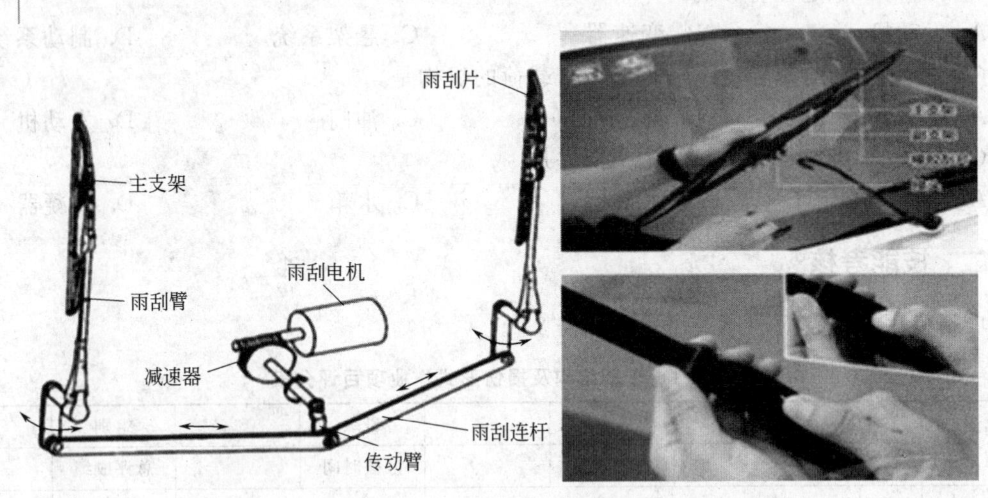

图 3-94　雨刮器

雨刮器有快挡、慢挡和间歇控制挡。其中间歇控制挡一般是利用电机的回位开关触点与电阻电容的充放电功能使雨刮器按照一定周期刮扫。

有的雨刮器还装有电子调速器，该调速器附带感应功能，能根据雨量的大小自动调节雨臂的摆动速度，雨大雨刮臂转得快，雨小雨刮臂转得慢，雨停雨刮臂也停止工作。

雨刮器拆装：雨刮片更换只需拆除与雨刮主支架的接头即可；雨刮片及主支架更换只需压住雨刮臂上端的卡栓拉出即可；如果更换雨刮臂，则需要拆除（或翻起）雨刮臂下端装饰盖，拧下传动柱上的螺栓即可拉下总成。

一、理论考核

1. 分析题

（1）承载式车身结构的特征。

（2）非承载式车身结构的特征。

（3）车身碰撞的变形倾向。

（4）车身碰撞的受力。

2. 判断题

（1）承载式车身主要靠车架承受冲击载荷。　（　　）

（2）非承载式车身当受到撞击时很容易发生膨胀式变形。　（　　）

（3）车身结构对车身的变形倾向有影响。　（　　）

(4) 车辆撞击的损伤程度与撞击条件相关联。 ( )

3. 选择题

(1) 直接影响行车安全的是 ( )

A. 转向系统　B. 刹车系统　C. 悬架系统　D. 纵梁

(2) 对行车稳定性有影响的 ( )

A. 发动机　B. 变速器　C. 悬架系统　D. 制动系统

(3) 变速换挡时减轻变速齿轮的冲击载荷的机构是 ( )

A. 制动系统　B. 离合器　C. 油门　D. 发动机

(4) 给汽车空调系统散热的主要部件是 ( )

A. 散热器罩　B. 水泵　C. 水箱　D. 冷凝器

二、技能考核

项目车辆结构及损伤形式作业，见表 3-1。

表 3-1 车辆结构及损伤形式作业项目评分表

基本信息	姓名		学号		班级		组别	
	规定时间		完成时间		考核时间		总评成绩	
情景操作	序号	步骤			完成情况		标准分	评分
					完成	未完成		
	1	考核准备 设备与工具 相关表格					10	
	2	操作流程					10	
	3	操作规范					5	
	4	操作技巧					5	
	5	车身结构					5	
	6	损伤形式					5	
	7	受力分析					5	
	8	车辆拆装					5	
	9	综合能力					5	
	10	综合素质					5	
沟通能力							10	
掌控能力							10	
技术能力							10	
熟练程度							10	

汽车保险杠

汽车保险杠是安装在汽车车身前、后的外装部件，也是设计的一个被动防护措施装置，其主要功能就是当车辆受到外力冲击时，缓冲吸收冲击能量以减轻碰撞力对汽车车身造成的伤害。

汽车保险杠有大车与小车之分。大车的保险杠主要考虑到车辆自身质量和承重载荷以及巨大的冲击能量等因素，一般是以坚实的保险杠内衬和坚固的车架纵梁作支撑。

以前汽车保险杠的设计，大部分是以直接抵抗冲击能量型为主，坚实的保险杠或内衬直接铆接或用螺栓连接在车身的纵梁上。

现在的重型汽车保险杠，是在坚实的保险杠内衬外面加装有塑料外皮或玻璃钢外皮（见图 3-95），追求外在美感和与车身的整体性，同时达到降低风阻系数的目的（见图 3-96）。

图 3-95　保险杠外皮

图 3-96　保险杠与车身安装

以前的轿车保险杠都是金属材料制作的，用支架直接连接在前、后的车身上面。保险杠安装后突出车身外约 20cm，以此保护车身免受碰撞损伤。

现在的轿车保险杠，由于新型车身材料的使用和现代车身设计理念的变化，保险杠除了在材质上的轻型化或连接方式的多样化改变外，同时改变了以前与车身分离的状态，追求与车身的整体和谐性，使保险杠功能的设置更具有科学性。

现在的轿车保险杠，根据车辆的档次匹配有低、中、高档类型。低档型保险杠是以自身吸能型为主；中档型除了自身吸能功能外，还在与车身连接的支架上进行了技术更新；高档型除了自身吸能功能外，还加装了吸能缓冲器。

（1）低档型轿车保险杠　低档型轿车保险杠由外端的塑料外皮、中间的缓冲材料和后面内衬横梁三个部分组成。塑料外皮和中间的缓冲材料附着在内衬横梁上，内衬横梁通过支架用螺栓与车身纵梁相连接。

外皮一般由聚酯类塑料制成；中间的缓冲材料多种多样：有条形泡沫体、网格状塑料体和蜂窝状泡沫体，这些物体可以有效地提高保险杠缓冲性能（见图 3-97）。

（2）中档型轿车保险杠　中档型轿车保险杠的材质与低档轿车保险杠有所不同，但结构与低档型保险杠相同，也是由塑料外皮、缓冲材料和内衬横梁三个部分组成。其内衬横梁连接方式也是通过支架用螺栓与车身纵梁相连接，只是支架的形状设计更具有科学性，由低档型的方管结构更改为方形波纹结构和柔软性较好材质（见图 3-98）。

当保险杠受到撞击时，方形波纹结构的支架因撞击力超过自身的承受极限而产生压缩式形变，从而改善了保险杠的吸能效果。

（3）高档型轿车保险杠　高档型轿车的保险杠结构，在塑料外皮、缓冲材料和内衬横梁

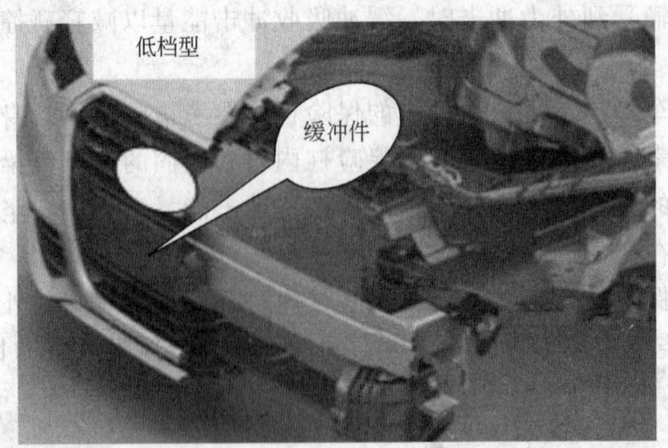

图 3-97 低档型轿车保险杠结构

图 3-98 轿车保险杠支架对比图

方面，与低档型保险杠结构类似，只是材质有很大的变化，但变化最大还是与车身连接的吸能器，其中最具有代表性的就是活塞式吸能器和弹簧式吸能器两种。

① 活塞式保险杠吸能器 活塞式汽车保险杠吸能器，是单筒式油压吸能器的结构，这种吸能器只有一个缸，分前缸（工作缸）与后缸（密封气室），前缸装有液压油，后缸装有高压惰性气体，前缸固定在保险杠上的挺进杆上有一个活塞，后缸有一个浮动活塞，当保险杠受到外力冲击时，前油缸里的液压油在活塞撞击压力下经小孔进入后缸，同时压缩吸能器

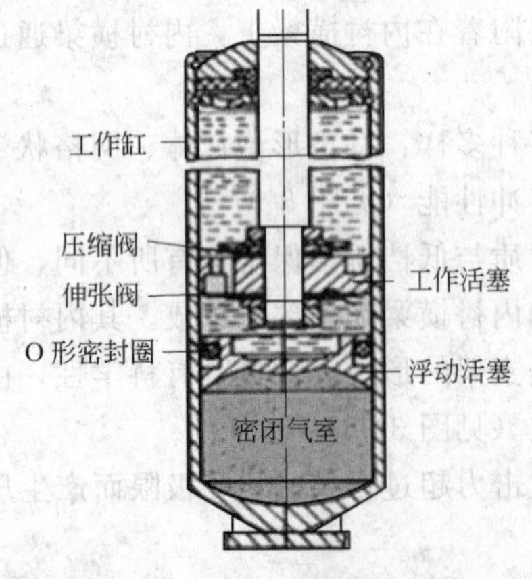

图 3-99 活塞式保险杠吸能器

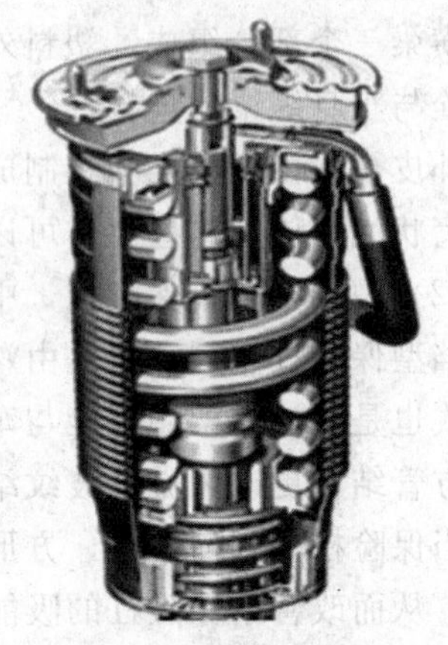

图 3-100 弹簧式保险杠吸能器

后缸体里面充满惰性气体的活塞，整个过程是由小孔的阻尼功能起到缓冲吸能作用，当外力消除后靠被压缩的惰性气体提供复原动力（见图 3-99），这种保险杠吸能器与外界只隔着一层缸体，散热效果比较好。但该保险杠吸能器对高压密封气室的密封材料要求极高，一般出现的损坏都是高压气体泄漏，另外这种保险杠吸能器造价较高，一般安装在高档轿车上。

② 弹簧式保险杠吸能器　弹簧式汽车保险杠吸能器，前端内部安置有复位弹簧，后端内部是双杠结构，内缸为工作缸，外缸为储油缸，当保险杠受到外力冲击时，固定在保险杠上的挺进杆活塞向内推进，内油缸里的液压油在活塞撞击压力下经小孔进入外缸，同时压缩吸能器缸体的前端内置弹簧，整个过程是由小孔的阻尼功能起到缓冲吸能作用，在外力消除后是靠内置弹簧提供复原动力（见图 3-100），这种保险杠吸能器造价也很高，一般也是安装在高档轿车上。

学习任务四

事故现场查勘

工作情境描述

投保人所投保的标的车发生事故，在接到报案后，作为保险公司或公估公司的理赔作业人员，应按照车险理赔程序赶赴现场进行事故查勘。

学习目标

1. 了解车险理赔接案程序。
2. 了解车险现场查勘知识。
3. 掌握车险现场查勘技能。

一、现场查勘的目的

现场查勘是保险人的义务，是机动车辆理赔的具体职能体现和一项法定程序，同时也是道路交通事故处理过程中的一项法定程序。现场查勘必须本着客观公正的原则进行。

现场查勘工作的主要目的，就是查明车辆事故的真实原因，认定保险性质，防止道德风险的发生，为后续的车险理赔工作提供事实依据，同时现场查勘的资料信息也是为日后可能引发的相关案件诉讼提供证据。

二、现场查勘的内容

根据被保险机动车辆所投保的险种项目要求，进行逐项查勘，尽最大可能地获取第一现场的真实资料，一般查勘工作的内容包括如下。

(1) 查明车辆出险时间　对于车辆出险时间的查验应该慎重，首先查验车辆出险时间是否在保险期内，对于车辆出险时间接近保险单的法律效力生效时间的车险事故，则需要认真查验，根据出险车辆的运行资料、车辆的撞击痕迹的吻合率、撞击痕迹的新旧程度率、直接撞击区的角度、力度与车身物体碎片的飞溅角度和距离、变形倾向与现场车辆停摆位置以及车轮所处的角度等方面的因素去进行论证、进行出险时间的确认。

（2）查明车辆出险地点　查明车辆出险地点有两个方面的内容：其一，是查明车辆出险地点是否是保险合同约定的行驶区域内；其二，是查明车辆出险地点是否是事故车辆的第一现场。

（3）查明出险车辆的基本情况　查明的基本情况包括：被保险车辆的车型、车牌号码、发动机号码、车架（或车身）号码、是否与保险单或批改单、行驶证相符。

如果涉及第三方车辆，也应查验第三方车型、车牌号码、交强险保险单号码及有效期等。

（4）查明车辆的出险经过与原因　车辆出险经过与原因的查明，是一项过细的工作，应仔细查勘现场，了解相关情况，广泛搜集证据，根据核实的出险经过去认定出险原因的真实性。

对于是因饮酒、注射和吸食毒品等违法状态下驾驶被保险车辆的、或无证驾驶、所驾驶车辆与驾驶证准驾车型不相符的以及违规超载等原因造成事故的，应立即协同交警或运输管理部门获取相关证人、证言、检验证明等证据。

查明出险原因，应根据保险条款所规定的内容，分清是保险责任范围内原因，还是责任免除范围内原因造成。

（5）查勘判断保险责任　车险保险合同规定了按责任赔偿，所以应该根据承保范围和查勘情况，对车险事故所涉及的险别进行判断，对于暂时不能作出保险责任判断的，应该在查勘记录中注明理由。在查验事故责任划分情况和查清事故各方应该承担的责任比例的同时，还要了解被保险车辆是否在其他保险公司重复保险，以便在后来的理赔计算时确定赔偿金额。

（6）查明被保险车辆的使用性质　查明被保险车辆出险时的使用性质与保险合同上约定的使用性质是否相符，应该注意三个方面：其一，营运车辆按非营运投保的；其二，非营运车辆非法营运的；其三，营运车辆超出约定营运范围的。擅自改变使用性质，均属于违约责任，保险人不承担保险责任。

（7）查明出险驾驶员与被保险人的关系　查明的目的，主要是为了判定是否属于保险责任的需要，保险合同条款规定说明，被保险人或经允许的合格驾驶人员在使用保险车辆过程中，发生了保险责任范围内的责任事故，保险人才承担赔偿责任。这里有两个条件：一是被保险人、直系亲属以及经过允许的驾驶人员驾驶被保险车辆；二是要求必须持有有效的驾驶证和所驾车型必须与驾驶证（从业资格证）准驾车型相符，只有在这两个条件完全相符的情况下，保险人才会对被保险车辆所发生的责任事故造成的损失给予赔偿。

（8）查明被保险人对保险车辆有无保险利益　查明这个方面，主要是验证被保险人是否对被保险的车辆拥有合法的所有权或合法的权益。如果被保险车辆中途被转让、转卖或赠与他人，没有事先通知保险人并及时办理批改手续的，即使发生了保险范围内的责任事故，保险人也不承担赔偿责任。

（9）查明被保险车辆的损失情况　查明损失情况包括：被保险车辆自身的损伤情况、承载货物的受损情况、他人财产的损失情况以及公共财产的损失情况等。同时还要对车辆标准配置之外已经受到损伤的加装部件是否投保，估计各类损失程度及金额。

（10）查明出险现场状态　出险现场状态一般分为两个方面：即原始现场和变动现场。

原始现场就是被保险车辆在发生事故后至现场查勘前，车辆、相关当事人以及相关物体和痕迹，没有发生人为改变或自然原因的破坏，仍然保持着发生事故后的原始状态的现场。

变动现场就是被保险车辆在发生事故后至现场查勘前，已经受到了人为的改变或自然原因的破坏，使事故发生后现场的原始状态发生了部分或全部改变。

三、查勘人员的素质与要求

现场查勘是整个理赔工作中的前期工作，其工作包括：查勘现场、填写查勘报告和初步确定保险责任。现场查勘关系到标的车辆所发生的事故是否是保险事故、是否是责任范围事故、是否应该立案，同时涉及到保险金额的给付、赔付或拒赔等方面的审查与认定。查勘工作未做好，整个理赔工作就会陷入被动，后面的工作就难以进行，所以现场查勘工作是保险理赔工作的重中之重。

现场查勘涉及到汽车、保险、法律、事故查勘分析判断等多方面的专业知识，并且查勘人员独立在外工作，所以对现场查勘人员的综合素质有下列要求。

(1) 良好的职业道德　查勘人员的工作涉及到保险双方当事人的直接经济利益，其工作性质具有相对的技术性和独立性，并且在操作时具有较大的自主空间。所以要求查勘人员不仅拥有较强的法制观念，同时具备较高的职业道德素养，要能够经得起一些不良修理厂家、投保人、被保险人或保险利益人实施的各种方式的利诱。

保险公司内部也应当加强管理，建立和完善管理制度，形成相互监督和制约的机制（如双人查勘，查勘与定损分离等手段）。采用定期和不定期审计和检查方式，对查勘人员进行考察和评价，同时加强对查勘人员的法制教育，树立守法经营的观念。对于违反职业操守的，应予以严厉的惩处，起到应有的震慑和教育作用。

严格把守用人关，实施查勘定损人员的评估准入制度；同时提高查勘人员薪酬待遇，做到付出与收入相等，多管齐下，促使查勘人员始终保持纯洁状况。

(2) 娴熟的专业技术　现场查勘人员需要具备的专业技术主要包括：机动车辆构造、汽车车身结构和车辆修理等综合技术，以及机动车辆保险的相关技术、机动车交通事故相关的法律法规知识和处理技巧。

(3) 丰富的实践经验　查勘人员要分析事故原因、分清事故责任、确定保险责任范围和确定损失等，必须依靠丰富的实践经验进行准确地判断分析，确定合理的修复或理赔方案。

丰富的实践经验还有助于车险施救方案的确定和车辆残值的处理。同时还可以有效地识别和防止道德风险和保险欺诈案件的发生。丰富的实践经验必须具备以下能力。

① 查勘取证能力　查勘人员在事故现场从事查勘工作，需要询问当事人、见证人、现场拍照、搜集物证等，目的是为了分析事故原因，获取现场第一手资料，至于如何获取这些证据，就需要查勘人员具备调查取证的能力、方法和技巧。

② 分析判断能力　根据车险现场查勘收集的资料，进行综合分析判断造成事故发生的原因，以及事故是否属于保险责任范围，是否存在道德风险和保险欺诈现象。

③ 损失评估能力　在查勘取证和分析判断的基础上，初步判定事故车辆接触部位和碰撞力的传递范围，进而初步确定事故损失清单，理清更换部件和维修范围，同时确定合理修理方案。

④ 灵活处理能力　查勘人员是以事实为依据，以相关法律及保险合同为准绳开展工作，但有时由于利益各方当事人的意见相左，会产生认识分歧或冲突。如果发生此种情况，查勘人员应在尊重事实、保险合同的大前提下，灵活处理保险纠纷，尽量使利益各方当事人能够理解互让，使案件得到顺利处理。

⑤ 撰写报告能力　现场查勘后需要对查勘工作进行汇总并撰写查勘报告，查勘人员应能够按照规定要求进行表述，内容要简练、准确、完整。

⑥ 车辆驾驶能力　为了能够获取第一现场资料和稳定车险当事人的情绪，要求查勘人员在接案后能够迅速、及时地达到事故现场，这就需要查勘人员必须具有熟练的驾驶技能。

(4) 规范的行为素养　查勘工作一般是与情绪不稳定的车险事故当事人直接打交道，查勘人员应注重自己的表情、行为与言语，要做到礼貌待人、行为得体、处事干练、避免不文明言行。

在整个查勘过程中，对当事人提出的问题，要做到有问必答，谦和有礼，不要随意打断当事人的问话，在理解其意思后再按照相关法律、法规及合约条款进行解释；对当事人不理解的地方，要作出耐心详细解释；对当事人提出的不合理要求，要依法、依规、依约进行解读与解释；遇到当事人情绪激动时，应控制自己的言语、表情和行为，及时传递自己的同情与关切之意，等其情绪稳定后，再按照查勘工作的要求与当事人进行沟通。

另外禁止在工作时间接受修理厂或当事人吃请，禁止向有业务关系的修理厂或当事人索要和收取各种礼品、礼金、有价证券。

四、查勘人员的培养

(1) 建立系统培训规划　保险公司或公估公司，要有长远的发展规划，提高内部查勘从业人员的综合素养，保持市场的竞争力，特别注意内部员工的知识积累，应定期进行相关知识的培训，把培训内容模块化，针对各个员工的知识现状，进行有针对性的培训。

(2) 建立内部资料室　保险公司或公估公司应该有内部系统的资料室，资料室应该具有：与保险相关的法律法规、相关险种的规定、保险期刊与杂志、汽车系列书籍、内部培训资料或内部典型案例汇编等，方便内部员工自学和及时了解保险方面的新知识与新动向。

(3) 锻炼员工综合能力　保险公司或公估公司应有意识地培养和锻炼员工的综合能力，从接案—查勘—缮写总结，到内务事情的处理，从理论认识到实践操作，应该让每一个员工都参与，并按照公司的业务要求，进行悉心指导和严格规范，加速员工的成长。

五、现场查勘的知识

(1) 现场痕迹分析　车辆在发生碰撞后，车体或被撞击的物体在接触的时候会留有印痕或产生不同程度的变形，从这些印痕上能够客观地反映出车辆出险的原始状况，查勘时可以根据事故现场遗留的印痕分布情况、印痕形态、印痕的吻合率、印痕之间的相互关联等进行仔细查勘，还原事故的原因与性质。

① 车身结构和物体痕迹　车身结构和物体痕迹，是在相互接触时由于撞击力的作用而形成的。痕迹的大小、深浅与被撞击体的质地、结构以及撞击的方向、角度和撞击力的大小有关，根据痕迹的程度和车辆事故发生后的摆放状态进行科学分析，还原事故发生时的情景。

② 浅表痕迹　是指车辆与其他物体发生碰撞后，没有产生塑性变形，只有浅表层印有痕迹，这种类型的痕迹的查勘重点应放在车体或物体的表层，查看上面痕迹方向与作用力方向是否相符，车辆与物体接触的表层的粘附物是否一致。

③ 立体痕迹　车辆与物体发生碰撞后，其接触部位会产生相对应的凸凹变化的立体标本痕迹，这些痕迹形状、大小、凸凹度应与车辆摆放的位置、车轮所处的角度、撞击力的方

向与角度等条件相吻合，对于个别特异案例，应进行科学论证。

④ 平面痕迹　车辆在发生事故后，一般事发现场会留下车辆的紧急制动痕迹或车辆的翻滚痕迹，这些痕迹与查勘时车辆所处的位置相对应，可以判断车辆出险时的行驶状态、驾驶人员的驾驶状态以及被保险车辆的基本车况，这些情况还可以印证第一现场位置以及保险责任。

⑤ 抛洒痕迹　车辆在发生撞击事故后，事故现场会留下车辆被撞击部位部件的破损物体碎片，以及各种液体的漏撒痕迹，根据这些物体碎片飞溅距离与飞溅状态和漏撒痕迹参照车辆出险后所处的位置、撞击的方向、变形倾向和损伤程度，根据撞击原理进行分析，判断出险车辆所处位置是否第一现场。

（2）现场痕迹检验　车辆事故现场痕迹分析，离不开对现场痕迹的检验，检验是确认和印证痕迹分析是否正确的手段，痕迹检验的方法没有固定的模式，应根据现场痕迹的实际情况，选择合适的检验方法。

① 痕迹形状对比法　这种检验方法就是将出险车辆与撞击物体的接触部位进行对比，主要是检验痕迹形状的大小比例、凸凹程度、接触量、统一率等方面进行对比分析，根据受损痕迹形状的吻合率，确定车辆出险的可信度。

② 痕迹特征对比法　这种检验方法就是利用车辆出险时所接触的物体特征，与车辆受损部位的痕迹进行特征比较，确定两者的特征印痕位置、形态、作用力的方向、变形角度、受损程度与事故后车辆的间距等关系是否一致，用直观的对比和专业知识去进行分析判断。

③ 痕迹重叠对比法　这种检验方法就是将出险车辆与之接触的物体部位遗留下的痕迹的形态、特征、长度、角度、宽窄度、凸凹吻合度等相关联的痕迹进行重叠对比和分析，或现场提取出险车辆的轮胎花纹图案，与车辆在出险现场的路面上以及其他物体上遗留的完整清晰轮胎花纹印痕，进行重叠对比分析，查看它们之间的吻合率。

这种检验方法同时适用于事故中的手印、手纹、脚印及鞋印等印痕的检验。

（3）现场查勘照相　交通事故现场照相是利用普通照相的专业技术，根据事故现场查勘工作的需要和要求实施的一种专用技术手段。是为了完整地、客观地反映和记录事故车险事故现场的周围环境、道路环境、路幅宽度、交通及设施状况、出险车辆的车型、车牌、停驻位置、制动距离、车辆的装载情况、物体抛洒状况、死伤者所处位置、车身的受损状况、零部件的受损情况、他人物体财产受损情况、公共财产及设施受损等情况，作为资料和证据保存下来。

现场照相能够在很短的时间内，完成现场取证工作，不仅有助于快速地恢复交通秩序，还可以防止事故现场因其自然因素（风、沙、雨、雪）和人为因素（事故现场围观者）造成的破坏。

事故现场的照片，除了真实性和可靠性的特征外，还具有事故现场的再现性特征，对于现场不能进行责任确定的，还可以通过照片资料，邀请专业人士或资深专家进一步的鉴定分析与论证，确定事故的起因、类型或保险责任。

① 现场照相要求　车辆事故现场的照片因为具有真实性和可靠性的特征，是保险人认定保险事故责任的依据，同时也是后来进行车险理赔的依据，甚至会作为日后可能引起的各种诉讼的证据。

现场照相因为有它不可替代的作用，所以在技术实施上，保险行业逐步在实行系统化、规范化操作，具体要求如下。

a. 现场照相必须具有严谨性，不允许有变动摆布和艺术夸张等手段，是以客观事实为依据，以真实无误的记录为原则，全面地、客观地、真实地反映被拍摄的对象，照片要清晰、层次分明、反差适中。

b. 现场照相的内容，必须与交通事故的现场查勘笔录和现场绘制的现场图记载一致，形成相互印证、相互补充、客观真实地记录事故现场的原始情况。

② 现场照相知识　事故现场照相，除了把传统的照相知识应用到汽车事故现场查勘工作中。还在具体操作上因查勘工作的需要有其特殊要求。

a. 现场照相顺序　车辆事故现场照相，为了能够及时记录现场的真实性和完整性，所以在照相时应该实施优先原则：先拍摄容易消失和容易被破坏的痕迹，后拍摄不容易消失和被破坏的痕迹；先拍摄原始现场状况，后拍摄变动现场状况，具体应根据现场的状况选择顺序。

b. 现场方位照相　现场方位照相要求能够反映出事故现场方位与周围环境的关系，现场方位就是通过能够表示事故现场位置的物体反映，如界碑、里程碑、指示牌、电线杆、树木、标志性建筑等；现场周围环境是反映事故现场的具体位置，如公路的类型、道路的路况、地形状况等，尽可能将其摄入镜头。

c. 现场地貌照相　现场地貌照相要求能够从现场照片上反映出事故现场所处的地貌状况、路面状况、事故现场范围、事故现场的状况、现场范围内物体的类型和数量、现场车辆事故类型、现场受到损害车辆，其他物体及人体所陈列的位置及状况。

d. 现场中心照相　现场中心是机动车与机动车、非机动车、行人及物体发生接触的地方，在接触能量的作用下，某一方或双方将改变运动状态，接触部位将发生物理变化。路面痕迹的突然变向反映出某一方运动方向的改变。在接触的瞬间，接触部位的漆片、玻璃碎片、及其他物质等掉落在接触点附近，这些都是判断接车辆事故的重要依据。

e. 路面痕迹照相　拍摄路面痕迹是勘验照相的重要内容，主要是拍摄车辆、人员在事故中的运动轨迹、痕迹形态，痕迹深浅度、痕迹受力方向；还要拍摄路面痕迹的造型客体与痕迹的相互位置，拍摄路面痕迹时要拍摄痕迹在路面上的特定位置和起止点到路边的距离。

拍摄痕迹在路上的特定位置和造型客体与痕迹的相互位置时，要选择合适的拍摄位置，运用中心照相的方式，选用合适的角度、合适的光源、合理构图，清楚的表达拍摄痕迹特征。

f. 表面痕迹照相　表面痕迹主要是指车辆表面的碰撞痕迹和刮擦痕迹，要求拍摄痕迹的颜色、范围、形状、深浅度、受力方向和在物体上的具体位置。

车辆表面的碰撞痕迹一般在外形上表现为凹陷或凸起，多数表现第三方为凹陷。一般使用侧光拍摄凹陷痕迹，以利用阴影来显示痕迹特征。一般凹陷越深，入射光线角度应越大；凹陷越浅，入射光线角度则越小。同时也要注意光线强度对阴影的影响。如果光线过强，会使阴影浅而且模糊，降低痕迹特征的表示效果。现场拍摄多为自然光源，光线角度不一定合乎要求，有时甚至是处于背光处，这时可多选择几个角度进行对比选择或用反光板、闪光灯进行，拍摄细微痕迹时，可按所需比例直接放大照相。

g. 分离痕迹照相　分离痕迹特征：断裂、穿孔、破碎。拍摄断裂痕迹时，要注意拍摄部件断口的特征，能分辨出是撞击断裂还是陈旧断裂。对于断裂破碎的部件，还要注意拍摄碎片在现场上的原始位置和陈列状态，同时注意拍摄破碎部件的质地、颜色。

h. 车辆检验照相　车辆检验照相是为了车辆事故检验鉴定和车险理赔的需要，按照查勘的照相技术要求，拍摄事故车辆的车牌号码、车型、车身全貌、车身碰擦外貌、总成和零部件等情况。

事故车辆检验照相内容还包括：车辆识别检验、车辆安全性能检验和车辆技术状况检验三个方面。

车辆识别检验主要检验车辆的合法性；

车辆安全性能检验主要检验：制动系统、转向机构、离合器、仪表照明信号及各附属装置工作状况；

车辆技术状况检验：发动机系统、传动系统、转向系统、制动系统、电气系统、悬架系统、操作系统、信号系统等技术状况。

车辆检验照相是拍摄检验的过程和结果，其目的是为了证明车辆检验过程和检验结果的合法性和真实性。

在车辆检验中，对需要分解检验的车辆及其部件、零件，应当拍摄完整的被检验车辆的损坏情况、形态、牌号、部件、零件及其所属部位。对分解的部件、零件可根据需要由表及里拍摄分解的各层次，表现出发生故障和损坏的情况。对直接造成道路交通事故的故障和损坏的机件，可根据需要拍摄该机件的完好与损坏的对比照。

i. 人体伤痕照相　人体伤痕照相是为了检验鉴定交通事故当事人受伤原因及受伤程度的需要，拍摄人体的伤痕，在不影响施救的前提下，尽可能地拍摄到伤痕的原始状况，为后来理赔提供依据。

拍摄伤痕，以表现创伤程度为主，在伤痕旁边应放置比例尺，使之能够完整清晰地反映伤痕的细致特征和损伤程度。

拍摄伤痕的具体位置，在照片上要反映出伤痕距足跟的距离或伤痕所在的人体部位。

j. 人的尸体照相　拍摄遗留在现场的尸体原始位置时，照片上能够反映尸体与车辆、道路、路面上的血迹及其他有关物体的相关位置关系。

(4) 常见的保险欺诈行为　保险欺诈行为，是指投保方（投保人、被保险人和受益人）在保险活动中，用虚构事实或隐瞒真相等方法蒙蔽保险人，骗取保险金，达到非法获利的目的。

机动车辆保险欺诈，则是投保人或相关人员通过虚构或夸大机动车辆损毁事实，以及隐瞒事实真相等方法，骗取保险人赔偿保险金的违法活动。

机动车辆保险欺诈的特征：以虚构或夸大车辆损失等为手段；以从保险人的赔偿中得到钱财或利益为目的；以主观上的故意自愿性；以勾结作案为代表性；以行为上与法律相违背性。常见的机动车辆保险欺诈一般有如下几种行为。

① 无中生有　制造事故　投保人、被保险人或受益人为了达到骗取保险理赔金的目的，而无故制造车祸或事故，具体表现有故意撞车、撞墙、撞护栏或制造翻车等情况，甚至谎称车已被盗、被抢。

这类车辆事故一般可能发生在破烂车辆身上，或接近报废的进口车辆身上。

② 移花接木　转嫁责任　在车辆发生保险事故后，有的投保人、被保险人或受益人为了达到非法占有的目的，会采用“移花接木”的方法进行骗保。

具体操作手段有两种：一是调换车牌，这种情况是用两辆相同车型的车辆，进行车牌调换，其原因是肇事车没有投保任何保险，未肇事车投保了交强险、车损险、第三者责任险；二是拆卸零件，这种情况一般是车辆利益当事人为了获取额外的赔偿而采用的手段，在车辆发生事故后，将没有受损伤的部件拆下，更换上已经损坏的部件。

③ 隐瞒实情，双重获利 有的投保车辆当事人或利益关系人，在发生交通事故后，由于是他人的责任，现场或事后已经获得对方的经济赔偿，但为了使利益最大化，谎称肇事车逃逸，以欺骗手段从交通管理部门获取假证明，最后再向保险公司申请理赔以达到骗保的目的。

④ 谎称出险 从中获利 一般是投保人、被保险人或受益人，因为自己投保而没有享受利益，所以在保险有效期内制造虚假事故，在车身上更换上报废的零部件，安排好相关"证人"，然后摆布"现场"向保险公司报案，以期获得意外赔偿。

⑤ 一次事故 重复索赔 是指投保人、被保险人或受益人在车辆出险后，已经获得保险人的赔偿，但没有进行修复，而是间隔一段时间后，再稍稍磕碰一下，向保险公司报案，请求赔偿。

⑥ 二次碰撞 扩大损失 是指车辆在受到轻微损伤后，由于受绝对免赔额的限制，投保人、被保险人或受益人得不到经济补偿，所采取的进一步补救措施。

这种案件还有类似的情况，如：不法维修经营店，在承接客户车辆后，以非法获利为目的，进行的再次碰撞；或客户为了修复车辆而不承担经济损失，与维修店串通扩大损失等。

⑦ 出险在先 投保在后 这种案情（行业称之为倒签单）一般有两种情形出现，一种是车辆刚刚购买，还没有能够及时购买保险；一种是该车辆出险时刚好处于保险的"空档期"，所以延迟报案，补交保费。这种情况有的是投保人、被保险人或受益人自己操作，有的是与保险人员串通操作。

⑧ 未保受损 联击承保 主要表现在被保险车辆在运行过程中受到损伤，而恰恰受到损伤处或部件没有参保，为了弥补事故造成的损失，就选择有保险责任的区域进行再次碰撞，使未参保的部件形成一个整体案件（多出现在未承保相关单独险种时，如倒车镜，灯具单独险）。

⑨ 冒名顶替 逃避责任 这种案件主要表现是驾驶者为无证驾驶或酒后驾驶，当车辆发生事故后，立即叫来其他人报案代替，以达到逃避责任和获得保险赔偿的目的。

⑩ 违约责任 造假索赔 有的车辆在投保时已经约定了车辆的使用性质和行驶区域，刚好车辆发生事故时，车辆改变使用性质和超出约定的行驶区域，为了得到保险人的经济赔偿，暂缓报案或重做第一现场。

保险风险最高算车辆保险，而且车险骗保的形式五花八门、种类繁多，对于这些扰乱保险市场的行为，只要稍加注意就可以识破，因为伪造事实和现场的状态不符合事故发生的客观规律，物体的位置及痕迹方向与客观事实也是不相符的。

六、现场查勘物证收集与分析

现场查勘除了调查、照相取证之外，还应该进行现场物证的收集工作，这是现场查勘的基本措施之一，收集现场散落物、附着物及痕迹，是为分析事故原因提供客观的依据。

(1) 物证类型

① 散落物 散落物可分为车体散落物、人体散落物及他体散落物三类。车体散落物主要包括零部件、玻璃、塑料片、金属片、漆片、胶条、木片等；人体散落物主要包括事故受伤人员的穿戴品、携带品、器官或组织的分离物；他体散落物主要包括事故现场人、车之外的物证，如：树皮、断枝、水泥、石块等。

② 附着物　附着物有喷洒或黏附物、创痕物与搁置物三种类型。喷洒或黏附物主要包括血液、毛发、纤维、油脂等；创痕物主要包括油漆微粒、橡胶微粒、热熔塑料涂膜、反光膜等；搁置物主要包括织物或粗糙面上的玻璃颗粒等。

③ 痕迹　事故现场痕迹的形状、颜色和尺寸，是事故发生时留下的，可以从侧面反映事故的过程，是事故现场物证收集的重点。痕迹可分为车辆行走痕迹、车辆碰撞痕迹、涂污与喷溅痕迹三类。车辆行走痕迹主要包括轮胎拖印、压印和擦印等；车辆碰撞痕迹主要包括车与车之间的碰撞痕迹、车与地面之间的碰砸与擦刮痕迹、车与其他物体间碰撞与擦刮痕迹。其中：车与车之间的碰撞痕迹包括车辆正面与正面、正面与侧面、追尾等的碰撞痕迹；车与地面之间的碰撞与擦刮痕迹常见于车辆倾覆或坠落的事故；车辆与其他物体间碰撞与擦刮痕迹主要有车与道路设施、路旁建筑物、电杆、树木等的接触产生。涂污与喷溅痕迹主要包括油污、泥浆、血液、汗液、组织液等的涂污与喷溅。

（2）常见的物证特征

① 车体散落的塑料件　常见塑料件有前后保险杠外壳、灯具支架、灯罩等。机动车上所使用的塑料制品及构件，其硬度或柔韧度各不相同。硬度大的塑料零部件，在撞击下容易破碎、散落（如灯罩）；硬度较小的则会发生破裂变形，只在强力冲撞下才会碎裂、散落（如保险杠外壳），无论其硬度大小，在擦刮和磨蹭中都会留下划痕与擦痕。

② 玻璃散落物　常见玻璃件有前后风窗玻璃、门窗玻璃、前照灯罩玻璃、后视镜玻璃等。玻璃硬度很高，脆性很大，在外力作用下比较容易破碎，是车身外部最脆弱的地方。

风窗玻璃一般采用夹层玻璃。夹层玻璃的特点是受碰撞时只产生辐射状或同心圆状裂纹，玻璃碎块一般附着在夹层上掉不下来，但仍有大量肉眼不易看见的微小碎屑飞溅到附近。

汽车的门窗玻璃多采用普通钢化玻璃，钢化玻璃在受外力作用或碰撞时，破碎前首先出现网状裂纹，破碎后的碎块比较圆钝而无尖锐棱角。

玻璃灯罩所用的是一种硼酸玻璃，特点是透明度较高、折射率很低。属于非钢化玻璃，破碎后带尖锐棱角，且破片具有一定曲度并带有热压花纹。

后视反射镜玻璃是经过磨制的凸面退火玻璃，破碎后其背面还附有金属镀膜。

③ 油漆附着物　新油漆涂层特征：新近喷涂的油漆涂层不但颜色清新鲜明，而且附着牢固，涂层本身也很坚韧。在受到擦刮、刻划与撞击时，油漆涂层多呈粉末或小颗粒状散落或转移。转移到其他物体表面的油漆粉末，分布比较细密、连续，且附着较牢，不易取下。

老旧油漆涂层特征：老旧油漆涂层，由于久经风化浸蚀不但颜色变得暗淡，而且出现老化龟裂现象。涂层附着情况变差，个别部位裂纹明显，裂纹中充满灰土与铁锈，漆皮本身的质地也十分酥脆。一旦受到擦刮、刻划和撞击，往往发生大面积片状脱落，转移的漆末在客体表面附着不牢且不连续。

④ 车辆与车辆之间的碰撞痕迹　车辆与车辆之间的碰撞，往往会在相撞双方或多方的碰撞部位留下明显痕迹。而且，这种撞痕在相对坚硬和强大的一方比较轻，在软弱和轻小的一方比较重。在撞痕形成过程中，往往是双方互为造成客体和承受客体。在各自被撞部位的撞痕上，往往可以反映出对方作用部位的形状特征。

⑤ 车辆与车辆之间的擦刮痕迹　车辆间的擦刮痕迹，具有方向性和始终端等特点，它能够反映出双方的运动方向和轨迹。

⑥ 车辆与地面间的撞砸痕迹　撞砸痕迹与车辆离地处的水平距离即车身腾空飞行距离，

它是计算冲出初速度或碰撞速度的宝贵数据。

⑦ 车辆与地面间的擦刮痕迹　留在地面上的擦刮痕迹，可反映车辆在地面上的形态和滑动轨迹，是再现事故过程的重要依据。

⑧ 车辆与其他物体间的碰撞痕迹　车辆与路旁建筑设施、电杆和树木等物体相撞时造成的伤痕碰撞痕迹，其痕迹特点是比较明显地反映了碰撞接触点和碰撞部分。而在车辆身上造成的损坏程度，往往能够反映出碰撞速度的大小。

⑨ 车辆与物体间的擦刮痕迹　车辆与道旁物体之间的擦刮痕迹，可反映事故车辆的运动范围与方向。

⑩ 车辆行走痕迹　车辆行走痕迹包括：胎印、拖印和擦印，胎印能显示轮胎花纹的粗细与轮胎的宽度；拖印基本上与车辆原行进方向一致，有时也会因制动跑偏或外加力矩的影响而有所偏离，有时因制动方式及机械原因而会在地面上留下断断续续的不连贯拖印；擦印一般比轮胎断面宽，如果轮胎抱死时，擦印可能为与拖印相仿的连续印迹，如果轮胎自由转动或部分自由转动时，擦印则为一组斜向排列的平行短线状印迹。

项目　查勘现场

一、项目目的

通过本项目的实施学习，使学员能够运用机动车辆保险的法律法规及保险条款，进行机动车辆事故现场的查勘工作，并能够根据现场查勘的资料及证据、按照查勘报告的写作要求进行缮写。

二、项目说明

查勘事故车辆现场，要求查勘人员应该熟悉事故现场基本查勘流程和工作内容，了解交通事故现场的定义和事故现场的分类，掌握现场照相、现场调查取证以及询问当事人的方法和技巧，运用拥有的法律知识和保险知识去判断保险责任范围，并能够运用现场查勘知识与技能和汽车综合知识去查明事故原因，以及对事故现场的处置。

三、技术标准与要求

(1) 每个学员独立完成此项目。

(2) 项目标准：在进行此项目的操作时，应运用相关查勘技能，对车辆事故现场进行查验，分析事故原因，判断事故责任范围，并缮制查勘报告。

四、设备器材

(1) 办公电脑。

(2) 打印机。

(3) 照相机。

（4）其他查勘用品。

五、作业准备

（1）索赔申请书。

（2）查勘报告单。

六、操作步骤

现场查勘

车辆事故查勘流程，见图4-1。

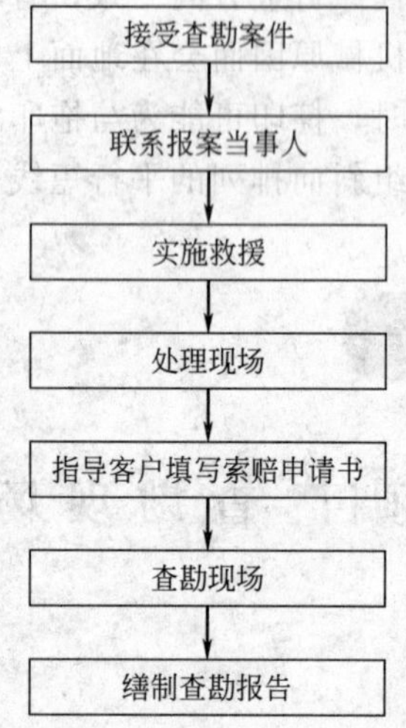

图4-1 车辆事故查勘流程

（1）接受查勘案件　查勘人员接到公司的直接派工或派工电话，应准确记录传达的标的车辆的基本资料、投保人的基本资料、联系方式以及出险现场和标的车辆的基本概况，如：报案号或保单号、车牌号、车型、出险地点、联系人、联系电话，并了解事故概况：出险原因、受损部位等，迅速做好查勘前的准备，带好查勘需要的相关工具与设备。

（2）联系报案当事人　查勘人员接案后，5分钟内应与报案当事人（出险标的车主或驾驶员）联系，告知赶到现场时间（一般市区20分钟内，郊区30钟内），并进一步了解事故情况。如遇交通堵塞或其他意外不能按时赶到现场，必须及时与客户联系并说明延误原因，预计到达时间，并向客户致歉。

注意告知到达时间，应适当留有余地，以免多次推迟时间，造成客户反感。

（3）实施救援　查勘人员赶到现场后，先应向当事人介绍自己的身份，同时表示关切与问候，如果此时标的车辆及财产尚处于危险之中，应立即协助当事人采用保护措施或组织施救；如果当事人已经实施抢救，则核定施救是否有必要，施救措施是否合理，施救方法是否得当，并及时了解施救费用的额度。

对于受伤人员或受损车辆，应该主动协助当事人联系120对伤员救治、联系车辆救援中心对受损车辆进行救援。

（4）现场处置

① 确认报案当事人身份：驾驶员、被保险人、现场当事人，并询问出险时间、出险

经过。

② 查明驾驶人情况：确认事故发生时是谁驾驶标的车辆（可以对驾驶员人车合影。进行证据固定）；确认是否是被保险人允许的驾驶人；查验驾驶证真伪；查验驾驶证年审及体检回执；查验持证人驾驶证是否被扣满分，未经重新学习及考试合格；查验驾驶人是否具有驾驶该车的资格；确认驾驶人是否为酒后、吸毒或者服用了相关免责范围的药物后驾驶出险标的车辆。

③ 指导客户准确详细填写出险经过并请客户签字，交付客户相关理赔材料，告知客户理赔流程，所需凭证。

（5）现场照相

① 基本要求　现场照相的内容应当与道路交通事故现场查勘笔录和现场测绘图的记录相互印证、相互补充，形成一条完整的证据链；

严格遵守《道路交通事故勘验照相》的相关规定；

必须客观、真实、全面地反映事故现场的原始状态，影像清晰、层次分明。

② 照相器材　汽车查勘定损一般使用数码相机，拍摄时要求使用标准镜头，以增强真实感，准备照明工具以备光线不理想时使用。

③ 照相原则　现场照相基本顺序：现场的方位—概貌—重点部位—细微之处；先拍摄原始状况，后拍摄变动状况；先拍摄现场路面痕迹，后拍摄车、物痕迹；先拍摄易破坏、易消失的痕迹，后拍摄不易破坏和消失的痕迹。

④ 照相方式　方位照相。从远距离采用俯视角度拍摄交通事故发生地周围环境特征和现场所处位置的照相方式。如图 4-2 所示。

图 4-2　方位照相

图 4-3　概貌照相

概貌照相。从中远距离采用平视角度拍摄交通事故现场有关车辆、伤亡人员、物体的位置及相互关系的照相方式。如图 4-3 所示。

中心照相。在较近距离拍摄交通现场中心。以接触点为中心，拍摄与肇事接触的各个部位，以及与现场有关的部位。如图 4-4 所示。

细目照相。采用近距或微距拍摄交通事故现场的路面、车辆、人体上的痕迹及有关物体特征的照相方式。如图 4-5 所示。

⑤ 定损核价照相　应有反映受损车辆号牌（如图 4-6 所示）及受损财产部位和程度的近景照片（如图 4-7 所示）。

要有事故车辆某些重要局部（如车牌号、发动机号、车架号或 VIN 码等）的特写照片。如图 4-8、图 4-9 所示。

图 4-4　中心照相

图 4-5　细目照相

图 4-6　反映受损车辆号牌

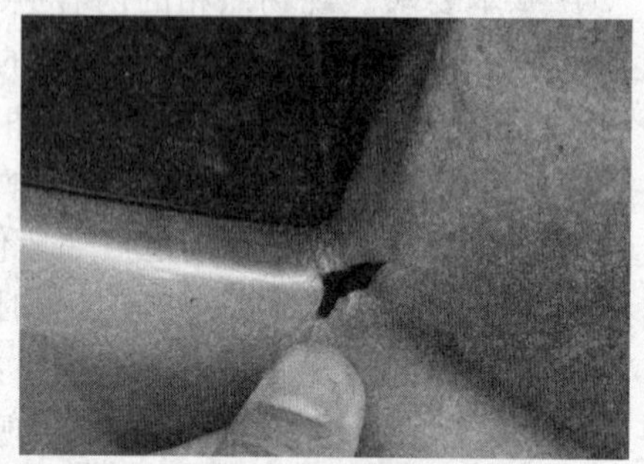

图 4-7　受损财产部位及程度近照

图 4-8　事故车辆重要局部特写

图 4-9　事故车辆局部特写

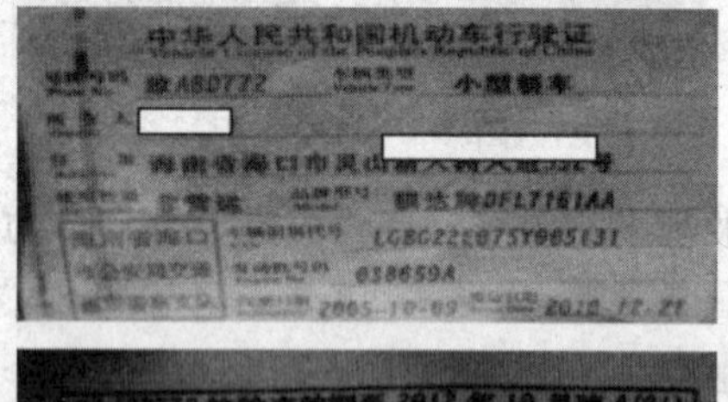

图 4-10　行驶证

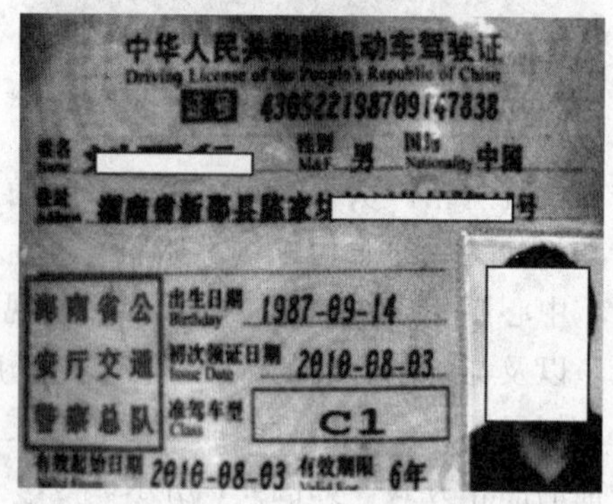

图 4-11　驾驶证

要有保险车辆的行驶证（如图 4-10 所示）、驾驶人的驾驶证（如图 4-11 所示）的特写照片。

双方或多方事故，应拍摄三者车的“交强险标志”（正面及背面）或交强险保单。

必要时可要求相关目击证人与受损车辆拍摄合影照片。如图 4-12 所示。

图 4-12 证人合影

(6) 现场核对

① 查验出险车辆的车牌号码、发动机号、车架号或 VIN 码是否与保单一致，验证车辆类型及型号。

② 查明车辆使用的合法性与车辆出险时的使用性质是否与保单记载一致。

③ 查验行驶证上的彩照与出险车辆是否相符，行驶证纸质、印刷、字体、字号是否存在疑问，查验行驶证防伪标记，看是否存在伪造嫌疑，核对行驶证副页检验合格章，看是否在有效期内，验明行驶证上的车主与保险单是否相同，不相符时是否有保险公司的批改单。

④ 验明是否属于新车产品质量或维修质量问题而发生的事故。

⑤ 查明车辆结构有无改变、加装或车辆是否已经报废。

⑥ 查验标的车辆的损失部位、损失程度等情况；如果是与第三方车辆发生事故，还应查明第三方车辆的基本情况。

⑦ 查明保险合同的有效期限、保险公司所承保的险种以及保险合同里所约定的条款内容。

⑧ 查明标的车辆驾驶员、其他乘员、第三者人员的伤亡情况。

⑨ 查明标的车上的承运货物、随车携带的行李物品、随车携带的宠物以及第三者车上的货物、路旁的花草树木、农田的庄稼、路产路面等损失情况。

(7) 查勘现场 查勘现场主要本着两个方向：其一，车辆刹车痕迹。据此判断标的车辆出险前的行驶速度及行驶路线；其二，车辆碰撞所遗留残碎的物体。根据刹车痕迹及遗留的残碎物体，确认和判断车辆瞬间碰撞第一接触点，其查勘方法如下。

① 沿车辆行驶路线寻找现场痕迹 刹车印迹：驾驶人员在遇到紧急情况时，所采取紧急制动与地面磨擦会出现炭黑拖印。

碰撞、碾压、刮、擦、挤等痕迹：车辆与车辆、车辆与行人、车辆与牲畜、车辆与其他物体接触后双方留下的痕迹。

现场遗留物：车辆发生碰撞后所剥落的漆皮、玻璃碎片、脱落破碎的汽车零件。

② 判断标的车辆出险前的车速 机动车辆出险前的行驶速度是分析事故原因的生成要素。车辆的行驶速度主要依据现场遗留痕迹作出分析判断。

现场查勘判断车速的方法，主要是利用车辆的制动拖印距离以及散落物抛出的距离等来估算车速。

③ 判断碰撞接触点 碰撞是指运动着的车辆以其运动方向的正面与对方接触的事故。碰撞接触点就是碰撞双方最初的接触部位。

交通事故中的碰撞形式有机动车辆碰撞行人、机动车辆碰撞自行车、机动车辆碰撞固定物体以及机动车相互碰撞等。碰撞的形式有正面碰撞、追尾碰撞、侧面碰撞等。

由于实际碰撞事故十分复杂，很难用动力学的碰撞理论，通过计算确定碰撞点。目前判断碰撞接触点的方法主要是根据现场情况进行逻辑推理分析，或通过事故现场模拟实验确定。

④ 判断碰撞接触点的依据。

a. 根据双方车辆损坏的部位及受力情况。

b. 事故现场的散落物。如：车体下的泥土、玻璃碎片等。

c. 印迹。如：刹车轮胎拖痕、车辆侧翻滑行痕迹及其他痕迹。

⑤ 碰撞接触点的判断。

a. 汽车碰撞固定物体　当汽车在碰撞固定物体后，无论碰撞后固定物（包括停驶的车辆）是否产生位移，用固定物体原始位置与汽车的接触点就能确定碰撞接触点。

b. 汽车碰撞行人或自行车　由于决定双方碰撞冲击能量的质量和速度相差悬殊，因此碰撞后不会导致汽车运动速度和运动方向的明显变化。在这种情况下，碰撞位置必然在现场汽车停放位置的后方。所以碰撞接触点应在汽车前保险杠之后（汽车前行事故），根据遗留在路面上的自行车轮胎挫划痕迹或行人的鞋底挫划痕迹，被撞者身上或自行车上掉下来的物品等进行判断。

c. 汽车正面相撞　汽车正面相撞时，由于两车均沿同一直线运动，碰撞后两车的停驶位置一般不会偏离原先的行驶方向。通常，当两车质量相当时，冲击能量大的车辆会将冲击能量小的车辆撞击后移位置，故碰撞位置应在冲击能量大的汽车保险杠后方。由于碰撞瞬间车辆前轴负荷突变以及碰撞力可能使前轮轮胎产生横向挫滑的结果，前轮胎将在路面上留下较正常轮印宽而重的挫痕。因此，轮胎挫印的位置，可作为判断碰撞接触点的依据。另外，还可根据碰撞掉落的前灯玻璃等掉落物体判断碰撞接触点。

d. 追尾相撞　追尾的后车碰撞行驶的前车，前车将在碰撞力的作用下加速，碰撞后两车一起向前运动，碰撞接触点应在停驶后的后车前保险杠之后。

e. 侧面相撞　无论是侧面正交或斜交相撞，被撞车都可能程度不同地偏离原先的行驶路线，车辆偏离原行驶路线的程度虽然与两车各自的冲击能量对比有关，但车辆碰撞后的运动趋势又受到碰撞接触部位、车辆型式和结构、操纵系统状态（车轮制动状态、转向轮偏转角度）、附着系数诸因素影响，所以侧面碰撞的碰撞接触点很难运用运动学关系通过简单定量分析得出可靠结果。一般依靠各种碰撞事故资料及经验进行判断。

⑥ 车辆变形和破损痕迹的鉴别与分析　事故发生后，无论是机动车辆之间，还是车辆与固定的物体或车辆与行人之间，甚至车辆自身的事故，都会或多或少的在车体上留下几种痕迹。

a. 车体上的碰撞痕迹　车辆互撞或车辆碰撞固定物体，一般都会造成车体变形或破损。在一般碰撞事故中汽车前面的保险杠、叶子板、水箱护栅等部位，可找出凹陷的痕迹。凹陷的位置和大小对判断碰撞对象及碰撞接触部位十分有用；从凹陷的程度也可推断碰撞时相对速度的大小。对于碰撞痕迹，应注意将第一次碰撞与其后的第二次碰撞区别开来。第一次碰撞与事故成因有关，而第二次碰撞则是事故的后果。

b. 车体上的刮擦痕迹　车辆刮擦痕迹的位置通常在车体侧面。刮擦痕多为长条状，除具有凹陷或破损的特征外，还呈现车身灰土、泥土被擦掉或漆皮被刮落的现象。与碰撞事故相仿，刮擦部分上可能留下对方车辆的漆皮、木质纤维或其他物体的痕迹。

c. 碾压痕迹　车辆碾压事故的痕迹多留在车裙下沿或底板下面。查勘车辆碾压行人或自行车事故时应注意查找碰撞痕迹，因多数碾压是碰撞以后发生的。

d. 车辆机械事故痕迹　因车辆机件失灵所造成的事故，其原因主要在车辆的行驶系或操纵系。行驶系或操纵系的某个机件断裂或连接松脱，往往使行驶中的车辆突然失控。因机件失灵所造成事故虽然为数甚少，但其后果一般都比较严重。机件断裂、松脱的原因有些属于设计、制造质量问题，但大多数情况下则与修理保养以及驾驶员的责任有关。为了查明这类事故的真正原因，则必须依靠对机件损坏部位痕迹进行必要的技术鉴定（包括材质的技术鉴定）。

汽车制动系以及行驶、转向机构的某些机件如前轴、转向节、钢板弹簧、转向传动杆件等的松脱或断裂都有其一定的过程。连接件的松脱过程先是防松装置　（开口销、锁紧螺帽等）脱落，然后在车辆行驶震动中逐渐松开；而机件的断裂也是如此，如转向节的断裂过程中由于应力集中等影响，最先在转向节轴根部出现疲劳裂纹，随着疲劳裂纹在使用过程中逐渐扩展，零件的有效断面亦随着减小，当有效断面小到使其强度不足以胜任某次冲击力时，转向节才会突然折断。可见，上述松脱和断裂的痕迹也不会是截然变化的。从痕迹处的油迹、锈斑、灰尘一般可以推断机件的损坏原因。这是鉴别事故在先还是机件损坏在先的方法。

车辆翻车等事故造成多种机件损坏时，应分析最先造成事故的原因。因为有的机件损坏是事故后造成的，与事故形成无关；有的是断裂旋转的传动轴打裂了制动贮气筒或破坏了制动管道，从而导致制动失效，车辆失去控制。这些，都应在对机件破损痕迹的具体分析中，运用科学知识合理推断。

（8）填写机动车辆保险现场查勘记录

机动车辆保险现场查勘记录

<table>
<tr><td>查勘时间</td><td>2011.8.8</td><td>查勘地点</td><td>××街××路</td><td>查勘人</td><td>陈××</td></tr>
<tr><td>被保险人</td><td colspan="2">杨××</td><td>保险单号</td><td colspan="2">0278337211020335000×××</td></tr>
<tr><td>保险险别</td><td colspan="5">车辆损失险√　第三者责任险√　驾驶员座位责任险√　乘客责任险□
挡风玻璃自爆险√　车辆失窃险□　非常损失险□</td></tr>
<tr><td>保险期限</td><td colspan="3">2011.03.08～2012.03.08</td><td>使用性质</td><td>自用车</td></tr>
<tr><td>出险时间</td><td>2011.08.08</td><td>出险地点</td><td colspan="3">××街××路</td></tr>
<tr><td>出厂型号</td><td>五菱 LZW6376E3</td><td>牌照号码</td><td>鄂 A.12345</td><td>发动机号</td><td>3A××××××××××</td></tr>
<tr><td>驾驶员情况</td><td colspan="5">姓名:刘××　驾驶证号码:420123198802031234
准驾车种:C1　驾驶经历:6 年</td></tr>
<tr><td>出险经过</td><td colspan="5">2011 年 08 月 08 日上午 6 时许,本人驾驶标的车辆由南向北正常行驶,行至××街××路时,与迎面而来的鄂 A.67890 出租车相撞,造成前保险杠、左前大灯、左前防雾灯、左前门、左后视镜受损,对方损失基本相当,经交通警察查勘责任判断,双方当事人的损失由各自承担。</td></tr>
<tr><td>出险现场图</td><td colspan="5"></td></tr>
<tr><td>备注:</td><td colspan="5"></td></tr>
</table>

一、理论考核

1. 分析题

(1) 简述接受查勘案件的过程要领。

(2) 查勘现场应该注意的事项。

(3) 现场处置的知识与技巧。

(4) 现场照相知识与应用。

2. 判断题

(1) 事故现场处置时，只需要对当事人进行详细的询问即可。 ( )

(2) 事故现场救援，按照实报实销的原则。 ( )

(3) 在接案后应该及时与当事人联系。 ( )

(4) 到达事故现场后应该首先自我介绍。 ( )

3. 选择题

(1) 对事故中损伤的零部件具体部位拍照应该用 ( )

A. 中心照相　B. 方位照相　C. 细目照相　D. 概貌照相

(2) 事故车身上的碰撞痕迹，一般是在 ( )

A. 与物体的接触部位　B. 车头　C. 车尾　D. 保险杠

(3) 查勘现场主要本着两个方向 ( )

A. 车头与车尾　B. 车头与接触点

C. 制动痕迹与车体抛洒物　D. 损伤程度与碰撞力

(4) 事故车辆追尾碰撞接触点的判断，一般在 ( )

A. 前车后杠上面　B. 后车前杠上面

C. 后车前杠后面　D. 前车后杠后面

二、技能考核

项目查勘现场作业，见表 4-1。

表 4-1　查勘现场作业项目评分表

<table>
<tr><td rowspan="2">基本信息</td><td>姓名</td><td></td><td>学号</td><td></td><td>班级</td><td></td><td>组别</td><td></td></tr>
<tr><td>规定时间</td><td></td><td>完成时间</td><td></td><td>考核时间</td><td></td><td>总评成绩</td><td></td></tr>
<tr><td rowspan="6">情景操作</td><td rowspan="2">序号</td><td colspan="3" rowspan="2">步　骤</td><td colspan="2">完成情况</td><td rowspan="2">标准分</td><td rowspan="2">评分</td></tr>
<tr><td>完成</td><td>未完成</td></tr>
<tr><td>1</td><td colspan="3">考核准备
设备与工具
相关表格</td><td></td><td></td><td>10</td><td></td></tr>
<tr><td>2</td><td colspan="3">操作流程</td><td></td><td></td><td>10</td><td></td></tr>
<tr><td>3</td><td colspan="3">操作规范</td><td></td><td></td><td>5</td><td></td></tr>
<tr><td>4</td><td colspan="3">操作技巧</td><td></td><td></td><td>5</td><td></td></tr>
</table>

续表

基本信息	姓名		学号		班级		组别	
	规定时间		完成时间		考核时间		总评成绩	
情景操作	序号	步骤			完成情况		标准分	评分
					完成	未完成		
	5	接受案件					5	
	6	现场处置					5	
	7	现场照相					5	
	8	现场查勘					5	
	9	综合能力					5	
	10	综合素质					5	
沟通能力							10	
掌控能力							10	
技术能力							10	
熟练程度							10	

一、 水灾现场查勘

车辆水灾现场查勘，界定自然损失与人为扩大损失有较大的难度，责任鉴定如证据不足常会造成保险索赔纠纷，甚至产生民事诉讼。

1. 接案处置

接受报案后，查勘人员应及时指导当事人对车辆进行正确自救，强调及时将车辆脱离危险区，切勿二次点火启动发动机。

为防止车辆、尤其是电器部分浸泡造成损坏，查勘人员应及时通知联系相关维修厂尽快施救，同时自己尽快赶赴现场。

车辆水灾现场查勘，在拍摄现场相片时，要求尽量能反映标的车辆所处的位置和水淹高度。

现场向车主询问标的车辆的发动机熄火原因，初步了解损失情况。

2. 现场查勘

① 确定车辆水淹高度　车辆水淹高度是确定水损程度一个非常重要的参数，车辆水淹高度通常不是以地面积水高度作为计量单位的（m），而是以汽车车身上具体位置作为参数，如表 4-2 所示。

表 4-2　车辆水淹高度等级表

等　级	特　征
一级	制动盘和制动毂下沿以上，车身地板以下，乘员舱未进水
二级	车身地板以上，乘员舱进水，而水面在驾驶员座椅座垫以下
三级	乘员舱进水，水面在驾驶员座椅座垫面以上，仪表工作台以下
四级	乘员舱进水，水面在仪表工作台中部
五级	乘员舱进水，水面在仪表工作台面以上，顶篷以下
六级	水面超过车顶，汽车被淹没顶部

② 确定车辆水淹时间　车辆水淹时间也是确认水淹损失的一个参数，其计量单位通常是以小时为单位，分为六级，如表 4-3 所示。

表 4-3　车辆水淹时间等级表

等　　级	时间/小时	等　　级	时间/小时
一级	$H \leqslant 1$	四级	$12 < H \leqslant 24$
二级	$1 < H \leqslant 4$	五级	$24 < H \leqslant 48$
三级	$4 < H \leqslant 12$	六级	$H > 48$

③ 确定水质情况　在对水淹汽车的损失评估中，应该对水质情况进行认真了解。一般说来，海水要比淡水的损害要大；混水要比清水的损害大；暴雨积水造成的水淹，有的还是下水道内倒灌的出来水，甚至含有酸、碱性的污水和油性污水等水质造成的损害。

④ 确定车辆配置情况　对真皮座椅、高档音响、车载影视系统等配置是否为原车配置进行确认，需确认保单的保险项目。

3. 查勘操作原则

① 分类原则　轻重、高低、难易。

② 快捷原则　能定则定，包干优先。

③ 顺序原则　查勘施救：先高档后普通、先轿车后货车、先重后轻；

进厂处理：先电器后其他、先干燥后检测、先内饰后外观。

4. 确定水灾损失时的车辆状态

车辆停驶后被淹，发动机没有启动；车辆停驶后被淹，发动机进行了二次启动；车辆处于行驶状态被淹熄火，发动机没有启动；车辆处于行驶状态被淹熄火，发动机进行了二次启动，根据上述状况初步确认损失程度和保险责任。

二、火灾现场查勘

火灾有自燃与引燃两种发生情况，自燃是指在没有外界火源的情况下，由本车电气设备、线路、供油、机械系统等车辆自身故障或所载货物起火燃烧；引燃是指汽车被其自身以外的火源引发的燃烧。

1. 汽车自燃的可能原因

供油系统、电气系统、高压漏电、低压短路、接触电阻过大、点火顺序错乱、加大保险丝容量、机械系统及其他相关原因。

2. 汽车引燃的可能原因

碰撞起火、雷击、爆炸。

3. 承担赔偿责任（已投保车辆损失险、自燃损失险）

车辆因自身电气线路老化、过载、短路所致，或由于供油、货物原因起火；发生交通事故时，与外界碰撞后起火、燃烧；外部火源引发保险车辆起火等。

4. 不承担赔偿责任（投保车辆损失险、未保自燃损失险）

车辆因自身电气线路老化、过载、短路所致，或由于供油、货物原因起火；不正确修理引发保险车辆起火等；利用残旧车辆高额投保骗赔放火等。

5. 火灾类型分析

判断是碰撞事故引起燃烧还是车辆自燃引起燃烧；标的是动态状态下起火还是静态状态下起火；检查车辆燃烧痕迹；判断燃烧起火点及火源。

6. 现场调查

车辆碰撞或翻车的具体情节及造成着火的原因；车辆起火和燃烧的具体情况及后果；车辆起火后驾驶员采取了哪些灭火及抢救的措施；当事司机与被保险人关系；被保险人经济情况调查；该车的技术状况和使用情况，是否进行过修理，最近一次在哪家修理厂维修的；事故地周围有无异常物，如车上配件、维修工具等。

7. 焚车骗赔的特征

被焚车辆多为个体运输的轿车、客车、货车，获得保险利益者多为个人；个别车辆为廉价收购的进口车、接近报废年限的车；车辆焚毁前多为破旧不堪却低值高保、一车多保或巨额投保。

焚车地点相对偏僻，人迹稀少，时间多在不利有关人员及时到场查勘和进行现场救援的时间段、恶劣天气或节假日。

当事人行为反常，神态自然，特别冷静，没有遭遇突发事件后的紧张、焦虑、恐怖神情；叙述经过与已知的事实不相符，或证词相互矛盾，或反对某种调查。

车主或驾驶员对赔付规定和索赔流程基本熟悉，焚车后急迫索赔，给保险公司索赔的资料基本齐全；索赔过程中对知情人威胁恐吓，对保险理赔人员殷勤备至，伺机请客送礼。

汽车起火后，车主或驾驶员先选择向投保的保险公司报案，延迟拨打 110 或 119 求救电话请求救援，有违常规。

8. 现场查勘

通过金相分析，判定有无汽油助燃；通过文检鉴定，鉴别单证材料真伪；通过识别编号检验，判断车辆来源、车辆登记情况。

学习任务五

机动车辆定损

工作情境描述

对客户车辆现场查勘完毕后，作为汽车查勘员，请根据汽车结构与性能知识、汽车修理知识、保险知识，去认定车辆车身、总成和零部件的损伤程度以及其他方面损失，确定赔付范围和赔付方式。

学习目标

1. 判断保险责任期限与保险责任。
2. 判断被保险人是否履行了保险义务。
3. 熟悉保险赔偿给付或拒赔的关键要素。

一、机动车辆定损简介

1. 机动车辆定损基本概念

机动车辆估价定损是一项技术性很强的工作，要求查勘人员除了具备相关法律知识外，还应该具备相关汽车方面知识、保险方面知识，确定保险责任、损失范围、损伤程度，适度把握维修与更换以及其他损失赔偿与给付的尺度。

对于车身结构件来讲，不能用冷作业可以修复的板件，一律采用更换修复的方式；对于车身覆盖件来讲，应该以损伤程度和损伤面积为依据，参照维修后可以到达的质量和维修所产生的费用两个方面的准则，去确定修复与更换的方式。

对于汽车零部件的更换与修理，往往存在一定的难度与分歧，查勘人员必须具备汽车构造与性能方面的专业知识，去准确判断事故与损伤的因果关系，分析该次事故会给哪些零部件造成损伤和性能下降？至于保险责任范围确定，应该确定哪些是这次事故直接碰撞造成或间接造成的损伤？哪些是车辆本身的故障所造成的损伤？哪些是车辆在运行过程中的正常磨损？哪些是使用或维护不当造成的损伤？哪些是损伤后没有及时维修致使损伤扩大？

2. 机动车辆定损原则

机动车辆维修定损的原则与常规维修有所不同，常规维修是参照车辆技术指标需要，依据客户的意愿决定修与换；保险标的车辆出险后维修，是依据保险公司的修复优先原则，在考虑尽可能地恢复车辆的原始状态与原有性能的基础上，还要从经济角度考虑。维修或赔偿仅限于本次事故；能够维修的不进行更换；修复仅局限于受损部位；能够局部更换零部件的不更换总成；根据地区差别等级、车辆档次等级和维修厂家资质等级进行费用预算。

3. 机动车辆损失核定

机动车辆的公估定损，对查勘人员的综合素质要求很高，是关系到保险理赔工作是否能够顺利进行的关键性工作，在事故现场查勘完毕后，查勘人员应协商确定送修单位，并协同被保险人和修理厂对车辆受损部位进行修复时间和维修费用的确定工作，对于涉及第三者责任的，必要时应请第三者或其承保人参与损失确定。

对于那些受损情况严重与复杂不能现场确定损伤的零部件，在可能的条件下或指定有资质的修理厂对受损部件进行必要的拆检分析，以保证查勘定损工作能够全面反应损失情况，减少可能存在的隐蔽性损伤部位，尽量减少二次检验定损的工作，其注意事项如下。

① 缮制现场勘查记录　查勘人员在查勘现场时，应缮制好查勘记录，详细核定本次事故造成的车辆损失部位和修理项目，逐项列明修理所需的工时，以及需要更换的零部件名称与数量并验明是原厂部件还是副厂部件。

② 确定零部件价格　零部件的更换标准，是按同等级赔付的原则，即：受损部件是原厂部件的赔付原厂部件，属于副厂部件的赔付副厂部件。至于零部件价格，一般保险公司都有自己的内部报价系统，如果没有内部报价系统，也可以建立一个具有权威的长期合作询价网络，或查询原厂配件手册、或查询专业估损手册、或专业的估损报价信息系统。确定零部件价格应注意做到“随市报价”“有价有市”，能够确保被保险人或承修厂能够按照询问的价格购买到所需的零部件。

③ 确定维修费用　查勘人员在获得零部件报价单后，根据被保险人自选的修理厂，或应被保险人要求推荐、招标的修理厂的资质等级，确定修复作业的全部费用，并与被保险人和可能涉及的第三方共同签订《机动车辆保险定损确认书》。

④ 分清保险责任　定损之前应注意区分本次事故和非本次事故造成的损失、事故损失和正常维修保养的界限，尤其是在查勘地点不是第一现场的情况下更应注意。对确定为本次事故损失的部分应坚持修复优先的原则。

如被保险人提出扩大损伤修理范围或要求更换其他零部件时，其超过部分费用应由被保险人自行承担，并在《机动车辆保险定损确认书》中注明。

⑤ 坚持保险原则　若事故车在查勘人员估损之前已经由被保险人自行送修，根据保险条款的有关规定，保险人有权重新核定修理费用或拒绝赔偿。在重新核定损失时，应对照查勘记录逐项核对修理项目和费用，删除其扩大修理的或不属于本次事故定损的项目和费用。

⑥ 注意零部件管理　查勘定损应特别注意对更换零部件的控制和管理。因为修理厂在估算修理费用时可能会尽量增加更换零部件的数量，提高修理费用，甚至在实际修理过程中将一些已经造价予以更换零部件修复后再使用，以牟取不当利益。保险公司除了应加强对修理厂的监督之外，还可以要求修理厂返还被更换的零部件，这样不但可以防止修理厂弄虚作假，而且还有可能防止再利用这些零部件。

4. 人身伤亡费用核定

机动车辆发生事故后，除了导致车辆本身的损失外，可能还会造成人身伤亡。这些人身伤亡可能构成第三者责任险和车上责任险项目的赔偿对象。检验人员应根据保险合同规定和有关法律、法规确定人身伤亡的费用，具体做法和要求如下。

① 确保及时救治　在保险事故中出现人身伤害时，应当立即将受伤人员送医院急救，以抢救生命和控制伤情为重。目前，我国的大多数保险公司在承保了第三者责任险或者车上责任险的情况下均向被保险人提供“医疗急救费用担保卡”，有的还与有关医院签订协议，建立保险事故受伤人员急救“绿色通道”，以确保保险事故受伤人员能够及时治疗。

② 人身伤亡赔偿范围　按照《道路交通事故处理办法》的规定：人身伤亡可以赔偿的合理费用主要包括受伤人员的医疗以及相关费用、残疾赔偿费用、死亡人员的赔偿以及相关的处理费用、抚养费用和其他费用。

受伤人员的医疗费用是指受伤人员在治疗期间发生的由本次事故造成损伤的医疗费用(限公费医疗的药品范围)，与医疗相关的费用是指在医疗期间发生的误工费、护理费、就医交通费、住院伙食补助费等。

残疾赔偿费用是指残疾者生活补助费和残疾用具费。

死亡人员的赔偿是指死亡补偿费，与死亡相关的处理费用是指丧葬费。

抚养费用是指死亡人员的被扶养人的生活费。

其他费用是指伤亡者直系亲属及合法代理人参加交通事故调解处理的误工费、交通费和住宿费。

③ 人身伤亡给付方法　被保险人向保险人提出索赔前应对所有费用先行支付，而后将取得的单证以及相关资料作为索赔依据提交给保险公司，在收到被保险人提供的上述单证后，定损人员应及时审核被保险人提供的事故责任认定书、事故调解书和伤残证明以及各种有关费用单证。费用清单应分别列名受害人姓名及费用项目、金额以及发生的日期。

根据保险条款和《道路交通事故处理方法》，对不属于保险责任范围内的损失和不合理的费用，如精神损失补偿费，困难补助费，处理事故人员差旅费、生活补助、招待费、请客送礼费等予以剔除，并在人员伤亡费用清单上“保险人的意见”栏内注明剔除项目及金额。

④ 核定人身伤亡费用时应注意的　医疗费用是目前在人身伤亡费用控制中的一个突出问题，一些医院尤其是一些中、小型医院因管理不善和利益驱动，对受害者及其家属提出不合理的要求采取无原则的迁就态度，有的出于自身利益的考虑，故意引导受害者进行不合理的治疗，甚至与受害者及其家属串通损害保险人的利益，对于这些问题定损人员应予以高度重视，应该尽早介入，即在受害者送医时就开始全程跟踪，全面了解受害者受伤和治疗的情况，了解各类检查和用药情况，对于一些疑难的案件，必要时可以委托或邀请有医疗专业知识和经验的人员协助。

伤者住院期间经医院确定需要护理时，护理人员最多不超过两人。伤者需要转院赴外地治疗的，须由所在医院出具证明并经事故处理部门同意。伤残鉴定费用需经过保险人同意。

被抚养人的抚养费用，如受害人户籍所在地的有关人员提供证明，定损人员应进行真实性、合理性、合法性核定。

《交通事故经济赔偿调解协议书》是具有法律效力。代表国家行使执法权，如果调解协议违背了相关法律法规的规定，可视同被保险人对自己合法权益的不当放弃，保险人根据有关规定有权对赔偿的金额进行重新核定计算，并以此作为赔偿依据。

5. 其他财产损失核定

车辆事故除了导致车辆本身的损伤外，还可能造成第三者的财产损失和车上承运货物的损失。这些财产损失可能构成第三者车上责任险和货物运输保险项目下的赔偿对象。

第三者财产损失赔偿责任是基于被保险人侵犯行为产生的，应根据民法的有关规定按照被损害财产的实际损失予以赔偿，确定的方式可以采用与被害人协商的方式，但是如果协商不成亦可以采用仲裁或者诉讼的方式。

对于车上承运货物的损失，应会同被保险人和有关人员对受损的货物进行逐项清理，以确定损失数量、损失程度和损失金额，在损失金额的确定方面应坚持从保险利益原则出发，注意掌握在出险当时标的具有价值，确保体现保险补偿原则。

6. 施救原则与费用核定

施救费用是在发生保险事故之后，被保险人为了减少损失而支出的额外费用。所以施救费用是一种替代费用，其目的是以相对较小的费用支出，控制事故扩大的损失。定损人员在核定施救费用时应遵循以下原则。

① 以控制损失为前提　施救费用应是保险标的已经受到损失时，为了减少损失或者防止损失的继续扩大而产生的费用。在机动车辆保险中主要是倾覆车辆的起吊费用、抢救车上承运货物的费用、事故现场的看守费用、临时整理和清理费用以及必要的转运费用。

雇佣的吊车和其他车辆进行抢救的费用，以及将出险车辆托运到修理厂的运输费用，按当地物价部门颁布的收费标准予以核定。被保险人使用他人（非专业消防单位）的消防设备，施救被保险车辆所消耗的费用及设备损失可以列为施救费用。

充分考虑施救对象的实际价值，如果施救费用超过被施救物的实际价值，可放弃施救，在案件定损单中说明情况。

② 施救费用核定　在施救过程中，由于意外事故可能造成被施救对象损失的进一步扩大或造成他人财产的损失以及施救车辆和设备本身的损失。

如果施救工作是由被保险人自己或他人义务进行的，只要没有存在故意和重大过失，原则上保险人应予以赔偿。

如果施救工作是雇佣专业公司进行的，只要没有存在故意和重大过失，造成他人财产的损失以及施救车辆和设备本身的损失，原则上应由专业公司自己承担，被保险人还可以就进一步扩大损失的部分要求专业施救公司承担赔偿责任；但在施救时，抢救人员物品的丢失，一般不予赔偿。

同时施救保险车辆以外的财物的，严格区分保险车辆和保险车辆以外的财物各自发生的费用。如果无法准确区分的，可按照被施救物重量、比例或所耗时间等方法进行分摊计算。

施救、保护费用与修理费用应分别理算。当施救、保护费用与修理费用相加，估计已达到或超过保险车辆的实际价值时，则可推定全损予以赔偿。

车辆损失险的施救费是一个单独的保险金额，但第三者责任险的施救费用不是一个单独的责任限额。第三者责任险的施救费用与第三者损失金额相加不得超过第三者责任险的责任限额。

③ 施救费用核定原则　充分考虑施救难度和施救工作量，参照市场行情，确定施救费用、吊车费和拖车费，可参照当地交通部门制定的标准进行确定，对于有的地方存在一定的行业垄断，应该坚决抵制不合理的费用支付。

对需要人工和专用设备进行施救的，可按照当地用工标准和专用设备使用费用，或参照行业标准进行确定。

保险车辆出险后，被保险人赶赴肇事现场处理所支出的费用不予负责。

如果被保险车辆为进口车或特种车，发生保险责任范围的事故后，在当地不具备修理能力，事先经保险公司书面同意可以移送外地修理，对相应的移送费保险公司将予以赔偿。但是应当明确该项费用属于修理费用的一部分，而不是施救费用。

施救费用应根据事故责任、相对应险种的有关规定扣减相应的免赔率。

④ 工时定额和费率　工时费的计算方法是：工时费＝工时定额×工时费率。工时定额是根据修理的项目确定的，在汽车维修工时手册或专业估损手册中，通常将工时分为拆卸和更换项目工时、修理项目工时、大修工时、喷漆工时、辅助作业工时等。不同车型、不同年款、不同总成的工时定额一般差别较大；工时费率一般随着地区差、修理厂资质、车辆的等级、技术工种的不同而不同。

对于事故车的估损和修理，工时定额和工时费率一般有以下几个来源，可供估损员参考。对于部分进口乘用车，可以查阅该车型的《碰撞估损指南》，里面不仅提供了各总成的拆装和更换工时，部分总成还提供了大修工时，并且考虑到了各部件之间的重叠工时。对于国产车型和合资车型，可以按照各车型生产厂商提供的《工时手册》和《零件手册》，估算各总成和零部件的更换和拆装工时修理费用。

估损员可以根据提示的修理项目，在生产厂商的《工时手册》和《零时手册》中查找到各个项目的工时，并进行累加。但需要扣除重叠工时，合理的降低保险公司的理赔费用。做到每一步骤都有据可查，能有效避免车主与修理厂和保险公司或公估公司之间因价格差异较大而产生矛盾。

“更换工时”在事故车辆的修复过程中，一些车身上的结构件、覆盖件、总成、零部件以及车身上的附属设备和内外装饰部件，当受到不可修复性的损伤，有些部件因维修工艺的要求，修复后难以达到原有设计的技术参数，在进行换件作业后所发生的工时为更换工时。

“拆装工时”：为了对损伤程度的准确评估和维修，根据需要必须对损伤区域的覆盖件、零部件以及装饰板进行拆卸解剖，这种工时称作“拆装工时”。

“修理工时”包括的操作有：分解、重新组装、检查、测量、调整、确认、诊断、故障排除（电气系统）等操作的工时。修理工时的确定比拆装和更换工时复杂得多，因为地域的不同、车辆的等级不同、维修厂资质不同都可能造成修理工时的不同。

在没有事故车辆的生产商的相应维修手册，或者手册中没有列出相应的工时，还可以参考当地汽车维修行业主管部门公布的《汽车维修工时定额与收费标准》，从中查找对应的工时数量或工时费标准，然后根据资质和其他条件进行相应调整。

“辅助修复拆装工时”，当车身某个部位受到撞击时，在进行修复前，必须对局部受损区域和周边相连接的附属设施，以及内、外装饰件先行拆除，在经过矫正修复后，再进行试组装、试拆装以及重复矫正的工作，不过这种局部修复组装件少，组装调试难度相对较小。

有时可能出现辅助拆装的工时高于矫正修复工时的现象。例如：当车身的前纵梁严重受损，不管是修复还是切割更换，都必须将前面的发动机、变速箱、前悬架系统、翼子板、水箱支架、水箱、空调散热器、电磁扇以及引擎舱里面的所有零部件拆除，这样就会出现辅助拆装的工时高于矫正修复工时的现象了。

二、残值处理

残值处理是指保险公司根据保险合同进行了赔偿并取得受损标的所有权后，对于这些受损标的的处理。通常情况下，对于残值的处理均采用协商作价归被保险人的做法，并在保险赔款中予以扣除。如协商不成，也可以将已经赔偿的受损物资收回。这些受损物资可以委托有关部门进行拍卖处理，处理所得款项应当冲减赔款。一时无法处理的，则应交保险公司的损余物资管理部门收回。

项目 车辆估损

一、项目目的

通过本项目的实施学习，使学员能够运用汽车查勘定损的相关知识，对受损车辆进行估损，并能够根据损伤程度，结合所在地区级别、车辆等级、承修厂家的资质等情况，进行维修费用的确定。

二、项目说明

车辆估损是事故车辆理赔中技术性最强的一部分工作，也是保险标的车辆最终得到赔偿的依据，在定损时既要考虑到保险公司的经济利益，又要考虑到事故车辆修复后能够基本达到原有的技术性能。

三、技术标准与要求

（1）每个学员独立完成此项目。

（2）项目标准：按照汽车查勘定损的相关标准对受损车辆进行估损。

四、设备器材

（1）办公电脑。

（2）教学车辆。

（3）相关工具仪器。

（4）办公用品。

五、作业准备

（1）损伤情况登记表。

（2）机动车辆保险损伤情况认定书。

六、操作步骤

1. 估损方法

事故车辆估损流程见图 5-1。

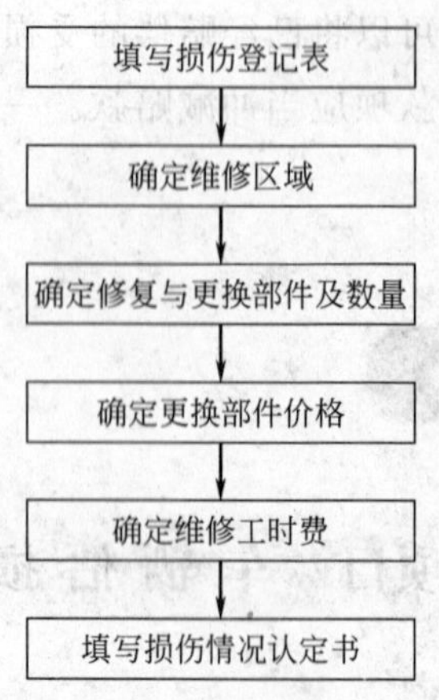

图 5-1　事故车辆估损流程

(1) 填写损伤情况登记表　填写损伤情况登记表的目的有二：其一，就是车辆在发生碰撞事故后，为了能够及时疏导交通，对车辆受损情况作出快速登记后迅速撤离事故现场；其二，在检查受损情况的时候，车辆有的部件需要解体车身才能观察，有的零部件损伤需要进一步专业确定，在最终估损之前，把受损的部件、总成以及零部件的受损状况进行登记，既可以保证受损区域和部件没有被忽略，又可以防止不良维修厂趁机掉包和扩大损失。见表 5-1。

表 5-1　事故车辆损伤记录表　　　　工单号：203456

车主	杨××	车牌号	鄂 A. 1213458	车型	五菱 LZW6376E3	发动机号	3A××××××××××
车身号	LZWACAGA123456789			记录人	陈××	记录时间	2011. 08. 08
—	前保险杠						
—	左前大灯						
—	左前防雾灯						
—	左前门						
—	左前后视镜						

备注：(填写表中未列零部件)

说明：完好○　破损－　缺失×　表面受伤 B　变形 S　碰撞缺失※

(2) 确定维修区域　对于损伤板件维修区域的确定，除了从板件维修后的使用时间和经济效益等方面考虑外，另外还要考虑可维修性，钢板表面没有过度的损伤和褶皱。

（3）确定修复与更换零部件及数量　对于受损的车辆零部件，是修复还是更换，首先必须对受伤的零部件进行损伤程度鉴定，这个过程中可以邀约有关方面的维修技师一同进行拆检分析与损伤评估。这样可以保证损伤评估以及维修费用的公正性，同时可以提高评估效率，对于可以维修的进行工时评估，对于确定更换的进行名称型号及数量登记。

（4）确定更换部件价格　在确定更换部件后，定损人员应该通过内部询价系统或定点的具有权威的长期合作询价网络，或查询原厂配件手册、或查询专业估损手册或专业的估损报价信息系统，确定部件价格。

（5）确定维修工时费　事故车辆维修费的确定，应根据损伤面积、损伤程度、维修难度、相关资质与等级等进行适度把握，并参照车辆的生产商的相应维修手册，参考当地汽车维修行业主管部门公布的《汽车维修工时定额与收费标准》，最终确定一个可以维护多方利益的价格。

（6）填写损伤情况认定书　在进行了受损车辆的损失程度检查与鉴定，确定了维修区域和项目及部件修复与更换，确定了工时费和部件数量与价格后，及时填写《机动车辆保险损伤情况认定书》。见表5-2。

表5-2　机动车辆保险损伤情况认定书

××××财产保险股份有限公司机动车辆保险损伤情况认定书

车主：杨××　　　　赔案号：8853123456

<table>
<tr><td>牌照号码</td><td colspan="3">鄂A.12345</td><td colspan="2">肇事车保单号码</td><td colspan="2">027833721102033500×××</td></tr>
<tr><td>发动机号</td><td colspan="3">3A××××××××××</td><td colspan="2">底盘号(VIN)</td><td colspan="2">LZWACAGA123456789</td></tr>
<tr><td>厂牌型号</td><td colspan="2">五菱 LZW6376E3</td><td>出险时间</td><td colspan="2">2011年08月08日
08时30分</td><td>保险险别</td><td>√车损险
√三者险</td></tr>
<tr><td>初次登记年月</td><td colspan="2">2007-12-12</td><td>安全装置</td><td colspan="2">□安全气囊　√ABS系统</td><td>变速箱形式</td><td>□自动　√手动</td></tr>
<tr><td colspan="2">更换配件名称</td><td>数量</td><td>配件价格</td><td colspan="3">修　理　项　目</td><td>工时费</td></tr>
<tr><td colspan="2">前保险杠</td><td>1</td><td>58.00</td><td colspan="3">事故拆装：</td><td></td></tr>
<tr><td colspan="2">左前大灯</td><td>1</td><td>380.00</td><td colspan="3"></td><td></td></tr>
<tr><td colspan="2">左前防雾灯</td><td>1</td><td>20.00</td><td colspan="3"></td><td></td></tr>
<tr><td colspan="2">左前门</td><td>1</td><td>568.00</td><td colspan="3"></td><td></td></tr>
<tr><td colspan="2">左后视镜</td><td>1</td><td>20.00</td><td colspan="3"></td><td></td></tr>
<tr><td colspan="2"></td><td></td><td></td><td colspan="3">事故钣金：工时费</td><td>800.00</td></tr>
<tr><td colspan="2"></td><td></td><td></td><td colspan="3"></td><td></td></tr>
<tr><td colspan="2"></td><td></td><td></td><td colspan="3"></td><td></td></tr>
<tr><td colspan="2"></td><td></td><td></td><td colspan="3"></td><td></td></tr>
<tr><td colspan="2"></td><td></td><td></td><td colspan="3">事故油漆：工时费</td><td>600.00</td></tr>
<tr><td colspan="2"></td><td></td><td></td><td colspan="3"></td><td></td></tr>
<tr><td colspan="2"></td><td></td><td></td><td colspan="3"></td><td></td></tr>
<tr><td colspan="2">油漆</td><td>0.6</td><td>78.00</td><td colspan="3"></td><td></td></tr>
<tr><td colspan="2">钣金辅助材料</td><td></td><td>50.00</td><td colspan="3"></td><td></td></tr>
<tr><td colspan="2">油漆辅助材料</td><td></td><td>50.00</td><td colspan="3"></td><td></td></tr>
</table>

续表

更换配件名称	数量	配件价格	修 理 项 目	工时费
机电辅助材料		20.00	事故机电：工时费	100.00
材料费小计：1244.00元			工时费小计：1500.00元	
扣残值：			总计金额：2744.00元	

1. 经甲乙丙丁四方协商，完全同意按以上核定的价格修理。总计工料费人民币×佰×拾×万贰仟 柒 佰 肆 拾 肆 元 × 角 × 分(￥:2744.00,00元)。

2. 乙方按以上核定项目保质保量修理，且履行以上核定的修理及换件项目，如有违背，甲方有权向乙方追回价格差额。若有核定项目有明显遗漏的，乙方需经甲方同意认可签字后，方可追加修理项目，否则甲方拒绝赔偿追加部分。

3. 乙方保证在 4 日内保质保量按时完成修理；若违约，愿意赔偿因拖延时间或修理质量问题而造成丙方的利润损失。

4. 丙方(丁方)对以上核定的修理项目和价格无任何异议。如存在修理质量问题或价格超标，由乙方负全部责任。

5. 其他约定：

乙方(修理厂)签章：	丙方(车方)签章：	丁方(第三者)签章：	甲方(保险公司)签章： ××保险公司(公章)
×××维修站(公章) 2011年08月08日	杨××(签章) 2011年08月08日	年 月 日	查勘定损人：陈×× 核价人：王×× 2011年08月08日

2. 车身钣件及附属部件估损

(1) 保险杠　以前保险杠都是刚性设计，单纯抵抗碰撞冲击能量，现在改进为抵抗和吸收碰撞冲击能量的同时，还具有装饰和降低风阻系数的功能作用。如果是有涂装层的钢制保险杠，在受到损伤后可以进行重新修复；如果是镀铬层的钢制保险杠，在损伤后镀铬层没有办法修复只能进行更换；如果是有涂装层的塑料保险杠，一般变形与损伤以修复为主，严重损伤和没有涂装层的塑料保险杠，都必须更换。

保险杠内衬是泡沫的可以重复使用，是金属的一般以修复为主，损伤严重予以更换；保险杠支架是简易型的，一般与修复为主，损伤严重的和压溃箱式支架受损变形都应予以更换；高档轿车所使用的保险杠缓冲器，如果出现弯曲，破裂、漏气、漏油现象就应该予以更换。

保险杠上的所有装饰条，一旦受损就必须更换；保险杠上各种灯具当受到损伤，玻璃破碎予以更换，玻璃完好连接部位受损可以考虑修复，无法修复才予以更换。

(2) 格栅与前面板　格栅位于车辆前部中央，具有装饰作用和实际功能：用来隐藏散热器，并将空气导流到散热器芯上。在不同的车型上，其安装位置可能有所不同，有的装在保险杠塑料外皮上，有的装在前面板上，有的装在散热器支架上或发动机舱盖上。格栅的材质一般有：铝、碳钢板、塑料或带电镀层的。

塑料格栅受轻微碰撞时，可用塑料焊接技术或粘接修补方法修复，严重时则要更换，格栅的设计也多种多样。有的格栅由多片组成，这些可以分别单独更换而不是整体更换。附带的徽标、装饰件、支撑件、支架、饰条、固定件、一般表面受损可以单独更换，连接处受损可以考虑修复；大型车辆和工程车辆上格栅一般是碳钢板冲压加涂装层，一般可以修复的。

头面板一般出现在面包车、货车及客车前面或格栅上面，一般由金属板、玻璃纤维、塑料或铝组成。对于塑料材质或玻璃纤维头面板，如果损坏得不太严重，可以进行修复，如果更换，应当注意其拆装和更换工时是否包含格栅和前照灯总成的工时。

(3) 玻璃　前挡风玻璃一旦受到损伤，都是以更换为主，是粘结式安装的玻璃还要查看前挡风玻璃上是否安装有后视镜或是否也一并受到损伤，有的高档轿车粘接玻璃周边还镶嵌有装饰条，如果受损予以更换；胶条镶嵌式安装的玻璃，如果胶条受损也予以更换；后挡风玻璃估损时处理与前挡风玻璃一样，但要注意玻璃的类型，是否是普通玻璃还是具有防霜功能玻璃。

(4) 散热器支架　承载式车身结构中，散热器支架焊接翼子板加强梁上面，为车身前端提供结构性刚度支撑，同时还为散热器及空调的冷却系统部件提供安装支持，一般损坏的散热器支架可以用矫正设备进行矫正维修，如果散热器支架损坏严重无法修复，就应当进行分离更换新件。

现在新型工艺设计的散热器支架是用螺栓连接在两侧翼子板加强梁上，如果受损轻微可以拆卸下来进行修复，如果受损严重直接拆卸更换即可。

(5) 发动机舱盖与行李箱盖　发动机舱盖又称引擎盖，是覆盖在发动机舱上面，起隔音降噪和保护发动机作用，通常是由普通碳钢板冲压而成，现在也有些发动机舱盖是铝制、玻璃纤维和塑料材质的。

发动机舱盖如果受到撞击，普通碳钢板材质的一般损伤可以进行修复，严重损伤才予以更换；铝合金材质的一般变形考虑修复，稍微严重一点就应该进行更换，因为铝制板件可延展性较强，当受到撞击后，很难恢复原始形状与尺寸，还有受加工硬化性能的影响，很难进行二次修复。

玻璃钢材质发动机舱盖，一般没有较大的撕裂性和贯穿性损伤，一般可以考虑修复，如果是支架连接处受损而影响安装和连接的，应该进行更换；塑料材质发动机舱盖一般可以考虑以修复为主，除非受损严重时才予以更换。

发动机舱盖铰链变形以更换为主，发动机舱盖撑杆有铁条状撑杆和液压撑杆两种，铁条状撑杆可以修复；液压撑杆撞击变形与泄露后，以更换为主；发动机舱盖拉线损坏折断更换。

后行李箱盖如果材质与发动机舱盖雷同，估损可以按照相同方法处理；上面的装饰件及各种铭牌受到损伤必须更换，但可以独立购买的只能更换损伤局部；后行李箱盖拉线损坏折断更换，发动机舱盖与后备箱盖锁，轻微变形可以修复，变形严重或破损更换。

(6) 翼子板　汽车翼子板是用螺栓连接到翼子板加强梁上的。汽车翼子板一般都是普通碳钢板冲压而成，但近些年由于新材料的使用，出现了铝合金、玻璃钢和塑料翼子板。

普通碳钢板翼子板，只要没有出现钢板死皱和硬化现象以及大的撕裂性损伤和贯穿性洞伤，都可以考虑以修复为主；铝合金翼子板，一般损伤进行修复，严重一些应该更换，这由于铝合金的性质左右了修复方法；玻璃钢翼子板，只要没有大的撕裂和洞伤都考虑修复；塑料翼子板，基本考虑修复为主，严重破坏性损伤才予以更换。

翼子板上的示廓灯如果受到损伤，一般进行更换；翼子板上面有的安装有天线或上面粘附的防擦胶条，如果没有损伤进行转移安装，如果受损就进行更换。

(7) 裙板和轮罩板　承载式车身上的裙板是车身前部支撑结构的一部分，为悬架提供安装位置，构成轮室，保护发动机免受路面飞溅物伤害，同时为发动机舱内的多种零部件提供安装面。

裙板是由普通碳钢板和高强度钢板制成并与车身焊接在一起，当受到撞击损伤后应该用车身矫正设备进行矫正，如果不能修复，或修复后的精度不能达到原厂的设计参数，就必须进行更换，但更换时应根据生产厂商提供的车身维修手册上标注的地方进行切割更换。

非承载式车身的发动机和悬架等部件都安装车架上，不需要裙板的支撑，发动机舱和翼子板的内侧由轮罩板保护着，防止被道路飞溅造成损伤。轮罩板是用螺栓连接在车身纵梁、翼子板、前围板和散热器支架上，当受到损伤后，一般是进行修复为主。

(8) 车架和纵梁　非承载式车身有一个独立车架，承载式车身没有独立的车架，其车架与车身形成一个整体应力结构。

非承载式车身当受到严重撞击后，可以将车身与车架分离进行修复，车身的修复方法同承载式车身，车架应该恢复原始形状与尺寸，车架是高强度钢材质，其修复方法不能使用加热辅助作业，如果冷作业矫正不能恢复原有状态与尺寸的，生产厂商规定车架是不允许切割，必须更换车架。

承载式车身如果纵梁受到损伤，通常可以用专用台架进行矫正，如果冷拉拔修复不能达到原始标准时，也不能使用加热辅助作业，可以把损伤严重的区段进行切割更换，但不能随意切割，更不能在吸能区进行切割，必须根据生产厂商提供的车身维修手册上标注的地方进行切割更换；如果撞击力已经传递乘客舱，使中间的高强度区域发生变形，一般冷作业是难以修复，应该更换白皮车身。

(9) 前围总成　前围总成一般由前围上盖板、前围板或前颈板（老款）组成。前围上盖板有金属和塑料两种材质，前围板有普通碳钢板和夹层止振钢板两种类型，前围板是与地板、前立柱连接一起，把发动机舱与乘客舱分隔开来。

当车身受到撞击损伤后，金属上盖板损伤一般可以修复，如果不能修复或塑料上盖板损坏就予以更换；前围板损伤一般是冷拉拔修复作业，如果冷拉拔不能修复其原始状态的，证明车身严重变形应该更换白皮车身。

(10) 车身侧围板　车身侧围板包括前立柱、中立柱、后立柱及后尾幅、顶盖侧梁、门槛板等构成一个完整侧车身，老款车辆侧围板是由多个独立板件组成，新款车辆车身侧围板是一个总成部件。

① 前立柱　前立柱（又称A柱），由内板和外板组成，它们焊接在一起形成一个结实的封闭构件，支撑车身顶盖、为前挡风玻璃提供安装位置、为车前门铰链和仪表台安装提供支持、同时连接门槛板。

当受到损伤后，如果冷拉拔不能修复就进行切割更换，切割时一定要确认切割部位对车辆的整体强度和刚度不会产生任何影响。注意不能在车身应力集中的区域切割，切割处不能有或伤及加强件，起割点一般距离应力区 20cm。

前立柱可以分解更换，也可以对部分构件进行切割，而不需要更换整个立柱总成。

② 中立柱　中立柱（又称B柱），结构如同前立柱，支撑车身顶盖，为前门提供锁止，

为后门铰链和安全带安装提供支持，连接门槛板，中立柱的修复方式与前立柱雷同。

中立柱损伤后也是按照冷拉拔进行修复，当不能修复时就应更换。不同的车身有不同切割规定，老款车型从车顶盖底部对中柱进行切割维修，新款车型应按照规定预留尺寸，防止伤到加强件，下面切割位置必须在座椅安全带D形环的下方，以避免切到D形环加强件。

中立柱可以局部更换、分解更换，如果伤及门槛板时，也可以与门槛板一起更换。

③ 后立柱及后尾幅 后立柱（又称C柱），结构如同前立柱但与后翼子板（后尾幅）是一个整体板件，支撑车身顶盖，为后门提供锁止，与后备箱、后备箱地板、中围板、后围板、门槛板连接，为后安全带安装提供支持，后立柱的修复方式与前立柱雷同。

后立柱损伤后也是按照冷拉拔进行修复，当不能修复时就应切割更换。切割操作一定要确认对车辆的整体强度和刚度不会产生任何影响。不能在应力集中的区域切割，切割不能伤害加强件，上端起割点一般在顶盖下20cm。

后翼子板由于与后车身焊接一起，更换成本较高而又比较麻烦，一般尽量修复，后立柱及后翼子板可以分解更换，也可以对部分构件进行切割，而不需要更换整个后立柱及后尾幅总成。

④ 顶盖纵梁与顶盖总成 顶盖总成由前后的横梁和两侧的纵梁、顶盖等部件组成，与下面的立柱连接构成一个车身舱室。顶盖是一块大型冲压板件，顶盖纵梁和横梁的内板都是高强度钢板冲压而成，与纵梁和横梁外板构成一个完整的构件，顶盖下面还有一些横向布置的加强板，除了加强顶盖抗冲击强度外，还为天窗、顶灯等部件提供安装位置。

顶盖总成以冷修复为主，顶盖和纵梁与横梁外板没有严重变形都可以修复，顶盖纵梁、横梁内板与横向加强板变形稍微严重，冷作业就无法修复，必须进行更换；总成各部件都可以进行分解更换、局部更换和总成更换。

有天窗的顶盖修复精度要求高，稍微变形严重就得更换顶盖；至于天窗，只要框架变形就应该更换，如果有独立件购买，就更换框架即可，其他未损伤部件进行转移安装。

⑤ 门槛板 门槛板是承载式车身中一个十分重要的结构件，与乘员舱的地板相连接，为前立柱、中立柱、后立柱及后尾幅提供支撑，门槛板内板由高强度钢板制成，外板是普通碳钢板。

门槛板在老款车辆中可以单独购买，新款车辆包含在车身侧围板之中，当受到损伤后，是以修复为主，不能修复就应该更换，可以分解更换、局部更换或整体更换，在更换时防止加强件切割受损。

在更换车身侧围板时，上面没有损伤的装饰件和防擦胶条进行转移安装，如果受到损伤应该做更换处理。

(11) 侧、后围板

① 驾驶室侧、后围板 有独立驾驶室的车辆，侧面碰撞可能会损伤驾驶室侧板。而在正面或后面碰撞时，车架变形可能会使货箱撞到驾驶室的后部，导致后围板损伤。驾驶室侧板一般是以修复为主，如果损伤严重，可以进行分解更换或切割更换。

② 厢式车侧围板 厢式车侧围板的更换与驾驶室侧围板的工艺相似。但厢式车侧围板上内部有骨架支撑、这些骨架与地板骨架连接，如果侧围板受到损伤，也要考虑相关联的骨架损伤情况，一般以矫正与修复为主，然后考虑更换不可修复的板件。

③ 货箱侧围板 大型货车货厢的侧围板一般以修复为主，微型车货箱侧围板是要求表面平整度的，如果损伤较轻考虑修复，损伤严重其维修费用一般会超过新的侧围板价格，所

以考虑更换为佳。

(12) 车门总成 车门是车身上一个较为复杂的重要部件，一般车门是旋转式开启方式，通过铰链连接在立柱上，由车门框架、车门外板和车门内板组成，新款车辆的车门外板里侧还有一根防撞杠，车门里面安装有车门玻璃及升降机、车门锁及联动机构，车门外板有外拉手及防擦胶条或装饰件，前车门还有后视镜等附件。

车门外板受到损伤无法修复的，可以单独更换外板，车门内板及车门框架一般变形考虑修复，无法修复则更换白皮车门；车门玻璃、门锁及锁芯、玻璃导槽、铰链损坏必须更换；玻璃升降机损伤或变形考虑更换，焊接在车门框架上的防撞杆，由高强度钢制成，用来防止撞击力使车门凹陷而伤害乘客，如果变形严重冷作业无法修复必须更换；普通车型后视镜损伤后更换总成，高档轿车型后视镜有单独镜片购买的，只更换镜片；其他一些易损件和装饰件受到损伤考虑更换。

微型车、轻型客车和部分厢式货车上常用推拉式车门，主要由车门内外板、滑轨、滑轮及门锁等零件组成。车门修复方法雷同，滑轨、滑轮及门锁等部件变形就必须更换。

(13) 后部车身 后部车身的部件因车型的不同而有所区别。如：承载式车型，后部车身由后围板、后地板、后纵梁与横梁、延伸件等构成。

当后部车身受到损伤后，用车身矫正设备进行拉伸修复，恢复到原来的形状和尺寸即可，后围板一般损伤采用修复，如果损伤严重，涉及后尾灯安装位置，较为耗时，应当进行更换。

(14) 尾门和举升门 旅行车和厢式车后部的尾门或举升门外板维修方法与侧面车门相似，以修复为主，不能修复的可以从车门框架上拆下车门外板进行单独更换，车门框架损坏应更换白皮车门，更换工时与行李箱盖的类似，如果尾门或举升门上是升降玻璃时，拆装与转移附属部件工时应该按照侧面车门计算，如果还有刮水器和清洗器总成，另需要适度增加相应的工时。

(15) 车身内饰板 车辆发生事故碰撞对内饰板会造成一定的损伤。内饰板如果是有机材料压合板上面粘贴革面的，革面完好压合板轻微破裂的可以粘结修复，压合板完好革面破损更换革面即可，否则更换整块内饰板；内饰板如果是塑料材质，虽然能够进行焊接修复，但内饰板一般都有一些纹理并且没有表面涂层，修复是没有办法达到视觉效果的，所以应该更换；内饰板上面沾有的油污、血污等污渍可以及时处理掉。

(16) 仪表板 一般中低档轿车仪表板本体采用一体注塑成形仪表板，多用PP复合材料。高级轿车的仪表板多采用软化结构，主要包括骨架、蒙皮和中间发泡层三部分。仪表板轻微变形拆下可以修复，变形严重的或表面破损的要及时更换。

仪表碰撞受损后，只要发现有明显的损伤、破损，或不工作的都应该予以更换；如果有独立更换件不更换总成；在检测仪表的工作状态，以判别其是否损坏时，一定不要单纯看仪表自身是否有所反应，还要充分注意相关传感器是否工作正常、线路及保险是否受损、开关工作是否灵敏。

(17) 座椅 座椅的机械部分损坏，如：座椅的骨架、导轨等轻微变形，可以矫正，若座椅变形严重，应该进行更换；调整棘轮、调整螺钮、移动把手等部件损坏只有进行更换；座椅的电气元件，如电动机、传感器损坏，可以单独更换；若电气元件与座椅连成一体，无法单独更换，应该更换座椅；座椅的饰面如果被血渍、油料等污染，应做清洁处理；如果有撕裂或贯穿性洞伤，应该进行更换。

3. 机械和电气部件的估损

（1）汽车冷却系统 当前汽车上最常用的汽车发动机绝大多数都采用水冷却方式进行冷却，通过冷却液在缸体和缸盖内循环使发动机保持正常的工作温度。冷却系统由水泵、水套、散热器、风扇、风扇护罩、软管、节温器、温度指示器等零部件组成的。

① 冷却散热器 当车辆发生正面碰撞时，散热器芯（见图 5-2）是最容易受到损坏，轻微损伤会出现散热器片被挤压变形的情况，可以用专用工具进行矫正，松动的扁管可通过焊接修复。若散热器片出现大面积松动或多数芯管被压瘪或破裂，则建议更换新的散热器芯。

散热器是金属水室若有凹陷变形时，可优先选用合适的修复工艺和技巧进行复原；散热器金属芯泄漏部位可用锡焊进行修复，金属芯上面的散热翼片可以直接用工具修复，对于不能复原和修复的应该更换；散热器是塑料水室的，如受到损坏可用粘接的方法进行修复，对于不易修复的，可考虑更换。

② 冷却风扇护罩 金属冲压的风扇护罩如发生轻微变形，以矫正修复为主，若发生严重变形，应更换新的风扇护罩；塑料风扇护罩发生损坏，一般考虑更换。

③ 冷却电动风扇 车辆发生碰撞后，一般电动风扇（见图 5-3）的主、副风扇常会发生风扇叶片破碎，风扇叶片可以独立更换的，不更换总成；有的车型将风扇叶片做成了不可拆卸式，也买不到风扇叶片，所以风扇叶片破碎后需要更换包括电动机在内的电动风扇总成；风扇电磁离合器如果出现碰撞破裂情况应该进行更换；风扇传动带在碰撞后一般不会损坏，如果发生断线、断裂应该进行更换。

图 5-2 冷却散热器

图 5-3 电动风扇

④ 冷却水泵及水管 水泵传动带轮是水泵（见图 5-4）中最易损坏的零件，若发生变形或损坏，则以更换为主；严重碰撞会造成水泵前段（即水泵头）损坏，一般只局部更换水泵前段即可，不必更换水泵总成。

⑤ 补偿水壶 在发生碰撞后，补偿水壶（见图 5-5）只要出现破裂情况，就应该进行更换，其附件转移安装；如果附件如进、出水软管、节温器等出现损坏都必须更换。

（2）汽车空调系统 汽车空调一般由压缩机、电磁离合器、冷凝器、蒸发器、膨胀阀、储液干燥器、管道、冷凝风扇、真空电磁阀、怠速器和控制系统等组成。

① 空调冷凝器 汽车空调冷凝器安装在汽车散热器的前方，当汽车发生正面碰撞时容易造成损坏。

汽车空调冷凝器（见图 5-6）在受到损伤后，其修复方法与冷却散热器修复方法雷同，如果损伤严重不能修复则进行更换。

图 5-4 水泵

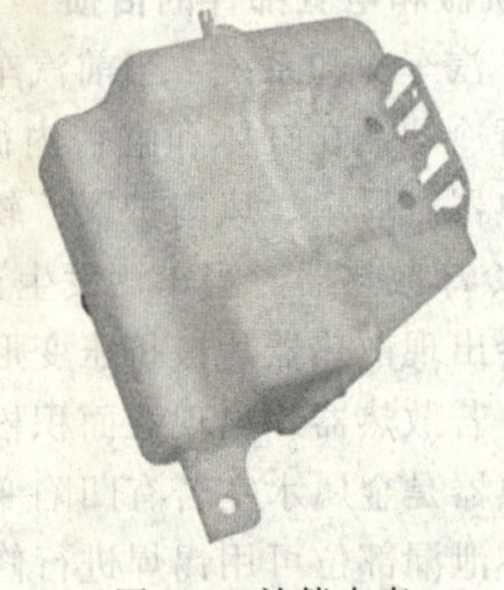

图 5-5 补偿水壶

图 5-6 空调冷凝器

图 5-7 空调压缩机

② 空调压缩机 空调压缩机（见图 5-7）是固定在发动机体上，一般用皮带驱动，也有直接驱动的，如果发生车辆碰撞，容易造成空调压缩机的电磁离合器和皮带轮总成损坏，这些零部件可以从压缩机上拆下单独进行修理或更换。

压缩机如果受损，也可以进行拆解和修理。如果压缩机前端制冷剂和制冷机油泄漏更换前端的密封件即可。

若压缩机外壳固定吊耳损坏，有条件地方可以进行焊接修复，没有条件的地方或价值较低的压缩机以更换为主。

③ 储液干燥器 储液干燥器（见图 5-8）因碰撞损坏，则应更换；如果空调系统在碰撞后管道断裂呈开口状态长时间暴露于空气之中，则储液干燥器也应予以更换。

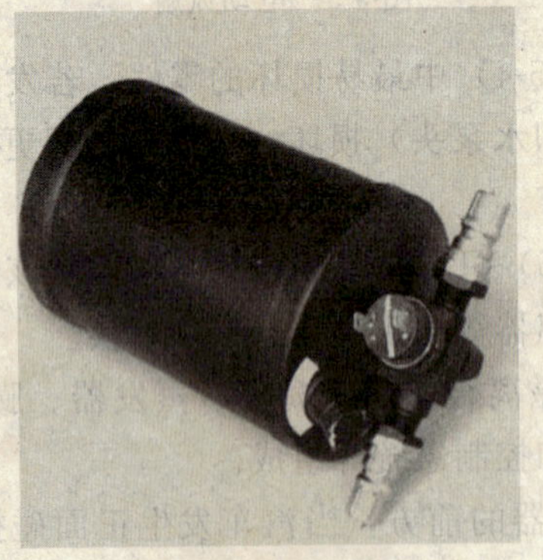

图 5-8 储液干燥器

图 5-9 蒸发器

④ 蒸发器 轿车的蒸发器（见图 5-9）是安装在乘客舱里面，在发生碰撞后很少损坏；平头车辆的蒸发器是安装在仪表台下面的副驾驶室位置前面，在发生碰撞后容易受到损伤。

如果蒸发器受到损伤，有的车型蒸发器的机壳和机芯可单独更换，有的车型机壳和机芯需要整体更换，定损时注意查验清楚。

如果热膨胀阀损坏必须更换，入口节流阀损坏，可以进行维修或更换。

⑤ 空调管路　空调管路损伤较轻的，可以矫正修复，如果变形较重和断裂，则以更换为主；如果维修操作中需要断开制冷剂管路，或空调管路损伤断裂，则应增加制冷剂和制冷机油以及相关检漏、抽真空、加注制冷剂等费用。

(3) 汽车电气系统　汽车电气系统除了传统的照明、信号、起动、充电、点火、喇叭、雨刮器等系统外，还增加了先进的音响、导航系统、电动天窗、倒车雷达等装置。

① 充电及启动系统　充电系统一般由以下部件组成：蓄电池、交流发电机、传动带、电压调节器、充电指示器（灯或仪表）、点火开灯、电缆和线束、起动机继电器等。

汽车蓄电池（见图 5-10）如果破损，进行更换；发电机皮带轮损坏可以独立更换，如果发电机（见图 5-11）外壳破损更换总成；起动机继电器（见图 5-12）、电压调节器（见图 5-13）、点火开关等损坏更换（见图 5-14），线路破损一般作维修处理。

图 5-10　汽车蓄电池

图 5-11　汽车发电机

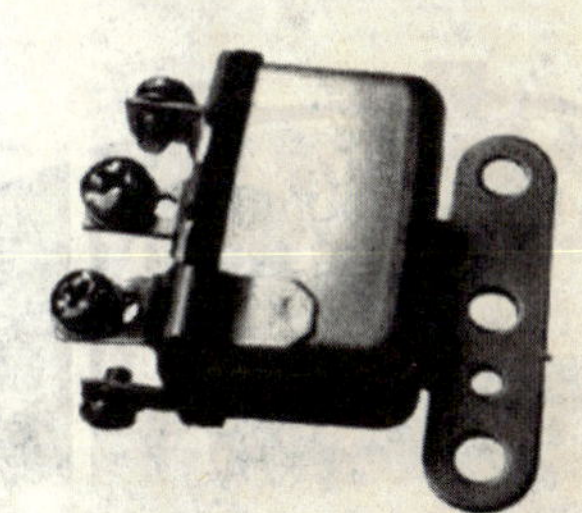

图 5-12　汽车起动机继电器

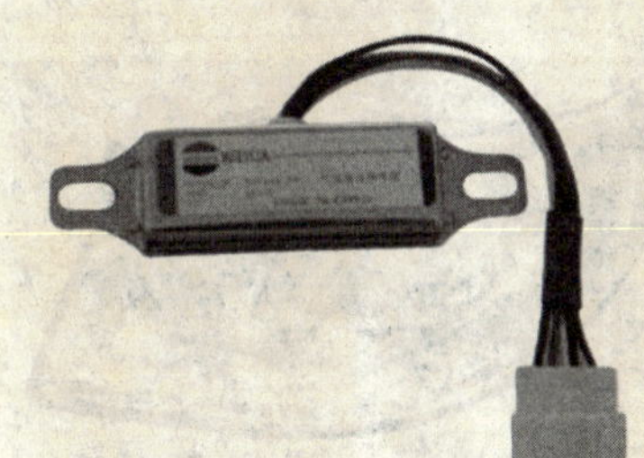

图 5-13　汽车电压调节器

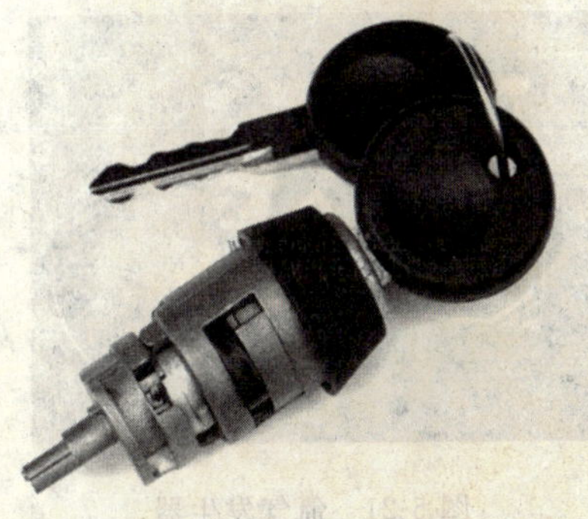

图 5-14　汽车点火开关

图 5-15　起动机

起动机电磁开关损坏，可单独更换；若起动机壳体破损，则可考虑更换起动机（见图 5-15）。

② 照明系统　照明系统包括外部灯、内部灯、工作照明灯。外部灯包括：前照灯、雾灯、倒车灯、牌照灯、转向信号灯、危险警告灯、倒车灯、示廓灯和停车灯等；内部灯包括：仪表灯、顶灯、阅读灯等；工作照明灯包括：行李箱灯、发动机罩灯等。

当汽车发生碰撞后灯壳体或灯具表面会造成裂纹、破损、破碎、划痕、固定爪断裂等损伤。不同车型或不同类型的灯具损伤后，其维修或处理方式有所不同。

标准封闭式前照灯（见图 5-16）不能单独更换灯泡，如果损伤只能更换大灯；半封闭式前照灯（见图 5-17）装置的灯泡可以单独更换，如果损伤可以分开更换；新型前照灯总成（见图 5-18）内一般包括：远光灯、近光灯、制动灯、驻车灯和转向灯等，因车型不同，有的前照灯不包括转向灯（见图 5-19），如果转向灯是独立的，受损可以独立更换，如果前大灯总成包括转向灯，一旦受损应该更换总成；如果灯罩玻璃有独立供应的，破碎后只更换灯罩玻璃即可，如果是聚碳酸酯（PC）性玻璃，表面划痕可以考虑抛光修复（见图 5-20）；大灯总成是连接固定爪部位受损，优先考虑修复，对于氙气前照灯受损需要更换时，氙气发生器（见图 5-21）未受损则不需要一并更换。

图 5-16　封闭式前照灯

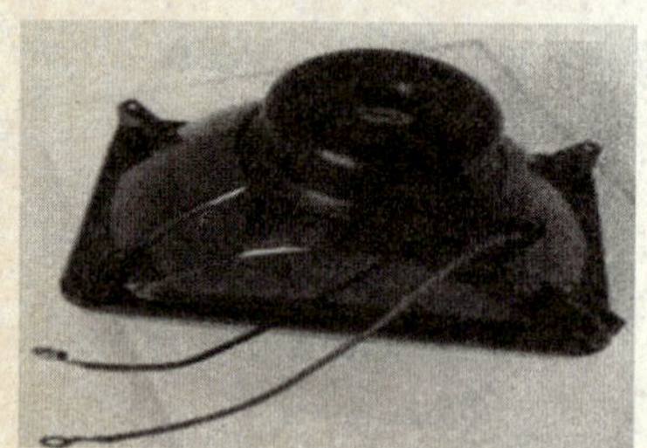

图 5-17　半封闭式前照灯

图 5-18　新型前照灯总成

图 5-19　前照灯与转向灯分离型

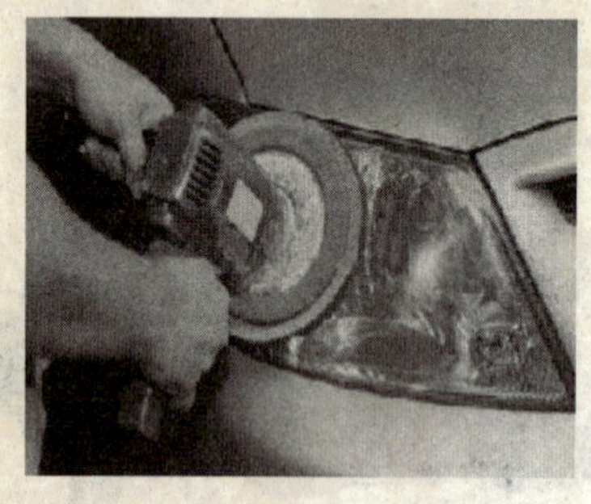

图 5-20　灯面抛光

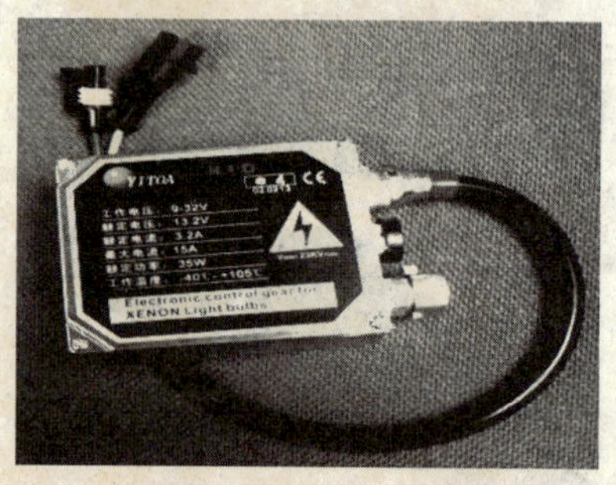

图 5-21　氙气发生器

后照灯是总成结构的一旦受损，处理方法与前照灯相同，有的大型车辆后照灯是单个独立灯具，单个受损，更换单个即可。

其他车灯：如防雾灯、牌照灯、示廓灯、行李箱灯、发动机罩灯及一些功能灯，损坏都以更换为主。至于维修或更换灯光系统时，有条件时应参考该车型的维修手册。

③ 其他电气电路及设备　其他电气电路及设备包括：雨刮器和清洗器，如果受损都可以分开更换零部件；倒车雷达在车辆碰撞时，一般都是探头损坏，只需要更换探头与支架即可，如果没有探头单独购买，应该更换倒车雷达总成；喇叭、收音机、DVD机及音响系统、仪表等。它们在事故中损坏的概率要小一些，如果损坏应依其构造和视情形更换部件或总成。

(4) 汽车发动机

① 气门室盖　发动机气门室盖（见图5-22），一般是低碳钢材质和塑料材质的，损伤后一般以修复为主，只有损坏严重才进行更换。

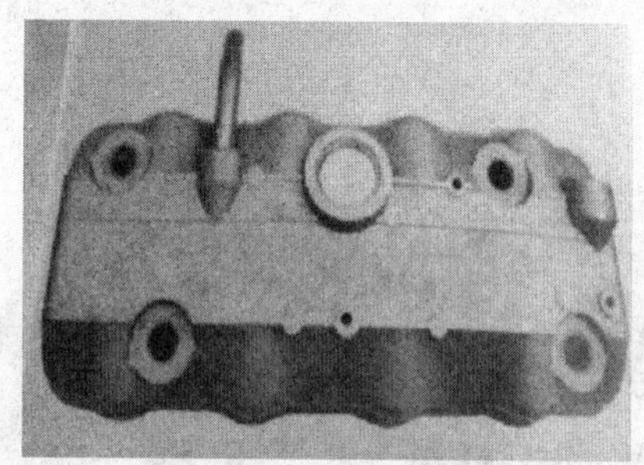

图5-22　发动机气门室盖

图5-23　发动机汽缸盖

② 汽缸盖　汽缸盖（见图5-23）损伤产生裂纹和断裂，从理论上讲可以修复，但该部件精度要求极高，而焊接会有一定的变形，后面的加工难以保证质量，一般以更换为主；旁边的发电机吊耳断裂，可采用焊接、加工的方法维修。

铝合金汽缸盖的轻微变形，可以采用压力矫正和磨削方法修理；铸铁汽缸盖的变形，一般采用磨削或铣削的方法进行修理。

③ 汽缸体　汽缸体（见图5-24）受到轻微损伤会产生裂纹，一般可用专用材料进行粘结修补或焊接的方法进行修复；汽缸体损伤严重裂纹过大应该更换新的汽缸体。

汽缸体平面的不平度超过规定值时，可以通过加工使其达到技术要求；若撞击变形导致汽缸圆度和圆柱度有一定的误差，可以更换缸套、活塞和活塞环或进行镗缸、加大活塞及活塞环；汽缸体损伤变形严重的，应该更换汽缸体；发动机拆解维修涉及的油封及各种垫类，不能重复使用，必须更换大修包。

图5-24　汽缸体

图5-25　发动机支座

④ 发动机支座　车辆碰撞伤及发动机工作时，发动机支座（见图 5-25）会产生变形或损坏现象，只要这两种情形之一出现，就应该更换发动机支座。

⑤ 发动机配套件　发动机在进行事故拆解检查时，如发现活塞有裂纹或变形时，应该更换活塞、活塞环和活塞销；如发现缸套变形就应该更换；如连杆发生弯曲可以考虑用压床矫正，如果弯曲严重或有裂纹就应该更换连杆；低档车连杆的配件价格不高，只要发生形变就更换连杆。

传统的汽车发动机大修时，一般采用搪缸、加大活塞、活塞环等维修方法，如今由于配件供应畅通，另外考虑到维修质量与成本，目前无论是干式缸套还是湿式缸套一般都不提倡搪缸。因搪缸加磨缸成本接近更换新件甚至大于更换新件，而且加大的活塞和加大的活塞环配件也难买。所以，当发动机配套件损伤后，一般只采用更换四配套新件（见图 5-26）修复，只有特殊情况才进行搪缸。

图 5-26　发动机四配套

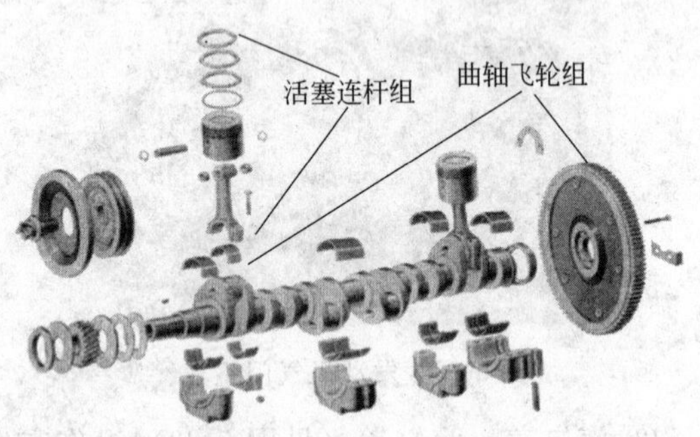

图 5-27　曲轴连杆机构图

⑥ 曲轴与飞轮　曲轴（见图 5-27）损伤使中间主轴颈的变形误差值大于极限值时，可以进行磨削主轴颈修复，或进行压力矫正，或更换曲轴；飞轮与飞轮齿圈受损可以视其损伤程度，进行修复或更换；一般价格低廉的车辆，部件以更换为主。

⑦ 配气机构　配气机构（见图 5-28）的损伤大多发生在齿轮、链条、张紧轮、链轮、齿形带轮等部件，使用正时皮带的车辆，在正时皮带断裂时，容易造成活塞顶气门的现象，轻则气门被顶弯，重则连杆被顶弯，甚至造成汽缸体破裂。

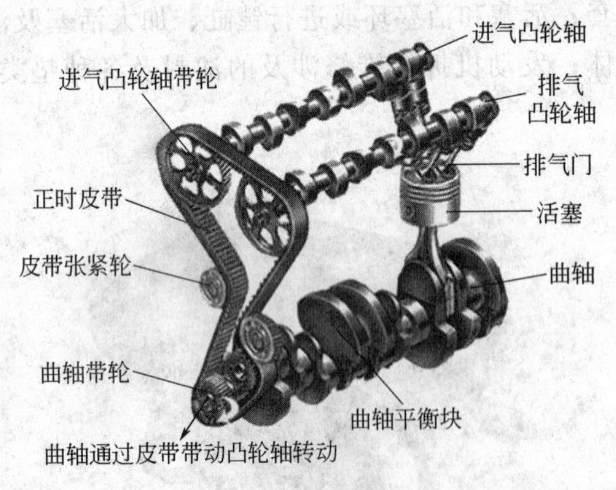

图 5-28　配气机构

图 5-29　可变配气定时系统

可变配气定时系统（见图 5-29）如果损伤，由于这个系统由精密的液压部件组成，修复难以保证质量，一般以更换为主；凸轮轴轻微损伤变形，可考虑进行修复；如果严重损伤变形、裂纹和折断，应该进行更换；发动机顶缸会造成气门顶杆弯曲变形和气门头部歪斜，出现此种损伤以更换部件为主；正时轮罩盖损伤，塑料材质的价值较低以更换为主，铝合金材质的可以优先进行修复，严重损伤的才予以更换；正时皮带或链条如果损伤断裂，进行更换；正时齿轮、张紧轮等部件如果损伤，都做更换处理。

⑧ 发动机燃油供给系统　电动汽油泵（见图 5-30）：按安装位置的不同分为内置式和外置式。汽油泵在碰撞中很少损伤，但汽油箱进水会引起汽油泵损伤，如果出现损伤应更换汽油泵；如果燃油分配管在碰撞中损伤，则应以更换为主。

喷油器（见图 5-31），单点喷射系统的喷油器安装在节气门体空气入口处，多点喷射系统的喷油器安装在各缸进气歧管或汽缸盖上的各缸进气道处；喷油器在碰撞中损伤，应以更换为主。

图 5-30　电动汽油泵

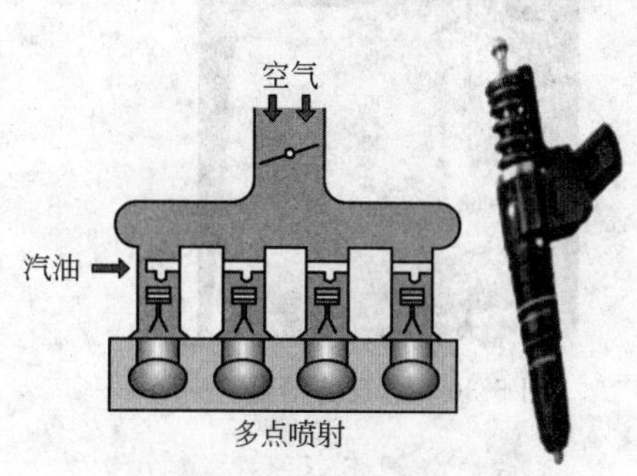

图 5-31　喷油器

油压调节器（见图 5-32）、油压脉动缓冲器（见图 5-33）在碰撞中损伤，都以更换为主。

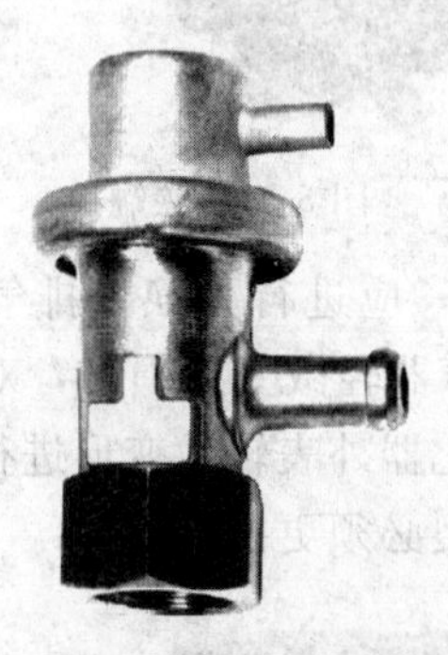

图 5-32　油压调节器

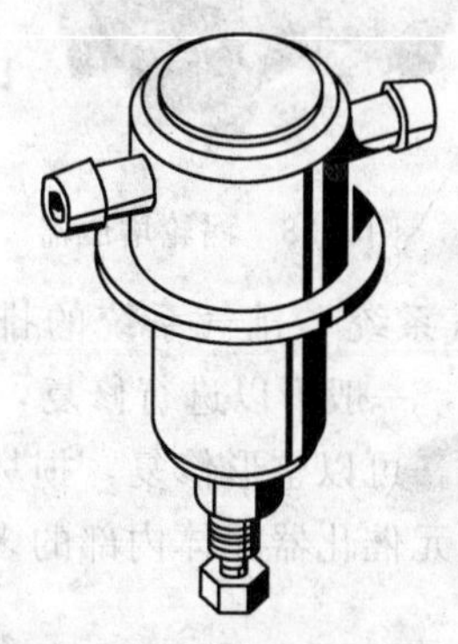

图 5-33　油压脉动缓冲器

油箱出现轻微变形、裂纹等损伤，可以考虑修复；如果油箱、油管等供油系统零部件破损，就应该进行更换。

柴油发动机燃油供给系统零件如果在碰撞中损坏，一般就以更换零部件或总成为主。

⑨ 油底壳及其他附件　油底壳（见图 5-34）一般是由普通碳钢板冲压而成，如果撞击变形可以进行修复，如果是贯穿损伤就更换；机油泵（见图 5-35）损坏就更换；机油滤芯损坏也更换。

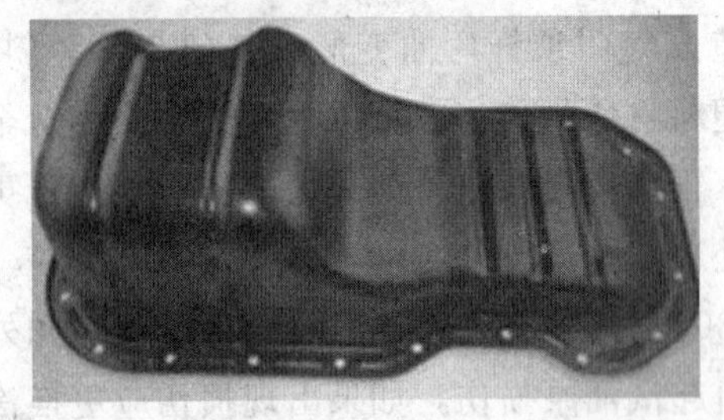

图 5-34　油底壳

图 5-35　机油泵

⑩ 进气系统　进气系统的空气滤清器（见图 5-36），外壳破损轻微就粘结修复，破损严重就与空气滤芯一起更换；进气软管、进气歧管（见图 5-37）、涡轮增压器（见图 5-38）、碳罐（见图 5-39）等系统附件损坏应予以更换。

图 5-36　空气滤清器

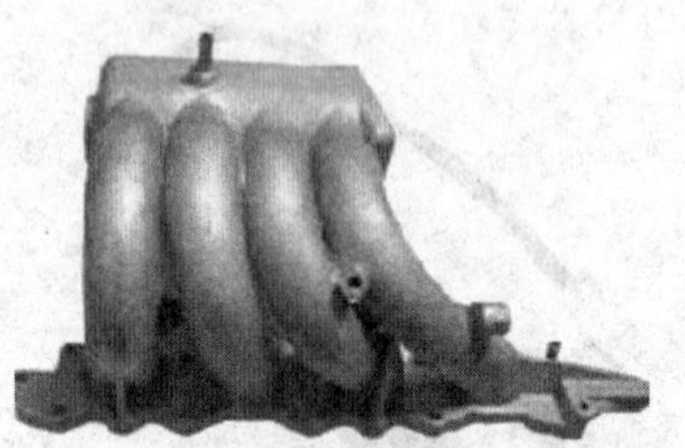

图 5-37　进气歧管

图 5-38　涡轮增压器

图 5-39　碳罐

⑪ 排气系统　排气系统的排气歧管（见图 5-40）损坏，应进行更换；排气管（见图 5-41）破裂，一般可以进行修复，损坏严重应予以更换；消声器轻微变形损伤，对发动机排气没有影响，可以整形修复，损坏严重就进行更换；三元催化器外表轻微变形进行修复，严重变形或三元催化器壳体内部的多孔性陶瓷小球、陶瓷块碎裂必须更换。

图 5-40　排气歧管

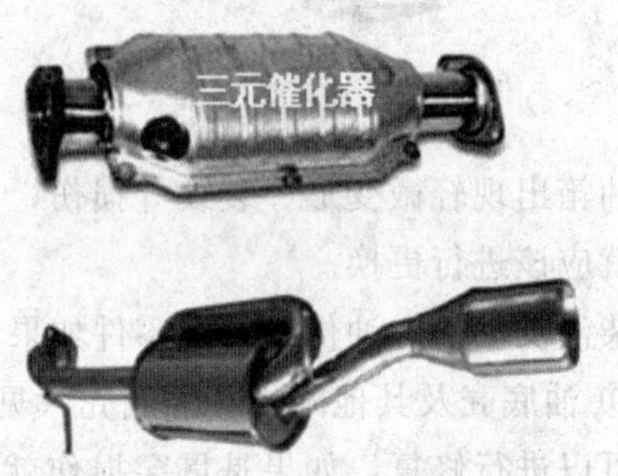

图 5-41　排气管

⑫ 发动机电控元件　空气流量计（见图5-42）、进气压力传感器（见图5-43）、节气门位置传感器（见图5-44）、曲轴位置传感器（见图5-45）、凸轮轴位置传感器（见图5-46）、发动机冷却液温度传感器（见图5-47）、进气温度传感器（见图5-48）、氧传感器（见图5-49）、爆燃传感器（见图5-50）、排气温度传感器（见图5-51）等传感器以及电控单元(ECU)，只要损坏，就予以更换；因为发动机电控元件是灵敏元件，如果有裂纹或破损等损伤就影响或丧失其灵敏度。

图5-42　空气流量计

图5-43　进气压力传感器

图5-44　节气门位置传感器

图5-45　曲轴位置传感器

图5-46　凸轮轴位置传感器

图5-47　冷却液温度传感器

图5-48　进气温度传感器

图5-49　氧传感器

对于受到挤压的电控元件，应该用故障诊断仪，读取其故障码和数据流，进行确认是否损坏。

(5) 汽车底盘

① 汽车离合器　汽车离合器（见图5-52）在事故中一般是不会受到损伤，只有当正面

图 5-50 爆燃传感器

图 5-51 排气温度传感器

受到强烈碰撞、翻车，以及严重托底等事故，才会造成损坏。

离合器盖与压盘如果发生扭曲、变形或破碎、应该予以更换；从动盘，若变形及阻尼摩擦片破碎，也应该更换；分离轴承损坏更换；膜片弹簧若有簧片折断、烧损、出现裂纹等现象都进行更换。

② 手动变速器　手动变速器壳体因碰撞如果出现开裂损伤，轻微的开裂可以通过焊补修复；如果开裂出现在轴承孔或承受较大载荷处，或开裂损伤过大，如果有外壳更换就不更换变速器总成。

手动变速器里面的换挡拨叉轴、换挡拨叉、同步接合套、同步器滑块、滑块弹簧、变速齿轮、同步锁环、花键毂、同步锁环、变速器轴、副轴等部件如果损坏都进行更换。

手动变速器的操纵机构（见图 5-53）如：换挡手柄、外换挡杆、支撑杆、上换挡杆等金属杆类，轻微变形进行调整矫正或维修，严重变形就更换。

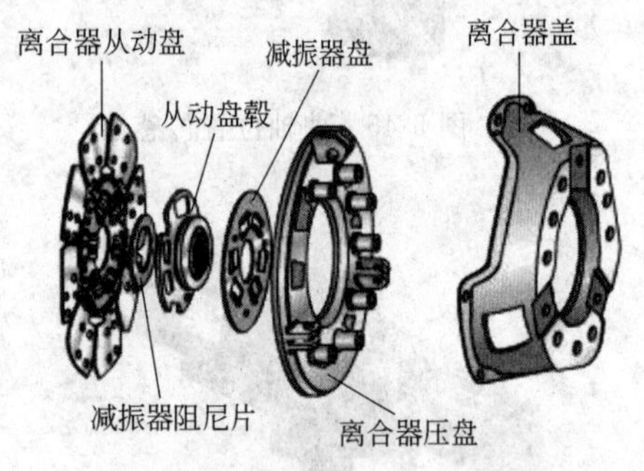

图 5-52 汽车离合器

图 5-53 手动变速器的操纵机构

③ 自动变速器　自动变速器壳体和阀体内部结构复杂，如果事故造成壳体折断或开裂损坏，其维修难度较大，所以一般以更换为主。

自动变速器如果确定内部受损时，要进行拆检分析，寻找事故造成损坏的原因，或与事故有必然的因果关联，非事故原因磨损的维修费用由车主承担。保险公司只承担事故原因损坏的部件和拆检变速器时不能重复使用的密封垫和油封等件费用。

自动变速器托底损坏，油底壳一般由普通碳钢板冲压而成，将其拆下进行矫正，并检查阀体及其附件，如果只是电磁阀控制单元损坏，更换新电磁阀试车，判断是否需要进一步拆解变速器。

自动变速器在驻车制动状态下被碰撞，应该检查驻车锁（见图 5-54）总成（特别关注驻车制动棘爪）是否损坏，如果损坏就更换。

自动变速器如果被淹进水，必须清洗变速器并更换 ATF，否则会造成变速器损坏。

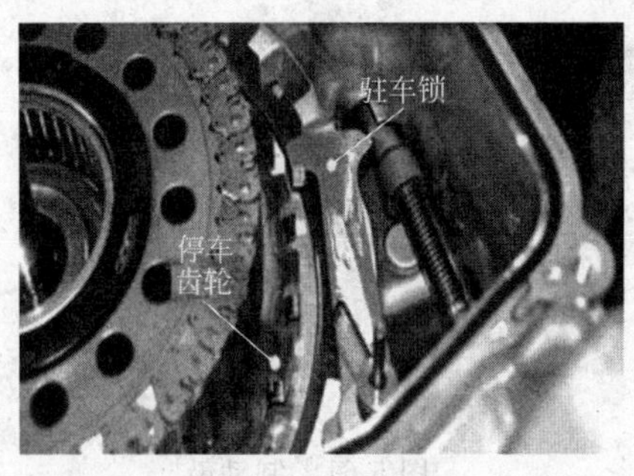

图 5-54　驻车锁

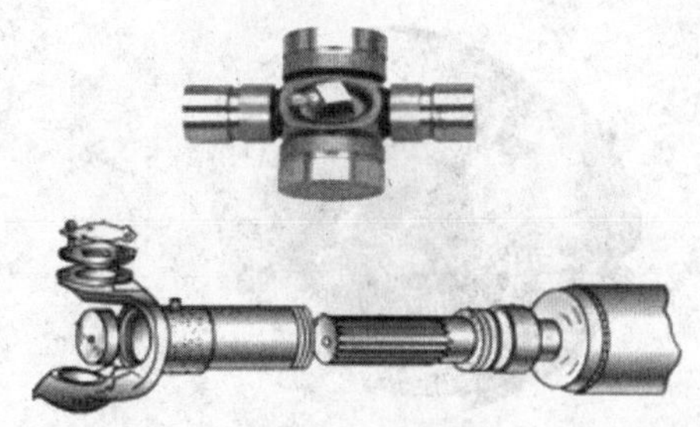
图 5-55　传动轴及万向节

④ 传动轴及万向节　传动轴及万向节（见图 5-55）受损变形，轻微的可以通过压床矫正，变形严重会影响车辆行驶稳定性，应该予以更换，长轮距传动轴严重受损时，还要检查支撑胶垫是否损坏，如果损坏就更换。

前轮驱动发动机的动能是通过驱动桥和两个半轴传到驱动轮，为实现驱动轮的转向功能，每个半轴两端都各有一个等速万向节（见图 5-56），每个等速万向节都包括一个球笼、轴承、驱动器和支架、壳体和防尘套，防尘套的作用是保护润滑脂，受损的防尘套和等速万向节可以进行更换。有的需要更换整个半轴。

⑤ 半轴　半轴（见图 5-57）如果因碰撞出现弯曲变形、裂纹，或半轴花键有损伤，都应该更换新的半轴。

图 5-56　等速万向节传动轴

图 5-57　半轴

⑥ 制动系统　行车制动系统受到撞击后出现制动总泵（见图 5-58）、制动分泵（见图 5-59）、储液罐、管路损坏，或制动盘（见图 5-60）及制动鼓（见图 5-61）变形的，应分别予以更换。

图 5-58　制动总泵

图 5-59　制动分泵

驻车制动系统撞击受损出现驻车制动拉绳过度弯曲和断裂的，应该更换驻车制动拉绳。

⑦ ABS、EBD　ABS（见图 5-62）是车轮防抱死系统，如果 ABS 泵损坏，转速传感器变形、破损，转速传感器齿圈变形，都应该分别予以更换；转速传感器线束折断，进行修复；如果转速传感器与轴承是一体的，更换时应和轴承一起更换。

图 5-60 制动盘

图 5-61 制动鼓

EBD（见图 5-63）是车轮制动力分配系统，为 ABS 的辅助功能，是在 ABS 的控制电脑里增加一个控制软件，机械系统与 ABS 完全一致，如果损坏就予以更换。

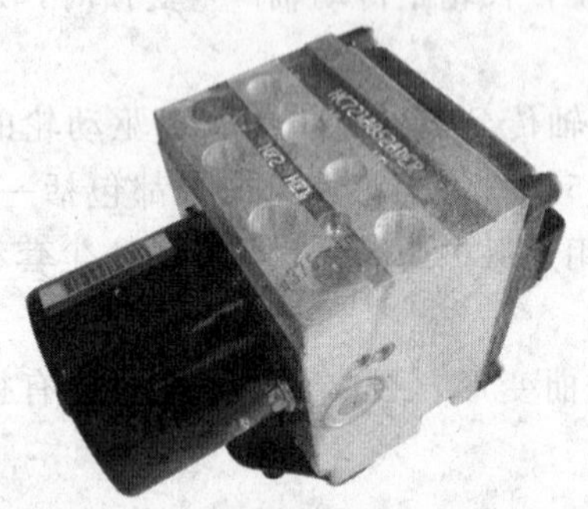

图 5-62 ABS

图 5-63 EBD

⑧ 转向系统　转向系统（见图 5-64）分为机械转向系统和动力转向系统两大类。一般由方向盘、转向柱、转向器总成、转向连杆组成。

普通类型方向盘与转向柱，在碰撞中发生变形，进行矫正即可，只有变形严重才进行更换；如果是安全转向柱，在发生事故时，因驾驶员身体撞击方向盘，塑料销受冲击力折断，同时转向盘下的膜盒也碎裂，弯曲支架被撞弯这种安全转向柱在损坏后不能修复，应予以更换。

转向器（见图 5-65）一般安装在前围板后面、前悬架横梁或发动机托架上，碰撞除了造成变形、破碎损坏外，还要检查内部是否有损坏的，转动转向器如果有发卡的现象，应该更换转向器；如果是转向器间隙过大，则是自然磨损造成的。

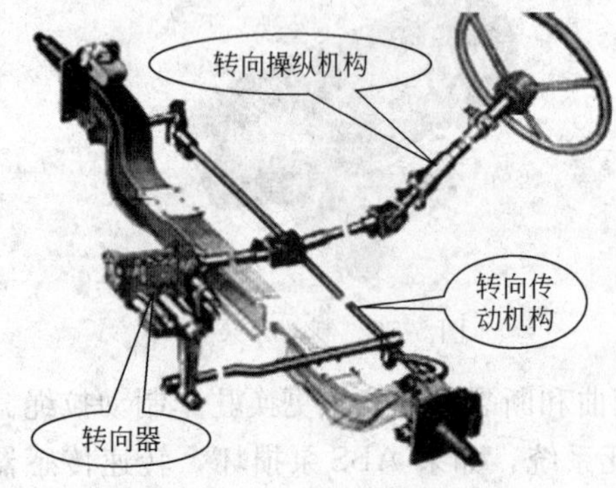

图 5-64 转向系统

图 5-65 转向器

如果转向摇臂轴、转向节臂、转向横拉杆、转向直拉杆在碰撞后出现弯曲、裂纹或变形，一律予以更换。

动力转向系统部件因碰撞出现弯曲、裂纹、破碎等损伤，应该予以更换；如果因碰撞造成漏油，可以进行修复或更换密封部件。

电动助力转向器由扭矩传感器、车速传感器、电动机、减速机构和电子控制单元（ECU）等组成，这些部件如果受碰撞造成损坏，一般以更换为主。

⑨ 行驶系统 汽车的行驶系统一般由车架、车桥、悬架和车轮组成。它是汽车的整体基础与依托，支撑着全车质量，接受传动系的转矩，并保证车辆正常行驶。

车架修复以冷作业修复为主，如果碰撞造成严重弯曲、扭曲或其他损伤，冷作业不能修复的必须更换；承载式车身的车架与车身一体，当受到损伤就以修复为主，如果冷拉拔不能修复的，前后纵梁可以按规定分段切割更换，严重的必须更换白皮车身。

车桥有前桥、后桥之分，是车体的承重部件，如果碰撞造成变形、扭曲、裂纹或断裂的，一般以更换为主。

悬架有独立悬架和非独立悬架之分，悬架弹簧、稳定杆、下摆臂、副梁、减振器等如有明显撞击痕迹及变形，必须更换；电控主动悬架碰撞后如果不工作，就不要盲目换件。应检查是否是熔丝或线路折断；如果工作不正常，应检查是否管路有弯曲、折断、漏气或漏油现象；如果出现零部件破碎、扭曲变形可考虑更换；传感器、执行器如果外表无损伤，就应通过诊断仪读取故障码，来判断零部件是否损坏。

汽车轮胎因撞击破损应予以更换；车轮出现轮唇朝内或朝外侧弯曲可以进行矫正修复，车轮扭曲变形必须更换，否则影响行车的稳定性能。

汽车行驶系统如果受到碰撞，应该进行四轮定位，测量主销后倾角、主销内倾角、前轮外倾角、前轮前束、后轮外倾角、后轮前束等，预算安排专项费用。

（6）安全带与安全气囊 当车辆受到撞击后，普通安全带如果出现拉毛、断线、或收转器损坏，就更换安全带；预紧式安全带（见图 5-66）常见的为爆燃式，传感器与安全气囊共用，预紧式安全带在启动后便无法再次使用，必须与收紧器和扣环一起更换；如果车辆受到严重撞击，预张紧器没有启动，应该请专业人员或专营店检查预张紧器系统，如有需要也应该进行更换。

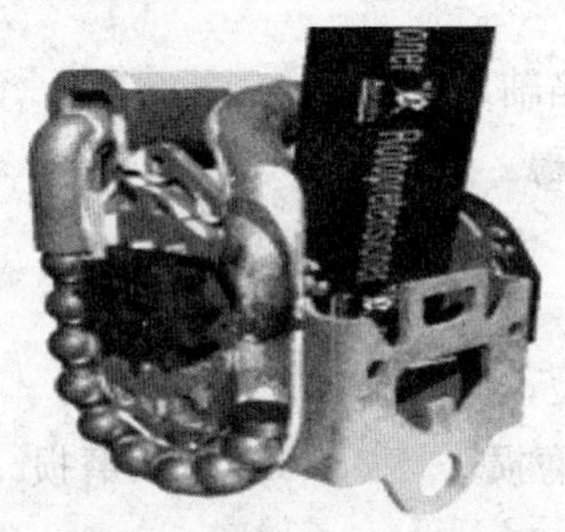

图 5-66 预紧式安全带

图 5-67 安全气囊

在车辆发生碰撞后，如果安全气囊（见图 5-67）或安全带张紧器已经弹开，就应该更换安全气囊、碰撞传感器（见图 5-68）和控制单元（见图 5-69）；如果撞击引起控制单元周围 20cm 范围内严重变形，而安全气囊没有爆发，也应该更换安全气囊、碰撞传感器和控制单元；副驾驶位置安全气囊爆发，还要更换仪表板。

图 5-68　碰撞传感器

图 5-69　控制单元

外装碰撞传感器式安全气囊系统控制单元一般通过解码可重复使用 3～4 次；内置碰撞传感器控制单元一定要整体更换。

安全气囊除了车辆制造厂家规定可以重复使用的零部件外，其他的零部件不能重复使用，也不能使用副厂产品，即使同厂家不同车型上使用的安全气囊都不能交换使用，因为其车身不同，ECU 的控制数据会不一样，会影响安全气囊的爆发时间提前或延迟，给车内乘员造成伤害。

一、理论考核

1. 分析题

(1) 汽车车身结构件的修复工艺。

(2) 车身覆盖件表面钢板更换标准。

(3) 为什么要求碰撞传感器和控制单元与安全气囊整体更换？

(4) 在什么情况下需要进行车辆四轮定位？

2. 判断题

(1) 氙气大灯如果损坏应该与氙气发生器一起更换。 (　　)

(2) 车架变形严重，冷拉拔不能恢复时，可以用火焰辅助矫正。 (　　)

(3) 传动轴发生轻微变形时，可以选用压床进行矫正。 (　　)

(4) 减震器如果其中一个损坏，需要进行整车更换。 (　　)

3. 选择题

(1) 在进行转向器损伤检查时，发现转向器间隙过大，原因是 (　　)

A. 碰撞受损　　B. 缺油　　C. 自然磨损　　D. 球头磨损

(2) 车辆受损后，保险公司的定损原则是 (　　)

A. 以修复为主　　B. 以保险人利益为主

C. 尽量满足被保险人要求　　D. 指定维修厂家

(3) 车辆定损时对零部件更换的主要原则之一是 (　　)

A. 影响行车安全　　B. 应被保险人要求

C. 维修厂家预算决定　　D. 自然磨损过度

(4) 汽车空调管路碰撞断裂，长期暴露空气中，应该更换 ( )

A. 管路 B. 储液干燥器 C. 蒸发器 D. 压缩机

二、技能考核

车身板件及附属部件估损作业，见表5-3。

表5-3 车身板件及附属部件估损作业项目评分表

<table>
<tr><td rowspan="2">基本信息</td><td>姓名</td><td></td><td>学号</td><td></td><td>班级</td><td></td><td>组别</td><td></td></tr>
<tr><td>规定时间</td><td></td><td>完成时间</td><td></td><td>考核时间</td><td></td><td>总评成绩</td><td></td></tr>
<tr><td rowspan="11">情景操作</td><td rowspan="2">序号</td><td colspan="3" rowspan="2">步骤</td><td colspan="2">完成情况</td><td rowspan="2">标准分</td><td rowspan="2">评分</td></tr>
<tr><td>完成</td><td>未完成</td></tr>
<tr><td>1</td><td colspan="3">考核准备
设备与工具
相关表格</td><td></td><td></td><td>10</td><td></td></tr>
<tr><td>2</td><td colspan="3">操作流程</td><td></td><td></td><td>10</td><td></td></tr>
<tr><td>3</td><td colspan="3">操作规范</td><td></td><td></td><td>5</td><td></td></tr>
<tr><td>4</td><td colspan="3">操作技巧</td><td></td><td></td><td>5</td><td></td></tr>
<tr><td>5</td><td colspan="3">车身结构件估损</td><td></td><td></td><td>5</td><td></td></tr>
<tr><td>6</td><td colspan="3">车身覆盖件估损</td><td></td><td></td><td>5</td><td></td></tr>
<tr><td>7</td><td colspan="3">板件更换标准</td><td></td><td></td><td>5</td><td></td></tr>
<tr><td>8</td><td colspan="3">车架更换标准</td><td></td><td></td><td>5</td><td></td></tr>
<tr><td>9</td><td colspan="3">相关单据填写</td><td></td><td></td><td>5</td><td></td></tr>
<tr><td colspan="2">10</td><td colspan="3">综合素质</td><td></td><td></td><td>5</td><td></td></tr>
<tr><td colspan="2">沟通能力</td><td colspan="3"></td><td></td><td></td><td>10</td><td></td></tr>
<tr><td colspan="2">掌控能力</td><td colspan="3"></td><td></td><td></td><td>10</td><td></td></tr>
<tr><td colspan="2">技术能力</td><td colspan="3"></td><td></td><td></td><td>10</td><td></td></tr>
<tr><td colspan="2">熟练程度</td><td colspan="3"></td><td></td><td></td><td>10</td><td></td></tr>
</table>

机械电气部件估损作业，见表5-4。

表5-4 机械电气部件估损作业项目评分表

<table>
<tr><td rowspan="2">基本信息</td><td>姓名</td><td></td><td>学号</td><td></td><td>班级</td><td></td><td>组别</td><td></td></tr>
<tr><td>规定时间</td><td></td><td>完成时间</td><td></td><td>考核时间</td><td></td><td>总评成绩</td><td></td></tr>
<tr><td rowspan="7">情景操作</td><td rowspan="2">序号</td><td colspan="3" rowspan="2">步骤</td><td colspan="2">完成情况</td><td rowspan="2">标准分</td><td rowspan="2">评分</td></tr>
<tr><td>完成</td><td>未完成</td></tr>
<tr><td>1</td><td colspan="3">考核准备
设备与工具
相关表格</td><td></td><td></td><td>10</td><td></td></tr>
<tr><td>2</td><td colspan="3">操作流程</td><td></td><td></td><td>10</td><td></td></tr>
<tr><td>3</td><td colspan="3">操作规范</td><td></td><td></td><td>5</td><td></td></tr>
<tr><td>4</td><td colspan="3">操作技巧</td><td></td><td></td><td>5</td><td></td></tr>
<tr><td>5</td><td colspan="3">空调与冷却系统估损</td><td></td><td></td><td>5</td><td></td></tr>
</table>

续表

基本信息	姓名		学号		班级		组别	
	规定时间		完成时间		考核时间		总评成绩	
情景操作	序号	步骤		完成情况		标准分	评分	
				完成	未完成			
	6	电气系统估损				5		
	7	发动机估损				5		
	8	底盘系统估损				5		
	9	相关单据填写				5		
	10	综合素质				5		
沟通能力						10		
掌控能力						10		
技术能力						10		
熟练程度						10		

汽车钣金和涂装修复费用估损

事故车辆损伤项目一般坚持“以修为主，以换为辅”的原则，至于机修电器方面的维修，一般在各地方维修行业管理部门和“4S”店都能够明确地列出其维修工时和维修价格，只有车身钣金和涂装这两个方面没有明确的工时与价格公示，因为在车身修复钣金和涂装两个方面，特别是钣金方面的损伤估损，灵活性太强，如果没有很强的专业知识和丰富的实践经验，难以准确地进行评估定损，这也是为什么一些不法车主和车辆维修店经常不断地去磕碰汽车车身的缘故。

(1) 车身钣金修复费用的估损　在进行汽车车身板件结构损伤估损时，首先要判断车身受损区域的损伤程度，根据车身维修工艺决定是维修还是更换。

① 车身结构件　车身结构件一般都是高强度钢材制作，撞击产生轻微变形只可以进行冷拉拔修复，如果损伤后变形严重，难以修复到原始状态与尺寸的，只能更换结构件。

车身多块结构板件严重受损，如果对损坏的车身结构件进行维修的费用，接近、等于或大于更换车身的费用，应该更换白皮车身。

车身顶盖和底板如果受损变形严重，冷拉拔不能恢复其原始形状与标准数据时，应该更换白皮车身。

② 车身覆盖件　车身覆盖件如果碰撞受损，一般都是以修复为主，只有严重损伤的板件才予以更换，如表面钢板出现严重变形并伴有死褶、表面钢板存在较大的贯穿性损伤、表面钢板出现较长的撕裂性损伤。

③ 车身结构件定损方法　汽车车身结构件受损，一般要经过车身专用台架进行矫正修复，不仅工作量大，而且估损难度也较大，为了能够很好地进行规范的评估，可以使用一个比较简化的估损方法进行快速定损，具体估损方法如下。

把车身结构件估损分为两个部分工时，即车身维修基础工时和结构件维修作业工时。车身维修基础工时包括：将事故车辆移至车身矫正的设备上、作业后从车身矫正设备上拆除移下、测量车辆变形尺寸和判断受损程度以及矫正时掌握车身及结构件的基本尺寸变化等作业；结构件维修作业工时包括：进行车身矫正和结构部件修复等作业。车身维修基础工时固定为6个工时，结构件维修作业工时一般根据其受损伤程度划分为轻度、中度、重度三个等级，根据不同的损伤程度等级查找对应修复时间。见表5-5。

结构件修复估损工时＝车身维修基础工时＋结构件维修作业工时

表5-5 车身结构件损伤快速估损方法表

基础工时/h	损伤程度	矫正工时/h
6	轻度	1
	中度	2
	重度	4

车身结构件快速估损操作案例：一辆事故车前面受到撞击，经查勘水箱支架重度损伤，右前纵梁中度损伤，右侧内衬板中度损伤，翼子板加强梁中度损伤（这里忽略覆盖件损伤），在查明受伤板件及受损程度后，就可以列式得出结构件损伤修复工时，并代入工费率（假定为100/h）就可以计算出结构件的维修费用：(6＋4＋2＋2＋2)＝16(h)×100＝1600(元)，工费率各地维修管理部门制订有统一标准。

说明：其中“6”为车身矫正基础工时，“4”为水箱支架重度损伤修复工时，后面3个“2”，分别是右前纵梁中度损伤修复工时，右侧内衬板中度损伤修复工时，翼子板加强梁中度损伤修复工时。

④ 车身覆盖件定损方法 车身覆盖件损伤程度在估损时也划分为：轻度、中度、重度三个等级：轻度损伤：是指车身覆盖件钢板表面没有明显的凹陷和凸起，损伤部位未伤及车身外钢板的线条或部件的边缘；中度损伤：是指车身覆盖件钢板表面受伤面积小于300平方厘米，以及局部框架变形，或车身的表面覆盖件钢板有较大的延展、溃缩、凹陷等变形损伤，车身及外钢板的线条和边缘有损伤；重度损伤：是指车身覆盖件钢板表面受损面积远大于300平方厘米，车身覆盖件表面的钢板有严重的延展、溃缩、凹陷和死褶的损伤，车身及外钢板的线条和边缘损伤严重。

车身覆盖件快速估损，一般可以用受损面积与受损程度相结合的方法进行定损，见表5-6。

表5-6 车身覆盖件快速估损查阅表

受伤面积（×100平方厘米）	修复的难易度/h		
	轻度	中度	重度
1～5	1.0	1.5	2.0
6～10	1.5	2.0	2.5
11～15	2.0	2.5	3.0
16～25	2.5	3.0	3.5
26～40	3.0	3.5	4.0

(2) 车身涂装修复费用的估损 在进行汽车车身涂装修复估损时，首先要判断车身受损区域的损伤范围大小、施工的难易度、施涂原子灰的工作量、油漆的类别、是单层漆还是双层漆等方面进行综合衡量，目前保险估损使用较多有两种方法：一种是板块估损；一种是标

准估损。

① 板块估损　油漆涂装修复的快速估损，目前很大部分实行的是按车身板块评估方法进行定损，这种方法因为比较简单，所以被大部分估损人员接受，具体操作是先将受损的油漆板件折成计算板块，见表 5-7。

表 5-7　车身涂装板块估损折算表

板件名称	折算板块	板件名称	折算板块	板件名称	折算板块
前保险杠	1.5	中立柱	0.5	车门	1.0
后保险杠	1.5	侧围上端	0.5	引擎室	1.5
发动机盖	1.5	门槛板	1.5	后围板	1.0
行李箱盖	1.0	前翼子板	1.0	行李箱室	1.0
前立柱	0.8	后翼子板	1.0	水箱支架	0.5

注：1. 如果涂装面积不足 1/2 块，按 0.5 块计算；大于 0.5 块，按一块计算。
2. 如果板块施涂原子灰的面积达到喷涂面积 40%，该板块费用可以上浮 30%。

估损计算：板块×浮动率＝涂装维修费用。

涂装板块基本修复费用的标准，因地区差异而有所不同，一般地区标准如下：

普通型车辆：每板块费用 200 元；

中档型车辆：每板块费用 300 元；

高级型车辆：每板块费用 400 元；

豪华型车辆：每板块费用 500 元。

② 标准估损　油漆涂装修复的标准估损，虽然比板块估损要复杂一些，但在估损费用方法，比较前者相对要精确一些，一般从以下几个方面进行涂装费用的确定。

a）油漆涂装的调漆工时　见表 5-8。

表 5-8　调漆工时

油漆类别	工时/h
素色纯油漆	1.0
银粉漆/2 层珍珠漆	1.5
3 层珍珠漆	2.0

注：调色工时包含油漆的调配与微调，比色板的喷涂与烘烤；没有进行比色板烘烤的工时下浮 50%。

b）油漆涂装的覆盖件涂装工时　见表 5-9。

表 5-9　覆盖件涂装工时

覆盖件名称	新板件	修补 1/1	修补 1/2
	单片	单片	单片
发动机舱盖	2.9	4.5	2.5
前翼子板	1.7	2.5	1.5
车门	2.1	3.0	1.8
后翼子板	3.7	4.0	2.5
行李箱盖	2.3	4.2	2.5

续表

覆盖件名称	新板件	修补 1/1	修补 1/2
	单片	单片	单片
后围板	2.4	3.2	2.0
车顶盖	4.2	5.0	3.0
门槛板	1.6	2.0	1.5
立柱	1.5	1.8	1.0

注：如果是多个板件修补，工时下降30%。

c）油漆涂装的结构件涂装工时　见表5-10。

表5-10　结构件涂装工时

项　目		时　间	内　容
引擎室	小	1.2	水箱支架总成
	中	1.5	水箱支架总成及单侧隔板和侧梁
	大	2.0	水箱支架总成及两侧隔板与下隔板
行李箱底板	小	1.0	修补面积小于1500平方厘米(含尾梁)
	大	1.5	修补面积大于1500平方厘米(含尾梁)
车内底板		0.5	每座位(全车最多2小时)

d）油漆涂装的单项涂装工时　见表5-11。

表5-11　单项涂装工时

项　目	适用车型	工时
车顶侧拦板(单侧)	指定车型	1.5
外后视镜　(单个)	所有车型	0.5
车门外把手(单件)	所有车型	0.3
车身饰条　(单件)	所有车型	0.5
尾灯下侧板(单件)	指定车型	0.6
头灯下侧板(单件)	指定车型	0.5
下车身外饰板(塑料)	指定车型	1.5

注：指定车型，是指有的车型特有的板件；零部件的材质有钢板与塑料。

e）油漆成本　车身涂装补漆成本预算，以需要涂装的板件块数计算，一般是一块0.2L、两块0.3L、三块0.5L、四块0.6L，五块以上每块加调0.1L计算，但微型车油漆总量不能超过1.0L，一般车辆不超过1.5L。

涂装辅助材料将油漆成本×20%计算。

参 考 文 献

[1] 伍静．汽车保险与理赔．北京：化学工业出版社，2009.

[2] 李景芝，赵长利．汽车碰撞事故查勘与定损实务．北京：人民交通出版社，2009.

[3] 王俊喜，马骊歌等．汽车保险与理赔．北京：北京理工大学出版社，2010.

[4] 张惠兰等．财产保险．北京：清华大学出版社，2011.

[5] 程玉光．汽车车损与定损．北京：人民交通出版社，2011.

[6] 李远军，陈建宏．汽车车身构造与修复．北京：人民交通出版社，2012.